Die Geschichte der Sinne und die Geschichte der Maschinen gehören zusammen. Eine elektrische Theorie der Nerven schafft im späten 18. Jahrhundert den Durchbruch zu ganz neuen Körperbildern, einer neuen Definition von Sinnlichkeit. Und elektrifizierte Naturkörper werden maschinenlesbar. Jedes EKG beruht auf dieser Grundvoraussetzung.
Daß aber das Buch der Natur Maschinenlesbarkeit annimmt, ist ein epochales Ereignis. Damit durchlaufen auch die Maschinen Metamorphosen. In der Definition einer kybernetischen Maschine kommen Hardware-Teile gar nicht mehr in Betracht. Anordnungen von Transformationsregeln – das ist die neue, immateriell gewordene Maschine. Sie kennt und verarbeitet einzig noch den Rohstoff Information. Und wenn Informatik zur Basiswissenschaft wird, zeigt sich »Natur als System von Informationen« (Heidegger), die Welt erweist sich als Informationstransformator. Konrad Zuse, der Erbauer des ersten programmgesteuerten Rechners, hat es klar ausgesprochen: »The universe is a big computer«.
Man wird bei der Lektüre auf erstaunlich viele Sonderlinge treffen, von Johann Karl Wezel und Jean Paul bis Charles Babbage und Konrad Zuse, ganz zu schweigen vom Marquis de Sade. Diese Erscheinung ist kein Zufall, sondern hat mit der Sache selbst zu tun. Seit der rigiden Trennung der Geistes- von den Naturwissenschaften gibt es den Konflikt der zwei Kulturen. Ein Dichter, der unter diesen Voraussetzungen nicht aufhört, von Maschinen zu sprechen, wird skurril – Schicksal Jean Pauls. Und ein Maschinenbauer, der trotzdem philosophiert, gilt als nicht normal – Schicksal von Charles Babbage.
Die zwei Kulturen aber, so die Autoren des Buches, nähern sich einander wieder an. Und nicht zuletzt haben dazu jene Sonderlinge und Phantasten beigetragen, die selbst unter den Bedingungen des Deutschen Idealismus nicht aufhörten, von höchst barocken Maschinen zu sprechen. Sie sind uns heute wieder nah.
Werner Künzel, Dr. phil., geboren 1951, studierte Philosophie, Kunstgeschichte und Archäologie, lebt als Dozent und Schriftsteller in Berlin.
Peter Bexte, geboren 1954, studierte Germanistik und Religionswissenschaft, lebt als freier Autor und Publizist in Berlin.

insel taschenbuch 1771

Werner Künzel

Peter Bexte

Maschinendenken Denkmaschinen

Werner Künzel
Peter Bexte

Maschinendenken Denkmaschinen

An den Schaltstellen zweier Kulturen

Insel Verlag

insel taschenbuch 1771
Erste Auflage 1996
Originalausgabe

Hinweise zu dieser Ausgabe am Schluß des Bandes
Vertrieb durch den Suhrkamp Taschenbuch Verlag
Umschlag nach Entwürfen von Hermann Michels
Druck: Nomos Verlagsgesellschaft, Baden-Baden
Printed in Germany

1 2 3 4 5 6 – 01 00 99 98 97 96

Inhaltsverzeichnis

Vorwort

I hear the sound of machines.

Talking Heads

Mit dem vorliegenden Buch setzen wir unsere Archäologie des Computer-Zeitalters fort. Vormals hatten wir unter dem Titel »Allwissen und Absturz« die barocke Tradition erschlossen; nunmehr gilt unsere Aufmerksamkeit der jüngeren Geschichte der Maschinenfinder und -erfinder. Wir mögen all die Sonderlinge, die selbst unter den Bedingungen des Deutschen Idealismus nicht aufhörten, von höchst barocken Maschinen zu sprechen. Sie sind uns heute wieder nah.

Bei diesem Unternehmen gelten uns Texte als Maschinen und Maschinen als Texte. Es interessieren uns ihre Schnittstellen, Koppelungen, unterirdischen Filiationen. Die Ausgeburten an Software aus der Gefängniszelle des Marquis de Sade gehören ebenso dazu wie die Hardware von Zuses Relaisrechnern. Charles Babbage' Maschinen verschränken sich mit Hegels Logik. Die Automatenmenschen des Johann Karl Wezel leben mitten unter uns, und Heidegger zeigt sich als Ingenieur.

Die einzelnen Kapitel sind Schmuggelware, Conterbande aus dem Niemandsland zwischen Geisteswissenschaften und Naturwissenschaften. Der Riß zwischen diesen zwei Kulturen ist inakzeptabel. So hat es uns gefreut und ermutigt, daß von beiden Seiten auf unser bereits vorliegendes Buch reagiert wurde. Erneut begeben wir uns also in das historische Puzzle dieser mehrgestaltig schillernden »Sache selbst«. Interdisziplinär und monadisch.

Im Innern der Maschine findet sich die Blaue Blume einer binär träumenden Romantik – the heart of darkness inside the chip.

Werner Künzel / Peter Bexte

Einleitung

> […] ja, und wenn wir – gut, nehmen wir an, wir sollen hier die Kabbalisten spielen, nehmen wir an, es ist unsere wahre Bestimmung, die Gelehrten-Zauberer der Zone zu sein, in der sich irgendwo ein Text befindet, der in seine Einzelteile zerpflückt, mit Anmerkungen versehen, erklärt und masturbiert werden will, bis er weich und zusammengefallen und der letzte Tropfen herausgepreßt ist […] bisher sind wir davon ausgegangen – natürlich! –, daß dieser Heilige Text die Rakete sein mußte […] unsere Thora. Was sonst?
>
> *Thomas Pynchon*, Die Enden der Parabel

Wo Kriegsmaschinen zu Heiligen Texten avancieren, ist Informatik Basiswissenschaft geworden. Die Entscheidung über Leben und Tod fällt nunmehr in der Software. Der Fürst dieser Welt ist eine Zeichenkette mit dem Namen V2, und deren Exeget heißt Thomas Pynchon. Der Boeing-Ingenieur und Romancier hat uns gelehrt, Maschinen zu lesen: ihren Text codierend, recodierend, redecodierend usw.

Maschinen kann man lesen, seitdem sie fleischgewordene Logik sind. Denn Lesbarkeit verlangt einen doppelten Boden aus Geist und Buchstabe, Logos und Materie. Nur wo das Wort zu Fleisch geworden ist, materiell eingeschrieben, da kommt Lesbarkeit in Bewegung. Man weiß ja, was der Golem unter seiner Zunge trug und was den Lehmkloß erst zum Laufen brachte – ein heiliges Wort. The Software inside.

Die folgenden Überlegungen führen auf solch doppelbödiges Terrain. Dort ist es nicht immer ganz geheuer. Denn wo Symbolisches real wird, da reden die Metaphern plötzlich Klartext: Das Buch der Natur ist alles andere als ein blumiger Vergleich, sobald die Gentechnologie ins Spiel kommt. Da wird tatsächlich gelesen; man könnte gar von einem »Lesezugriff« sprechen. So heißt der Terminus bekanntlich in Maschinenzusammenhängen. Was einmal die kontemplative Tätigkeit schlechthin war, »lesen«, ist in dem neuen Wort zum Eingriff umgemünzt, zum Angriff, Zugriff, Übergriff. Aug in Aug mit der Maschine, hat das Auge seine Unschuld verloren. Grund genug, die Maschinen an sich selbst zu lesen.

I.

Die Geschichte der Sinne und die Geschichte der Maschinen gehören zusammen, wie am Entwurf von Körperautomaten drastisch abzulesen. So sehen wir die MenschMaschinen, wie sie seit Descartes tradiert sind und höchst bezeichnende Entwicklungsbrüche durchlaufen haben. Diese Momente des Umbruchs sind es, die uns hier wie auf allen Ebenen interessieren. Wo etwas von A nach B übertragen wird, übersetzt und also überschrieben, da sind die Schaltstellen eines Diskurses, dem wir zu folgen suchen. Die surrealistisch wirkenden Baupläne barocker Automatenmenschen geraten in einen spannungsgeladenen Umbruch, sobald die Körper elektrifiziert werden. Eine elektrische Theorie der Nerven schafft im späten 18. Jahrhundert den Durchbruch zu ganz neuen Körperbildern, einer neuen Definition von Sinnlichkeit. Und noch etwas geschieht, was uns im Folgenden auf Schritt und Tritt begegnen wird: Elektrifizierte Naturkörper werden maschinenlesbar. Jedes EKG beruht auf dieser Grundvoraussetzung. Daß aber das Buch der Natur Maschinenlesbarkeit annimmt, ist ein epochales Ereignis. Seine Bedeutung würde hoffnungslos unterschätzt werden, wollte man nur die Technikgeschichte der Hardware beschreiben. Die Software nämlich ist älter und stammt aus anderen Bereichen, wie etwa einer barocken Ars Combinatoria. Manches von dem, was bei Leibniz symbolisch konzipiert wurde, funktioniert plötzlich in der Realität. So werden Metaphern wahr und im Gegenzug Realitäten virtuell. Alles gerät in einen Taumel. Eben davon sprach die Mathematikerin Lady Ada Lovelace, als sie sich der Analytical Engine von Charles Babbage gegenübersah.

Unsere Texte bewegen sich im Spannungsfeld dieses revolutionären Durchbruchs. In ihm bleiben auch die Maschinen nicht bei sich, sondern durchlaufen Metamorphosen. Ihre Entwicklungskurve mag von zwei Definitionen markiert werden. Sie bezeichnen einen Ausgangs- sowie einen Endpunkt unseres Gegenstandes.

Was eine Maschine sei, hat der Leibnizianer Christian Wolff im Jahre 1719 wie folgt ausgedrückt: »Eine Maschine ist ein zusammengesetztes Werck, dessen Bewegungen in der Art der Zusammensetzung gegründet sind.« Wie hier die Teile so zusammengreifen, daß eine Bewegung entsteht, erinnert an die barocke Maschine schlechthin, das Uhrwerk. Die Definition mag schlicht wirken, doch sie hatte Konsequenzen. Es folgte nämlich aus ihr, daß die ganze Welt eine Machina Mundi sei. Immerhin ist sie aus Teilen so zusammengesetzt, daß sie sich bewegt. Und also ist die Welt eine Maschine...

Die zweite Definition finden wir bei einem Autor unserer Gegenwart, bei dem Kybernetiker Heinz von Foerster. Sie lautet: »Eine ›Maschine‹ ist eine Anordnung von Regeln und Gesetzen, durch die gewisse Tatbestände in andere transformiert werden.« Mehr braucht es nicht, um eine kybernetische Maschine zu definieren. Hardware-Teile kommen dabei gar nicht mehr in Betracht. Anordnungen von Transformationsregeln – das ist die neue, immateriell gewordene Maschine. Sie kennt und verarbeitet einzig noch den Rohstoff Information.

Wir werden jedoch sehen, daß auch diese Maschine nicht dagegen gefeit ist, in die Totale zu gehen. Wenn nämlich Informatik zur Basiswissenschaft wird, zeigt sich »Natur als System von Informationen« (Heidegger). Und damit ist die neue Machina Mundi da – die Welt erweist sich als Informationstransformator. Konrad Zuse, der Erbauer des ersten programmgesteuerten Rechners, hat es klar ausgesprochen: »The universe is a big computer«.

Unsere Betrachtungen fallen in die Spannungskurve von der einen Maschine zur anderen. Wir begegnen ihren Metamorphosen in den Körpern, wie auch in den Städten und der Sprache. Denn das »In-der-Welt-sein« Martin Heideggers bedeutet unter neuzeitlichen Bedingungen: Mit Maschinen in einem Raum zu sein.

II.

Man wird bei der Lektüre auf erstaunlich viele Sonderlinge treffen. Nehmen wir beispielsweise Charles Babbage. »Von etwas abwegigem Charakter. Massig, jähzornig, hilflos: / ein erbitterter Junggeselle mit schmerzenden Ohren«, so hat ihn Hans Magnus Enzensberger in seinem »Mausoleum« vorgestellt. Babbage war für seine erbitterte Genauigkeit berühmt-berüchtigt. Der Dichter Tennyson schickte ihm Verse, in denen der Lauf der Welt besungen wurde – jede Minute werde ein Mensch geboren. Babbage korrigierte diese Angabe: Nicht 1 Mensch, sondern 1,167 Menschen würden pro Minute geboren.

Die Geschichten ließen sich beliebig vermehren. Auch über Wezel, Jean Paul oder Konrad Zuse könnte man Skurrilitäten anführen; ganz zu schweigen vom Marquis de Sade. Diese Erscheinung ist kein Zufall, sondern hat mit der Sache selbst zu tun. Unter barocken Bedingungen hatte es eine Einheit des Wissens gegeben, die es erlaubte, Ingenieur und Philosoph zugleich zu sein. Leibniz ist wohl die herausragende Verkörperung dieses Typus, den die Klassik abgeschafft hat. Seitdem gibt es die rigide Trennung der Geistes- von den Naturwissenschaften und also den Konflikt der zwei Kulturen. Ein Dichter, der unter diesen Voraussetzungen nicht aufhört, von Maschinen zu sprechen, wird skurril – Schicksal Jean Pauls. Und ein Maschinenbauer, der trotzdem philosophiert, gilt als nicht normal – Schicksal von Charles Babbage. So spielen die Verwerfungen einer diskursiven Ordnung Schicksal und schreiben sich den Biographien ein.

In der Computerkultur kommt wieder zusammen, was die Klassik trennte. Auch unsere Überlegungen bewegen sich daher auf der Nahtstelle der zwei Kulturen. Unter dieser Perspektive erscheint im Gewebe der Geschichte ein roter Faden, den fortzuknüpfen zu gewissen Zeiten den Sonderlingen überlassen war. Sie haben unsere Sympathie.

P.S. Am Ende des Buches findet sich vermerkt, wer jeweils für welches Kapitel verantwortlich zeichnet.

1300		Lullus	
1400		Ars Combinatoria	
1500			
1600			
1700	Kircher	Leibniz	Harsdörffer
1750	La Mettrie		Vaucanson
1760			
1770	**JOHANN KARL WEZEL**		
1780	Müller: Rechenmaschine		
1790	**JEAN PAUL**		**MARQUIS DE SADE**
1800	Bischoff: Geschichte		
1810	der Rechenmaschinen		Jacquard: Webstuhl
1820	**HEGEL**: Wissenschaft		mit Lochkarten
1830	der Logik		**BABBAGE**: Difference Engine
1840			& Analytical Engine
1850	Boole: Aussagenlogik		**LADY ADA AUGUSTA**
1860			**LOVELACE**
1870			
1880	Hollerith: Zähl-		
1890	& Sortiermaschine		
1900	Tabulation Machine		
	Corporation		
1910	1. Berliner Volkszählung		Eccles/Jordan: Flip-Flop
	mit Hollerith-Maschinen		
1920	IBM		Spengler: Untergang
	HEIDEGGER:		des Abendlandes
	Sein und Zeit		
1930			
		KONRAD ZUSE	Turings Entwurf der
		(Die Rechenmaschine	universellen Maschine
1940		des Ingenieurs / Z1	Shannon: Switching
		bis Z4 / Plankalkül)	Algebra
			John von Neumann
1950	**HEIDEGGER**:		Turing: Computing
	Technik-Aufsatz		Machinery and Intelligence

Historisches Schema

Tumult im psychischen Apparat. Wezels genialer Maschinenbau der Seele

Confused Sounds – as if of men talking in strange tongues, fierce-falling water, and the howling of wolfes.

Bram Stoker, Dracula

Es geht ein Tumult durch die Welt, daß man vor Lärm nicht aus noch ein mehr weiß. Er klopft an die Fenster, liegt in den Ohren. Kein Wort versteht man mehr. Lärm braust und rauscht durch alle Sinne wie im Sturm. Die Sätze nimmt er mit sich und zerstreut den Sinn in alle Winde. Die Botschaft ist vernichtet und das Wort im eigenen Munde nicht mehr zu verstehen, denn babylonische Verwirrung desorganisiert die Sprache. Was übrig bleibt, ist reines Rauschen als der Grundton des Tumults. Kaum jemand hat ihn so deutlich gehört wie Johann Karl Wezel. Quälend und verlockend zugleich lag er ihm in den Ohren. Woher jedoch kommt dieser Lärm? Die Antwort ist verblüffend: Er kommt aus der Maschine mit dem Namen Mensch.

Dies ist die Antwort, die Johann Karl Wezel gegeben hat. Der 1747 geborene Philosoph, Romancier und Lustspieldichter ist einer der großen und leider halb vergessenen Schriftsteller des achtzehnten Jahrhunderts. Nach kurzem Ruhm verfiel sein Werk dem Vergessen und der Autor einer Jahrzehnte währenden Sprachlosigkeit (von 1786 bis zu seinem Tode 1819). Zur Unzeit, nämlich zur Goethe-Zeit, sprach er vom Menschen als einer Maschine – das haben ihm die Deutschlehrer nicht verziehen. Mittlerweise aber liest sich so etwas ein wenig anders. Und seitdem der US-Congress die neunziger Jahre des ausgehenden Jahrtausends zur »decade of the brain« erklärte, ist es ja beinahe Staatsdoktrin zu sagen: »The brain happens to be a meat machine!« (Siekmann 1988: 112)

Die Geschichte der Menschmaschinen begann im Barock. Schon einhundert Jahre vor Wezel hatte René Descartes (1596–1650) behauptet, daß der Körper des Menschen ein Automat sei; und zweihundert Jahre nach Wezel geht die Forschung zur Künstlichen Intelligenz (KI) von eben diesem Grundsatz aus. In den Metamorphosen der Maschine vom Barock bis hin zur KI markieren Wezels Schriften einen spannungsvollen Durchgangspunkt. Hier bricht sich alt und neu in einer Weise, die erst in unsren Tagen wieder sich erschließt.

Wie schlecht sind diese Bücher in der Zwischenzeit behandelt worden! Von Wezels »Grundriß der menschlichen Maschine« hat man offenbar nicht einmal den ersten Satz richtig gelesen: »Der Mensch ist eine Maschine, aus einer gewissen Anzahl von Organen und Kräften zusammengesezt.« (Wezel 1784/85: I, 3) Das scheint, kurz vor der Französischen Revolution, noch einmal die alte Menschmaschine aus barocken Tagen zu sein und ist es doch nicht. Denn in der gesamten, seit Descartes eröffneten Debatte waren die Maschinen stets durch zusammengesetzte Teile und Bewegungen definiert – nicht durch Organe und Kräfte, wie Wezel sagt. Dieser Unterschied sei hier fürs erste nur benannt, noch nicht entfaltet. Doch kündigt sich darin bereits ein Neues im Gewand des Alten an: Die barocken Uhrwerke werden nun nach Kräften organisiert. Dabei wird es zu Steuerungsproblemen kommen, die einen neuen Typus von Maschine verlangen.

Wezels Rede vom Mensch als Maschine ist in labiler Übergangszeit geschrieben. Der Reiz dieses Fragment gebliebenen Werkes liegt in seiner eigenen Brüchigkeit nicht weniger als in den pathologischen Brüchen, die es thematisiert: »Nebenher braust es zuweilen im Kopfe« (Wezel 1784/85: I, 101).

Was also sind das für brausende Maschinenköpfe? Erste Hinweise entnehmen wir Wezels Jugendroman von dem Stammler Tobias Knaut. Über diesen verkrüppelten Knaben heißt es, daß er zwischen Vater und Mutter hin- und hergerissen ward, so »daß eine unordentliche Erschütterung in der ganzen Maschine entstand, und alsdann war er kein Knaut mehr.« In diesem Zustand weiß der Junge auf Fragen nichts zu erwidern: »Wirklich konnte auch der gute Bube bei einem solchen innerlichen Lärme und aus großer Bemühung, alle Fragen auf einmal zu beantworten, gar keine beantworten, sondern blieb, wenn er mit verwirrtem Gesicht seine Examinantin eine Zeitlang angestaunt hatte, sprachlos stehen.« (Wezel 1773–76: 32 f.)

In diesen zwei Sätzen stecken wesentliche Motive für die nun folgenden Überlegungen. Erstens finden wir den Helden des Romans sogleich »bei einem innerlichen Lärme«, der durch Erschütterung seiner noch genauer zu beschreibenden Maschine entsteht. Es folgt sodann aus diesem Lärm eine wahrhaft babylonische Verwirrung: Sprachlos steht der Knabe da, als »Stammler«, wie der Titel des Romans schon sagt. Sein Sprachverlust erweist sich als Effekt von Noise, als diskursiver Untergang der aus diskreten Elementen aufgebauten Rede im ungeschiedenen Rauschen.

Mit diesen Elementen ist ein erster Problemgrundriß abgesteckt: Er bildet ein Dreieck aus Maschine, Noise und Sprache. Damit ist eine Grundstruktur bezeichnet, die über sich hinausweist. Denn sie trägt die Signatur einer geschichtlichen Erfahrung, die es noch genauer zu benennen gilt. Was sind denn das für lärmende Maschinenmenschen? Und wie steht es um die mißlingende Versprachlichung von Lärm – gibt es kein Aufschreibesystem für Krach? In barocken Poetiken gab es recht präzise Anweisungen zu der Verschriftlichung von Schüssen, Schlägen, Heulen usw. (Wir kommen darauf zurück!) Und für das 20. Jahrhundert haben elektronische Sound-Medien diese Frage positiv beantwortet: nichts leichter als das! Jedes elektronische Gewitter einer Disco-Music macht im Realen das, was barocke Schreibtechniken symbolisch versuchten. Jedoch im 18. Jahrhundert bei Wezel scheint ein anderes Verhältnis zwischen Sprache, Lärm und Maschinen gesetzt zu sein. Bei ihm sind menschliche Sprachmaschinen durch Lärm im wahrsten Sinne außer sich: Knaut ist alsdann kein Knaut mehr. Der innere Tumult ist das, was nicht aufhört, sich nicht zu schreiben.

I. Gesammelte Werke: Uhrwerke / Wasserwerke / Schreibwerke

Nicht immer haben die Maschinen und der Lärm zusammengehört. Die Weltmaschine des Johannes Kepler, seine »Machina Mundi artificialis«, war eher der Sphärenmusik verbunden als dem Krach. Das goldene Modell, welches er dem Herzog Friedrich von Würtemberg zugedacht hatte, sollte durch ein Uhrwerk angetrieben werden. Leider blieb das Unternehmen in der praktischen Schwierigkeit stecken, »viel zän in ein klein rad zu bringen« (Mackensen 1988: 100). Das Zahnrad wird zum Kernproblem der neuzeitlichen Machina Mundi, wie überhaupt der großen und kleinen Barockmaschinen. Steuerungsprobleme und Fragen der Kraftübertragung sind darin zugleich gesetzt, noch nicht ausdifferenziert. Es ist die hohe Zeit der Feinmechanik, der Himmelsmechanik nämlich. Durch sie wird es im 17. Jahrhundert ein geläufiges Bild, von der Welt als Uhr zu sprechen. Diese Metaphorik fand ihre Vergegenständlichung in einer Fülle astronomischer Uhren, automatischer Weihnachtskrippen und Musikautomaten. Im Zentrum all dieser Maschinen steckt ein Zahnrad, welches vom Pendel getaktete Kräfte transformiert. Was es treibt, ist der Zahn der Zeit. Und so treffen sich musikalische Maschinenbauer mit Kosmologen in dem gemeinsamen Problem, »viel zän in ein klein rad zu bringen«.

Uhren sind leise; es dringt kein Rauschen und kein Brausen daraus. Descartes hat im »Traité de l'homme« (1664) den eignen Leib mit einer Uhr verglichen. Wie in dieser alle Bewegung aus der Anordnung der Räder und Gewichte folge, so auch im Körper. Zug und Gegenzug der Muskeln funktionieren, der Puls tickt dazu – kurz: der Philosoph ist gesund. Jedoch auch René Descartes wußte, daß der eigene Leib im Unterschied zu Uhren naß ist. Da gibt es Blut, Schweiß, Urin und überhaupt Flüssiges aller Art. Deshalb ergänzt er seine Uhrmaschine durch ein hydraulisches System aus spritzenden Fontänen, deren Quellmeister seinen Sitz im Hirn habe, genauer gesagt: in der Zirbeldrüse als dem vermeintlichen Sitz der Seele.

Die beiden divergierenden Systeme passen schlecht zusammen. Gewiß, sie hätten sich im Bilde einer Wassermühle harmonisieren lassen, doch kommt dieser Vergleich nicht vor. Zu Recht hat Alex Sutter daher angemerkt, daß der von Descartes beschriebene Körperautomat sich als ein surreales Mischbild zeitgenössischer Anatomie und Technologie präsentiere (Sutter 1988: 62). Allerdings formulieren auch surreale Bilder Konflikte. Und in diesem Fall ist es der Konflikt von Uhrwerk und Hydraulik, der festzuhalten ist. Er wird uns noch beschäftigen.

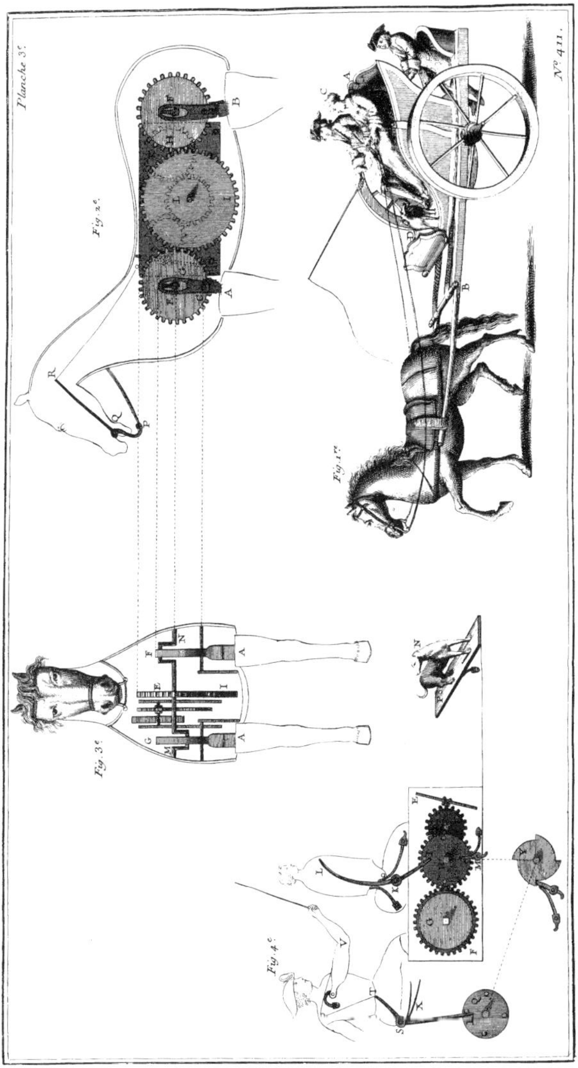

Abb. 1 Das künstliche Pferd von Maillard, 1733

Bislang ist kein Tumult zu hören. Barocke Automaten tendieren eher zur Musik als zum Krach. Mehr noch: sie dienen geradezu als Beweis von Harmonie. Nein, die Maschinisten des 17. Jahrhunderts hören keinen Lärm. Und die Geräusche dieser Welt sind ihnen kein Problem, »das knirschen/das zersplittern/das spratzeln/das rasseln/zischen/reissen/lispeln/klitschen/schnarchen« (Harsdörffer 1651: 171). All diese Dinge können nämlich aufgeschrieben werden, lehrt uns die Barockpoetik Georg Philipp Harsdörffers, denn – so heißt es weiter – »unsere Sprache donnert mit den rollenden Wolken/blitzet mit den pfeilgeschwinden Schlossen/stralet mit dem zentnerschweren Hagel/sauset mit den süssen Westen/stürmet mit dem rauhen Norden/knallet mit dem groben Geschütze/brüllet wie der Löw« usw. Harsdörffer bietet ein hochentwikkeltes lautmalerisches Aufschreibesystem, das den Anspruch erhebt, sämtliche Schallquellen festhalten zu können, seien es Schüsse, Donner oder Gebrüll. »Sie (die deutsche Sprache; P. B.) redet mit den Zungen der Natur, indem sie alles Getön und was nur einen Laut, Hall und Schall von sich gibt, wohl vernehmlich ausdrucket.« (cit. Kayser 1932: 47)

Es ist ein utopischer Zustand: die Grenzen der Sprache sollen mit den Lautgrenzen der Welt zusammenfallen, und zwar ohne einen Rest, von dem man nicht mehr sprechen könnte und über dessen Geheul also Sprachlosigkeit herrschte. So zeigt sich diese Sprache als ein umfassendes System, und zwar aus positiv gegebenen, »wohl vernehmlichen« Ausdrücken. Dabei erlaubt die Metaphorik von den »Zungen der Natur«, den Unterschied zwischen Schrift und Laut zu vernachlässigen. So wird der Buchstabe phonetisch genommen und der Laut wie ein diskretes Element aus Gutenbergs Setzkasten. Es handelt sich hier also um eine Laut-Schrift, deren Elemente zusammengefaßt und kombinatorisch verarbeitet werden können. Harsdörffer hat dies in einer Sprachmaschine vorgeführt, seinem »Fünffachen Denckring der Teutschen Sprache«[1]. Diese Maschine transformiert das

1 Wir sind an anderer Stelle näher darauf eingegangen. Vgl. Werner Künzel, Peter Bexte: Allwissen und Absturz. Der Ursprung des Computers. Frankfurt am Main 1993, S. 102–106

Geschrei der Welt ins stille Reich der Bücher, wo der Automatenleib des Philosophen unter leise tickenden Uhren sitzt.

Von diesem Optimismus einer universellen Aufschreibbarkeit ist dem 18. Jahrhundert nicht viel geblieben – und im gleichen Augenblick bricht der Lärm hervor, unkontrolliert und unkontrollierbar. Bald schon werden die Helden schauerromantischer Romane wahnsinnig werden über dem Versuch, das Geheul der Werwölfe und der Vampire aufzuschreiben. Denn das schreibt sich nicht. Nun gibt es ein Sagbares und ein Unsagbares. Die Arbeit des Negativen hat begonnen: Thermodynamische Maschinen verdrängen die Uhrwerke. Im Innern der Maschinen wird es laut. Und damit stellt sich das Problem des Schreibens auf neue Weise.

II. Erleuchtete Maschinen

Julien Offray de la Mettrie hat es deutlich gehört: sein »L'homme machine« macht Lärm. Die 1747 von ihm beschriebene »Maschine Mensch« ist zwar im Grundsatz immer noch barocke Uhr mit Triebfedern und Pendeln. Doch es kommen weitere Maschinen hinzu, die sich geräuschvoll bemerkbar machen. Aus dem inkonsistenten Sammelsurium verschiedener Technologien, die seinen Automatenleib ausmachen, wollen wir an dieser Stelle nur zwei Motive herausheben, die akustisch konnotiert sind. Sie führen in den Körper hinein und aus ihm heraus.

La Mettrie hat sich gefragt, auf welchen Wegen ein Ton durchs Ohr hinein und aus dem Mund wieder herauskommen kann. Das Kind hört ein Wort und spricht es nach. Was passiert zwischen Hören und Sprechen, zwischen Ohr und Mund? Welche Übertragungsmöglichkeiten hat der Kopf in sich? Die Antwort mag phantastisch klingen, doch die Problemstellung ist wegweisend: Durch sie wird Medientheorie in den Körper eingeschrieben.

Das Medium, das hier die ganze Message ist, wird als ein Saitenspiel bezeichnet: »Wie eine Violinsaite oder eine Cembalotaste zittert und einen Ton erzeugt, so werden die Saiten des

Gehirns, wenn sie von Schallstrahlen (raions sonores) getroffen werden, angeregt, die Worte, die sie berührt haben, wiederzugeben oder zu wiederholen.« (La Mettrie 1747: 57) Dieses Bild instrumenteller Vernunft im musikalischen Sinne des Wortes ließe sich in verschiedener Hinsicht weiter ausführen: die Saite kann verstimmt sein, sie kann reißen. Der Steg, auf welchen sie gespannt ist, könnte umklappen usw. Wir werden all das bei Wezel finden. Denn auf diese Weise kann ein schier unmöglicher Diskurs geführt werden. Unmöglich ist er deshalb, weil die Körper noch nicht elektrifiziert sind; noch stehen die Nerven nicht unter Strom, sondern unter strömenden »Lebensgeistern«. Die Lücke zwischen res cogitans und res extensa bedarf einer leiblichen Überbrückung, sie verlangt nach einer Theorie der Nerven. Und diese wird medientheoretisch ausfallen.

La Mettrie hat das Problem nur angedeutet, um seine Pole gleich wieder »kurzzuschließen« (wie sich in einer elektrischen Metapher sagen ließe). Er tut es in einem jener Sätze, welche diesem skeptischen Arzt den mißverständlichen Ruf des Materialisten einbrachten. »Da aber alle Fähigkeiten der Seele so sehr von dem eigentümlichen Bau des Gehirns und des ganzen Körpers abhängen, daß sie offensichtlich nur dieser organische Bau selbst sind, so haben wir es mit einer gut ›erleuchteten‹ Maschine zu tun (une Machine bien éclairé)!« (La Mettrie 1747: 95) Gewiß, der Rückschluß von einer Abhängigkeit auf ein Sein ist nicht weniger metaphysisch als die von La Mettrie bekämpften Seele-Theorien. Doch selbst die heutigen Debatten um Künstliche Intelligenz sind über dieses zweifelhafte Schlußverfahren bislang nicht hinausgekommen. Und im Hinblick darauf ist es völlig gleichgültig, ob man das Schädelinnere eine Geige, eine Uhr oder »den großen Computer unseres Gehirns« (Minsky 1985: 152) nennt. Denn hier ist es zunächst nur um die logische Form des Rückschlusses zu tun.

Probleme dieser Art sind nicht quantitativ auflösbar, wie der Prophet Künstlicher Intelligenz Marvin Minsky wähnt, wenn er unter dem Stichwort »Geist und Maschine« schreibt: »Es besteht nicht der geringste Anlaß, daran zu zweifeln, daß Gehirne Maschinen mit einer gewaltigen Zahl von Einzelteilen sind, die in perfekter Übereinstimmung mit den Gesetzen der Physik funktionieren. Soweit wir wissen, ist unser Geist nur ein komplexer Prozeß. Die schwerwiegenden Probleme bestehen darin, daß unsere geringe Erfahrung mit Maschinen von derartiger Komplexität noch nicht erlaubt, mit Erfolg über sie nachzudenken.« (Minsky 1985: 288) Solche Bescheidenheit ist nur scheinbar, denn sie hindert Minsky nicht daran, die Meat machine in unserem Kopf auch in Bereichen durchzukonstruieren, von denen man nichts weiß und von denen man laut Wittgenstein also zu schweigen hätte. Über den Zusammenhang von Sprache und Denken bemerkt er ausdrücklich: »Da niemand etwas darüber weiß, müssen wir eine Theorie darüber aufstellen.« (Minsky 1985: 197) Wie macht man das eigentlich: Theorien aufstellen über Dinge, von denen man nichts weiß? Ohne es zu bemerken, schreibt Minsky metaphysische Sätze, ist es doch geradezu die Definition von Metaphysik, daß sie über Dinge spricht, von denen man kein positives Wissen hat. An diesem Punkt sind die neueren Theorien von der Meat machine des Hirns den barokken Konstruktionen der Automatenmenschen um nichts voraus, so daß sich ein Verdacht ergibt: »Wahrscheinlich ist Marvin Minsky nur das Pseudonym für MM = MenschMaschine, die erste, wirklich einwandfrei funktionierende, immer lächelnde Realisation der alten Wunschphantasie.« (Gendolla 1992: 107)

So ist die Auseinandersetzung also wechselseitig: Die neuen Texte machen uns die alten wieder lesbar; und die Lektüre der alten Texte lehrt uns, den Streit um die neuen zu führen. Kehren wir also zurück zu den »machines éclairés«!

Auch erleuchtete Maschinen habe dunkle Seiten. Sie äußern sich bei La Mettrie als »Krankheiten der Einbildungskraft« (La Mettrie 1747: 105). Denn nicht erst Sigmund Freud hat die Konstruktion seines »psychischen Apparates« durch pathologische Äußerungen zu erschließen gesucht. Schon die gesamte Erfahrungsseelenkunde des 18. Jahrhunderts suchte ihren Maschinenbau der Seele auf diesem Weg voranzutreiben. Wie kann ein fieberhafter Gedanke im Kopf den Pulsschlag im ganzen Körper erhöhen? Wie ist es möglich, daß Ideen in die Eingeweide fahren? Dort unten, in der Leibeshöhle steckt das feuchte Element. Dort tickt es nicht, dort rauscht es, dort galoppieren die von Phantasien aufgeputschten Lebensgeister in die sexuelle

Erregung. »Hat das, was dann in bestimmten Organen vor sich geht, seinen Ursprung in der Natur dieser Organe selbst? Keineswegs; wohl aber in dem Umgang und in der Art der Übereinstimmung dieser Muskeln mit der Einbildungskraft. Hier wird nur eine erste Triebfeder (un premier ressort) angeregt durch das beneplacitum der ›Alten‹ oder das Bild der Schönheit, die eine andere anregt, welche ganz ruhiggestellt war, als die Einbildungskraft sie weckte. Und wie sollte dies möglich sein, wenn nicht durch die Verwirrung und die Unruhe des Blutes und der Lebensgeister, die mit einer außergewöhnlichen Geschwindigkeit dahinjagen (galopent), um die Hohlkörper aufzublähen?« (La Mettrie 1747: 105)

Nun wird es chaotisch, das Rauschen wächst, die Entropie nimmt zu. Der Orgasmus bedeutet einen Maschinenzustand, der für die Automaten dieser Zeit als ein Desaster erscheinen mußte. Die Uhren ticken durch, die Sprachmaschinen fangen an zu röcheln. Und was sich darin ausspricht, ist ein turbulentes System: »le désordre et le tumulte du sang et des esprits«.

III. Tumult im Uhrwerk

Nun wird es laut in der Maschine mit dem Namen Mensch. Was die Sexualaufklärung des Frühaufklärers La Mettrie am Orgasmus entdeckt hatte, wird dem späteren Wezel zur Grundbefindlichkeit der von den diversen Leidenschaften getriebenen Menschen. Es ist der ständige Tumult des Blutes, den Johann Karl Wezel mit bemerkenswerter Genauigkeit gehört haben will, »weil mir von dem Trieb des Blutes nach dem Kopfe die Backen glühn, und die Ohren zu klingen anfangen« (Wezel 1784/85: I, 109). Diesem Aufklärer lag das Geschrei im Blut und in den Ohren. Rauschen, Brausen, Strömen: lärmend drängt sich das hydraulische System des Körpers in die Sinne. Selbst das Uhrwerk der Vernunft tickt nicht mehr ganz richtig, denn überstarkes Denken peitscht das Blut auf und führt zu fatalen Konsequenzen: »zuweilen falsche Sensationen in Augen und Ohren, wenigstens Klingen oder Sausen« (Wezel 1784/85: I, 173).

Was singt mir, der ich höre, in meinem Körper das Lied? – So hat sich Roland Barthes gefragt und (wie im Paris der 60er Jahre nicht anders zu erwarten) sein »Begehren« entdeckt (Barthes 1979: 11 f.). In der Tradition der Körperautomaten wäre die damit angesprochene Sphäre als Wasserwerk zu bestimmen, so wie Descartes es in das Uhrwerk seiner Menschmaschine eingebaut hatte. Diese beiden Apparate sollten produktiv zusammengreifen. Wezels Versuch jedoch, Phantasmen des Leibes für die traditionellen Automaten zu kodieren, erweist sich als brüchig. Bei ihm schwebt der Gesang der Geister stets über den Wassern, doch diese kehren ihre turbulenten Seiten hervor. Reißende Ströme durchziehen den Wezelschen Körper und bedrohen sein labiles Gleichgewicht. Wo sie über ihre Ufer treten, fällt das Denken ins Wasser. »Manche hörten sogar ganz auf zu denken und wurden zu einer vegetierenden Maschine, weil sich ein Pfund Wasser zwischen den Hirnhäuten und in den Hirnhöhlen gesammelt hatte; Blasenpflaster und andere Mittel machten sie wieder zu denkenden Menschen.« (Wezel 1784/85: I, 170)

Als das Andere der Vernunft drohen die Gewässer sie zu überschwemmen. Mehr noch: diese inneren Turbulenzen werden zum Modell verworrener Zustände auch auf anderem Terrain – sie markieren den Diskurs des Anderen. Auch unzusammenhängendes Denken wird als strömendes Gewässer beschrieben. Im »Ungestüm des Ideenstroms« drängen die Gedanken zum Bewußtsein, welches sich ihrer nur durch eine mühsame »Hemmung der strömenden Ideen« (Wezel 1784/85: I, 113 f.) zu erwehren weiß. Vor solcher inneren Enthemmung schützt sich der aufgeklärte Philosoph als Seelenmaschinist durch direkte Einflußnahme auf die Hardware seines Körpers.

Wie er das macht, hat Wezel recht genau beschrieben. Die Stelle sei daher zitiert, denn sie gibt ein plastischeres Bild vom Schicksal des Körpers im 18. Jahrhundert, als alle abstrakten Definitionen es könnten. Wezel mag hundertfach betonen, daß die Rede vom Körper als einer Maschine nur Vergleichung sei, diese Gleichung geht ihm trotzdem auf und zeitigt ganz unmetaphorische Konsequenzen des Verhaltens. Seine ungestüm strömenden Ideen hat Wezel folgendermaßen gehemmt:

»Ich verdoppele meine Bemühung, sie aufzuhalten, ziehe die Stirn in die Höhe, bewege den Hintertheil des Kopfes nach dem

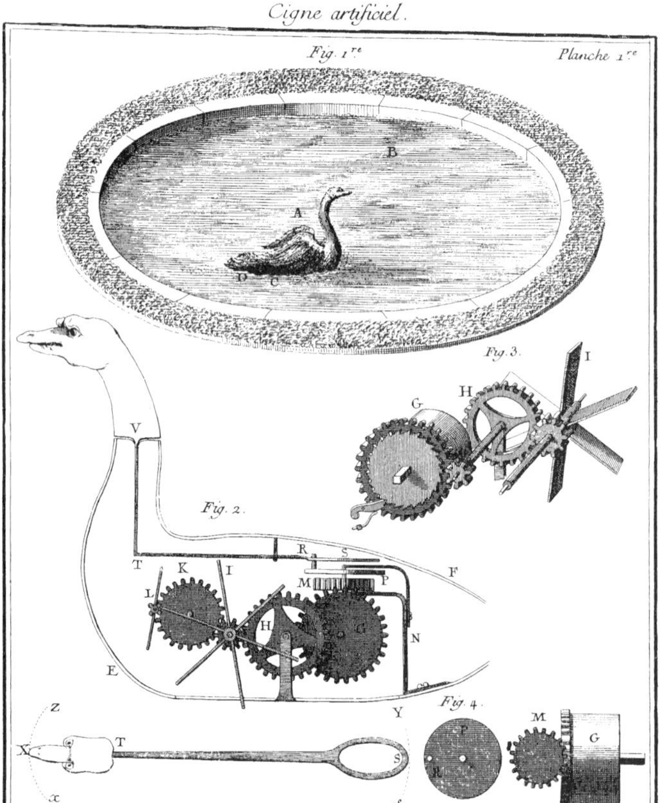

Abb. 2 Der künstliche Schwan von Maillard, 1733

Wirbel herauf, schließe die Augen zu und ziehe die Augäpfel in die Hölen hinein, oder mache andere Bewegungen, die auf die Nerven des Kopfs einen starken Eindruck machen; und die wilde Imagination ist gebändigt.« (Wezel 1784/85: I, 114)

Fast möchte man bei dieser Szene von einer Versuchung des Heiligen Antonius unter aufgeklärten Bedingungen sprechen. So wie sich dieser Heilige der Dämonen zu erwehren sucht, so der aufgeklärte Denker seiner Körperfluten. Er greift im Notfall auch zu kalten Waschungen oder aber zu dem Instrument, das La Mattrie im Schädel wähnte. Wenn es ihm im Kopf zu laut werde, so ergreife er die Geige und spiele so lange, bis der Pegel des Noise wieder geglättet sei. So zeigt der rationale Wezel sich ungewollt als Orphiker, denn schon Orpheus soll beim Argonautenzug die Meeresstürme durch sein Leierspiel besänftigt haben. Dieser therapeutischen Idee ist er offensichtlich treu geblieben. Denn der seit 1786 verstummte Wezel, welcher bis zu seinem Tode 1819 als ein Wahnsinniger in seiner Heimatstadt Sondershausen umging, soll beständig auf der Geige herumgekratzt haben – als wandelnde Verkörperung des Zwangszusammenhangs von Menschmaschine, Noise und Sprachlosigkeit.

Die äußeren Zeichen inneren Tumultes kopieren dessen Verworrenheiten qua Abwehr. So wird Dialektik der Aufklärung am eigenen Leibe demonstriert, wie es nicht sinnenfälliger geschehen könnte. Das Minenspiel des Philosophen muß (gelinde gesagt) erstaunlich gewesen sein. Abgesehen von der Schwierigkeit, den Hinterteil des Kopfes hochzuziehen (wie macht man das?), ist dabei der Adressat solch grotesker Hardware-Manipulationen höchst bemerkenswert – es sind die Nerven. Ihr dämonisches Zwischenreich gewinnt im gleichen Maße an Bedeutung, wie die Kräfte der Körpermaschine sich verselbständigen.

»Der Mensch ist eine Maschine, aus einer gewissen Anzahl von Organen und Kräften zusammengesetzt« – so lautete die bereits zitierte Ausgangshypothese von Johann Karl Wezels »Versuch über die Kenntnis des Menschen«. In dieser Maschine neigen die Kräfte dazu, übermäßig zu werden und sich der Steuerung zu entziehen. Sie steigern sich zur Turbulenz und werden dabei selbstzerstörerisch, tumultuarisch.

IV. Feuer im Nebel

Nun weht der Tumult, wo er will. Er ist außen, er ist innen und bricht unerwartet aus der Sphäre des dämonischen Geschreis, des ungeschiedenen Tohuwabohus vom Anfang. Dort kommt er her, dort zieht er hin. Dämonisch liegt er Wezels Liebenden

Herrmann und Ulrike in den Ohren. So wie Odysseus seine Ohren gegen den Sirenengesang verstopfte, so schließen sie die Fenster und die Türen gegen die Verwirrung, gegen »so ein tumultuarisches, zerstreutes Leben« (Wezel 1780: 657)[2].

Wie begegnet man zerstreuenden Tumulten? Denn verschlossene Türen nützen wenig, und hier gilt im strengsten Sinne die Freudsche Regel, daß das Verdrängte am Ort der Verdrängung selbst wiederkehrt. Kaum ist das Geheul nach außen ausgeschlossen, kehrt es innen wieder: »Der Himmel weiß, woher unsre Tränen kamen; ohne alle nahe Veranlassung drängte sie der innere Tumult aus den Augen hervor.« (700) Dämonisch liegt der Tumult den Liebenden nicht nur in Aug und Ohr, sondern auch auf der Zunge: »Angstschweiß strömte ihm über das rotbraune, geschwollne Gesicht: er schlug die Daumen vor Beklemmung und innerlichem Tumulte ein: der Zorn tat einen gewaltsamen Stoß auf Seele und Zunge und die Worte stürzten sich wie geflügelt heraus.« (605)

Es ist die Geburt des Wortes aus dem Geschrei und sein Rückfall in das Rauschen, welches Wezel immer wieder vorführt. Die Grundfigur ist die eines Exorzismus des Lärms, des fatalen Durcheinanders, das die Kommunikation ständig zu begleiten scheint. Lärmende Postboten treten auf (30 f.), deren wesentliche Botschaft nicht der Text ist, sondern der ihn grundierende Krach. In diesem steckt die Wahrheit über ein System der Post, welches die Briefe veruntreut, abfängt, ausplaudert und auf alle Weise den Parasiten der Kommunikation ausliefert. In diese äußeren Turbulenzen werden Herrmann und Ulrike geraten.[3]

Unter der Herrschaft eines parasitären Systems der Post bleibt den Liebenden zunächst nur ein Schwanken zwischen Unruhe und Sprachlosigkeit: » [...] alles drängte in einem Tumulte auf eine Empfindung los und spannte ihre Federn so stark an, daß er sein Gesicht an ihrem Busen barg und heiße Tränen hinein-

2 Die folgenden Wezel-Zitate dieses Abschnitts stets nach der unten genannten Ausgabe, daher nur mit Seitenzahl.

3 Die äußere Kommunikationsstruktur habe ich an anderer Stelle ausführlicher dargelegt (vgl. Bexte 1992)

strömte: beide zerflossen in einer Inbrunst, die auch Ulrikens Augen trübte«. (204) Bemerkenswert an dieser Stelle sind die Federn, die vom Tumult zerreißend gespannt werden. Sie finden ihre Ergänzung in anderen Systemen, von denen es kurz darauf heißt: »Wie ein durchbrechender Strom sprengte plötzlich sein Blut alle Ventile durch.« (241)

Federn und Ventile markieren die Eckpunkte und die Gefahrenstellen in Wezels psychischem Apparat. Zunächst einmal steht er in der Tradition der Körperautomaten seit Descartes und ist in entsprechender Mischung aus Uhrwerk und Hydraulik konstruiert: »Endlich drückte die häusliche Not so gewaltig auf die Federn seiner Seele, daß sie ebenso gewaltig emporsprangen.« (923) Im Sinne solch mechanischer Vorstellungen macht es der Hauslehrer mit der Seele der Kinder wie die Kahnschiffer beim Mastlegen: Er bringt Gegengewichte an (284 + 105). Und als sein Zögling sich nunmehr hin- und hergerissen fühlt, wird die bange Frage aufgeworfen: »Erschöpfte dies Hin und Hertreiben zweier Leidenschaften seine junge Maschine?« (177)

Diese Federmaschinen haben nun ihrerseits ein metaphorisches Gegengewicht. Es findet sich in einer anderen Bildreihe aus Strömen und Tumulten, die ihre Bildkraft vom Elementaren hernehmen, vom Element des Wassers nämlich. Hydraulische Systeme aber scheinen diese Wasser nur unzureichend bändigen zu können, denn ihre Kraft sprengt die Ventile (s. o.). Nun wird es explosiv, die Barockmaschinen bersten. Wir sind in der Sphäre der Turbulenz und des Geschreis, von welcher Michel Serres das vielleicht Tiefsinnigste gesagt hat:

»Der Lärm kann keine Erscheinung sein, jede Erscheinung hebt sich von ihm ab, erscheint auf dem Grund, wie ein Feuer im Nebel, wie jede Mitteilung, jeder Schrei, jeder Ruf, jedes Signal sich aus dem Lärm heraushebt, der die Stille einnimmt, um zu sein, um wahrgenommen, um erkannt, um ausgetauscht zu werden. In dem Moment, in dem eine Erscheinung sich manifestiert, verläßt sie den Lärm. In dem Moment, in dem sie plötzlich auftaucht, zeigt sie sich als den Lärm verhüllend. [...] Er setzt sich fest in den Subjekten, wie in den Objekten, im Beobachter und im Beobachteten, er durchzieht die Beobachtungsmittel und -werkzeuge, seien sie logischer oder materieller Natur, gebaute

Kanäle oder Sprachen; er ist Ansich, und er ist Fürsich. Er überschreitet die ältesten und sichersten Einteilungen der Philosophie, ja, der Lärm ist metaphysisch. Er ist das Komplement der Physik, im weitesten Sinne. Man hört sein unmerkliches Keuchen auf hoher See.« (Serres 1982: 22)

Bilder turbulenter Wasserströme begleiten Herrmann und Ulrike. Immer wieder werden sie »aus ihrer Ruhe auf ein Meer von Kümmernissen« (738) hinausgetrieben. Im Park des Grafen Ohlau finden sie eine erste Materialisierung dieser Wasserbilder. Bei einer rousseauistischen Einsiedelei nämlich, die als Schutzort der Melancholie gilt, findet sich neben einer Höhle ein künstlicher Wasserfall, wo zwei Mühlen ein »angenehmes Getöse« machen, dieweil das Wasser »wie ein ausgespanntes Tuch mit hohlem Brausen niederschoß«, und zwar mit angenehmster Wirkung: »Die einförmige Musik des Wassers und die todstille Finsternis wiegten sehr bald in einen sanften Schlummer ein, der Herz und Nerven erquickte.« (96 f.) Auch später noch in der Großstadt Berlin eilt Herrmann einer »brausenden Mühle zu, für ihn ein viel harmonischer Getöse« (758). Harmonisch ist dieses Getöse nicht in sich – wie könnte Getöse Harmonien bilden? – , sondern weil es mit den inneren Tumulten harmoniert. Dem Melancholiker schiebt sich das Geschrei zwischen das Sprechen der anderen und die eigene Stummheit; er findet sich auf seiten des Rauschens:

»Den Kopf voll so schwarzer Schatten, wie die Felsen um ihn über das Tal deckten, das nämliche Getöse, Brausen und Rauschen in allen seinen Adern wie von dem dahinschießenden Fluße in den Felsen widerhallte, in der entsetzlichsten, menschenfeindlichsten Stimmung des Geistes langte er bei der großen Mühle an: unter dem Getöse des Wassers, das über die Räder dahinstürzte, schallten Menschenstimmen, lautes, mutiges Gelächter hervor – er hätte umkehren mögen, so abstoßend war für ihn der Ton.« (344)

In dieser Passage steckt so etwas wie eine Urszene von Wezels Schreiben: Sprache ringt sich aus dem Getöse, schwebt als formierte Erscheinung über dem formlosen Lärm – »wie ein Feuer im Nebel«, um nochmals Michel Serres zu zitieren. Der dahinschießende Fluß, als ein Spiegelbild der Adern, ist nun

Identifikationsobjekt geworden. Und die Mühle, eines der Grundmodelle harmonischer Barockmaschinen, wird in den Tumult getaucht. In der gegenstrebigen Fügung von Figur und Grund, von Rauschen und distinktem Wort, sucht sich der Aufklärer Wezel aber letztendlich doch an das unterschiedene Wort zu halten, das sich den Fluten entringt. Am Ende des Romans soll eingelöst sein, was Herrmann einst als Utopie aussprach: »Es deuchte ihn, als ob ein neues Licht in seinem Kopfe aufgegangen wäre: kein Tumult, kein Brausen und Toben mehr in ihm.«(761) Ob das konfliktlösende Happy-End überzeugt, sei dahingestellt; denn hier ist nur um den Konflikt als solchen zu tun.

La Mettrie hatte den »tumulte du sang« als erster aus dem Innern seines L'homme machine gehört und diesen dennoch als Uhrwerk beschrieben: »Der Körper ist nur eine Uhr.« (La Mettrie 1747: 111) Bei Wezel drohen die Tumulte das Uhrwerk zu sprengen. Das Tosen, Brausen, Rauschen des dahinschießenden Wassers stürzt über die Räder dahin. Dabei wird deutlich, was die alte Uhrwerksmetapher geleistet hatte. Denn in Uhren ist eine unmittelbare Verzahnung der Ebenen von Kraft und Information gegeben. Aus den getakteten Impulsen des Pendels, welche die Zahnräder transformieren, wird die neue Information über die Zeit automatisch auf dem Zifferblatt hergestellt. Kraft und Information fallen zusammen. In dem Augenblick jedoch, wo sich die Kraftmaschinen verselbständigen, bedarf es auch neuer Informationsmaschinen.

V. Nervensache

Descartes hatte ein metaphysisches Problem in seine Körperautomaten eingebaut. Denn auf Basis seiner Philosophie war es unerklärlich, wie die Verkörperungen der Maschine zum Laufen gebracht werden. Wie soll die Hardware reiner Materie (res extensa) durch die Software reinen Denkens (res cogitans) irgendwie beeinflußt werden können? Diese Fragestellung hat eine merkwürdige Diskurswanderung durchlaufen. Leibniz und andere haben sie philosophisch abgehandelt, heute dagegen wird sie in der Informatik diskutiert (Siekmann 1988: 112), und zeitweilig war sie an einen medizinischen Diskurs angekoppelt. Wie sind psychosomatische Krankheiten möglich? – so lautet das ärztliche Problem. In der Sprache des 18. Jahrhunderts ist es die Frage nach den Krankheiten der Einbildungskraft – »als wenn Feuerfunken oder Blitze vor den Augen hinführen, als wenn Glocken läuteten, als wenn einzelne Regentropfen oder Hagelkörner vor dem Gesicht herabfielen, als wenn ein starker Regen oder Wasserfall in der Ferne rauschte« (Wezel 1784/85: II, 15).

Wezel hat diesem Rauschen gegenüber einen bemerkenswerten Mut zu psycho-physischen Selbstexperimenten bewiesen. So hat er sich Zitronensaft in Auge, Nase, Mund und Hautwunden geträufelt, um die entstehenden Gefühle zu testen (Wezel 1784/85: II, 57 ff.) und sich zu fragen, warum der nämliche Saft, auf diverse Stellen des immer gleichen Körpers aufgetragen, ganz unterschiedliche Wirkungen macht: Geruch, Geschmack, Schmerz. Hängen diese Dinge nicht zusammen? Was Wezel suchte, war der Sensus communis der alten Physiologie, der den jeweiligen Sensus proprius des einzelnen Sinnesorganes vermitteln sollte. Diese Central Processing Unit glaubte Wezel nach eigener Beobachtung im Gesichtssinn zu finden: »Bey Sehenden sind die Gesichtsideen die Grundlage ihrer Begriffe, aber auch zugleich das Kommunikationsmittel zwischen den übrigen Sinnen« (Wezel 1784/85: II, 87).

»Kommunikationsmittel« – mit diesem Terminus ist eine entscheidende Dimension angesprochen. Mit ihr sind wir in medias res: in der Mitte zwischen res extensa und res cogitans. Die zwei vermitteln sich zur drei, zum dritten, welches mitten unter ihnen ist. Diese Mitte als das vermittelnde Medium läßt die Frage nach den »Kommunikationsmitteln« aufwerfen. Hier lag für die Mediziner seiner Zeit, wie Haller, Zimmermann und Tissot, auf welche Wezel rekurrierte, das entscheidende Problem. Es bedarf einer Theorie der Übermittlungswege im Leibe, der Schaltstationen zwischen Sendern und Empfängern, zwischen der zitronengeträufelten Wunde hier und dem Schmerzensruf dort, kurz: Es ist die Frage nach den Nerven.

Ein Wortspiel macht den Übergang dazu. Denn »nervus«

kann im Lateinischen nicht nur Sehne oder Muskel bedeuten, sondern auch die Saite eines Instrumentes. Apoll geht seiner Leier auf die Nerven, d. h. an die Saiten: »cantans agit ocia nervos« liest man etwa in Gabriel Rollenhagens »Nucleus emblematum« (1611/1613) über den anti-dionysischen Gott. Dem Doppelsinn des Wortes entspringt die Rede vom Nervensystem als einer Geige, der wir schon bei La Mettrie begegneten. Es scheint ein geläufiger medizinischer Vergleich für das 17./18. Jahrhundert gewesen zu sein. Guichard-Joseph Duverney (1648–1730) hatte 1683 das innere Ohr als Musikinstrument bezeichnet; andere Physiologen suchten die Nachrichtenübertragung der Nerven durch geheime Vibrationen à la Violine zu erklären (Corsi 1991: 81 + 83). Bis heute spricht man vom Muskeltonus.

Diese medizinische Redeweise kollidiert nun auf das Merkwürdigste mit einer alten dichterischen Bildtradition: »Meine Seele, ein Saitenspiel« heißt es noch in Nietzsches Venedig-Gedicht aus dem »Ecce homo«. Das Bild leitet sich aus der Begeisterung für orphische Mysterien her. Orpheus als Urbild aller Sänger hatte mit seiner Leier nicht nur Tiere des Waldes und die Stürme des Argonautenzuges bezaubern können, sondern auch die Unterwelt, um Eurydike zurückzugewinnen. Sein Instrument verkörpert die Einheit des Verschiedenen. Die Verkürzungsverhältnisse der unterschiedlichen und doch zusammenklingenden Saiten versinnbildlichten eine kosmische Harmonie, deren Zahlenverhältnisse Pythagoras berechnet und welche Plato gedeutet hatte.

In dem Dichter Wezel kollidieren diese beiden Traditionsstränge. Dabei hat er sich bemerkenswerterweise an den medizinischen Vergleich gehalten und ihn gegen die orphisch-pythagoräische Tradition ausgespielt, und zwar in einer großen Allegorie von der Seele. Das Ergebnis ist bemerkenswert, es liest sich wie der Bauplan für eine Eva der Zukunft. Denn die Dame zeigt sich als eine höchst bemerkenswerte Maschine. Man versuche einmal, während der Lektüre eine Skizze zu machen: Sie wird den Grundriß eines androiden Musikautomaten ergeben. Zwischen einem Uhrwerk im Kopf einerseits und den Wassern der Affekte andererseits spannen sich die Nerven = Saiten. Ihr Spiel endet bezeichnend.

Das allegorische Seeleninstrument

Ein Frauenzimmer von der blühendsten Farbe, mit einem engländischen Gesichte und griechischer Kleidung, deren ganze Miene durch ein im Kopf angebrachtes Uhrwerk in einer beständig abwechselnden Grimasse erhalten wird und das der Künstler *Einbildungskraft* nennt, sitzt in dem geziertesten Pompe und der gezwungensten Grazie einer Theaterkönigin in einem schön gearbeiteten Sessel von Mahagoniholze. Wenn man sagen sollte, ob sie schön wäre, so würde man ein großes Bedenken tragen, mit Ja zu antworten, und ebensowenig würde man sich entschließen können, es zu verneinen. Zwischen den Knien hält sie ein musikalisches Instrument, unter welchem ein jeder nach Belieben seiner Phantasie, ein Violon, ein Violoncell, eine Viola da Gamba, oder was ihm sonst Ähnliches in der Geschwindigkeit beifällt, vorstellen kann. Die Zahl der Saiten, womit es bespannt ist, verliert sich ins Unendliche, und ich zähle schon sechs Wochen lang täglich eine Viertelstunde daran, fange jeden Tag von vorn an und verirre mich jeden Tag im Zählen. Die meisten darunter sind so fein, daß ich sagen würde, sie wären von der Luft oder gar aus Lichtstrahlen zusammengesetzt, wenn ich nicht gewiß wüßte, daß mein Freund ein sterblicher Künstler ist. Ihre Töne sind durch so unmerkliche Grade unterschieden, daß der Raum zwischen zween Tönen aus der bisherigen diatonischen Tonleiter gewiß in tausend und mehrere Töne zerteilt ist. Man sieht also leicht, daß man, um so ätherische Unterschiede zu fühlen, eine Paar Ohren nach des Pythagoras Manier äußerst nötig hat und deswegen dieses Werk für eine sehr geringe Anzahl von Sterblichen gemacht ist, die obendrein seinem Urheber mit nichts als dienstwilligen Lobsprüchen belohnen können. Jeder, den die Natur mehr durch den ansehnlichen Wuchs als die feine Empfindung der Ohren von andern Menschen unterscheiden wollte, hört bei allen jenen feinen Unterschieden nur einen Ton und empfindet überhaupt keine weiter, als die das schiffbrüchigste Klavier des elendsten Dorfschulmeisters zu hören gibt.

In der Mitte erhebt sich ein Steg, der bei jeder Überspannung der Saiten umfällt, oft in der Hitze des Spielens umgeworfen wird und vermittelst einer Feder bei der leisesten Berührung wieder aufspringt. Sobald er fällt, entsinkt der Spielerin der Bogen, sie fällt an die Lehne des Sessels zurück und scheint zu schlafen, während daß

> in ihrem Gesichte eine unaufhörlich abwechselnde Ebbe und Flut von allen menschlichen Affekten ist. Sobald der Steg aufgerichtet ist, ergreift sie den Bogen und spielt ihr Lied und spielt es zuweilen mit einem solchen Feuer und mit so vieler Flüchtigkeit, daß auch das schärfste Kennerohr nichts als einen betäubenden Mischmasch von Tönen empfinden kann. Je pathetischer, tönender, affektvoller ihr Stück ist, desto stärker und schneller werden alle Gliedmaßen ihres Körpers in Bewegung gesetzt; doch oft spielt sie auch unter den heftigsten Grimassen ein ganz gemeines Gassenlied. (Wezel 1773-76: 147 f.)

Diese Grimassen kennen wir bereits, und zwar aus Wezels eigenem Gesicht (s. o.). Die Satire sticht nicht; ungewollt offenbart sie den Satiriker. Unter seinen Verzerrungen verbirgt sich der Tumult und gellt dionysisch in apollinischen Ohren. Die medizinische Nervengeige übertönt das dichterische Saitenspiel der Seele, und zwar auf deren eigenem Instrument. Gewiß, es ist nicht mehr das alte. Mit seinen unendlich vielen Tonabstufungen verhält es sich zur alten Leier etwa so wie die Infinitesimalrechnung zur Bruchrechnung. Dabei scheint ein Klangkontinuum zu entstehen, wie heutige Musikcomputer es erzeugen. Alle Töne gleichzeitig – so wird Sphärenharmonie zum Noise. Dessen Message liegt im Rauschen; das aber schreibt sich nicht. Noch nicht.

VI. Neue Maschinen aus Electric Ladyland

Wezels »Grundriß der menschlichen Maschine« unterscheidet drei hierarchische Ebenen: Ideen – Empfindungen – vegetative Funktionen. Das Vegetative ist die Maschine im alten Sinne. Sie besteht aus allem, was unwillkürlich, also ohne menschliches Wollen geschieht, wie z. B. Herzschlag, automatische Reflexe etc. Deren Maschinenlogik gilt jedoch ausdrücklich nicht für die anderen Bereiche. Was die Ideen angeht, so bleiben sie weitgehend unerörtert; Wezel führt keine Debatte um Herkunft der Begriffe oder ihre Verknüpfungslogiken. Ihn interessieren an erster Stelle die Empfindungen, »weil die Empfindungen gleichsam die Unterhändler sind, die das vegetative und thierische

Abb. 3 Illustration aus René Descartes: Traité de l'homme (1664). – Descartes hat sich gefragt, wie der junge Mann seinem Fuß B befehlen kann, sich vom Feuer A zurückzuziehen: In der Zirbeldrüse F soll die Schleuse d geöffnet werden, um eine Flut von Lebensgeistern nach B zu senden, was eine Muskelkontraktion bewirke.

Leben mit Denken und Wollen in Gemeinschaft bringen« (Wezel 1784/85: II, 4).

Die Unterhändler sind das Thema, die Kommunikationsmittel. Und es wird ausdrücklich betont, daß diese sich ganz nach eigenen Regeln richten, die mit den bekannten physischen Gesetzen gar nichts gemein hätten.

Im Rückblick läßt sich sagen, was diese unbekannten physischen Gesetze gewesen sind: die der Elektrizität. Seit René Descartes »Traité de l'homme« (1664) war es ein Mysterium gewesen, wie die Nachrichtenübermittlung in den Nerven funktioniert. In Analogie zu dem von Harvey 1628 entdeckten Blutkreislauf hatte der Philosoph ein hydraulisches System vorgeschlagen. Die Zirbeldrüse des Gehirns sollte dabei als Schnittstelle zwischen Blut und Nerven dienen und den Flüssigkeitsdruck des einen Systems in das andere übertragen. Ätherisch-feine Flüssigkeiten, die sogenannten »Lebensgeister«, sollten dann die Muskeln zur Bewegung veranlassen. Diese Kanaltheorie war das konkurrierende Erklärungsmodell zur Vibrationstheorie der Nerven als Saiten. Wezel benutzt beide Modelle durcheinander. Denn ohne Kenntnis elektrochemischer Vorgänge und ohne Wissen, daß man Informationen in elektrische Impulse kodieren kann, war eben keine Entscheidung möglich. Die Theorie der strömenden Lebensgeister galt bis ins späte 18. Jahrhundert, und auch Wezel referiert sie nolens volens.

Exkurs zur Elektrizität

In gewisser Weise hat er Pech gehabt, den Durchbruch zur Elektrifizierung der Nerven hat er nur um wenige Jahre verpaßt. Das Thema jedenfalls lag in der Luft. Zeitgleich mit Wezels Schrift und am nämlichen Ort Leipzig erschien 1784 das Buch eines revolutionären Arztes: Jean Paul Marat »Physische Untersuchungen über die Elektrizität« (Leipzig 1784). Nur in einer Fußnote hat Wezel das neue Terrain der unbekannten physischen Gesetze betreten. Unterhalb des Haupttextes riskiert er eine These: »Im Grunde haben die Lebensgeister mehr Ähnlichkeit mit der elektrischen Materie.« (Wezel 1784/85: I, 79)

Wie das Textbild anschaulich verdeutlicht, überlagert so das Alte ein Neues, das schon darunter hervorschaut und zugleich verstellt ist. Denn die Rede von der »elektrischen Materie« ist noch nicht einmal bei dem Begriff der Energie angekommen, geschweige denn einer Vorstellung von Information. Es war bereits zu Wezels Zeiten eine leicht veraltete Redeweise. Inzwischen war bekannt, daß es zwei Formen der Reibungselektrizität gibt: positive und negative, und daß beide durch Reibung des selben Stoffes mit je verschiedenen Reibflächen erzeugt werden können (Priestley 1772: 139 ff.). Diese entgegengesetzten Erscheinungsformen aber können nicht gleichzeitig am gleichen Ort als Bestandteil der Materie existieren, also sind sie nicht materiell.

»Die Fortschritte in der Erkenntnis der elektrischen Phänomene haben eine wahrhafte Entrealisierung offenkundig gemacht. Es mußte das elektrische Phänomen von seinen materiellen Spezifikationen abgelöst werden, die seine tiefste Bedingung zu sein schienen. Bis zum Ende des 18. Jahrhunderts wurde die Elektrizität für eine Eigenschaft bestimmter Substanzen gehalten. Sie wurde in der Art einer Naturgeschichte studiert, welche Substanzen sammelt.« (Bachelard 1974: 44) Trotz dieses heute kurios anmutenden Irrtums, den auch Wezel offensichtlich teilt, war schon einiges über die Wirkungen der Elektrizität auf lebende Körper bekannt. Der Geistliche Joseph Priestley hatte serienweise Tiere durch einen Schlag aus der Leydener Flasche ins Jenseits befördert. Im Zuge dieser Versuche hatte er auch das Rückenmark getestet. »Um mich von den Wirkungen der Elektrizität auf einen thierischen Körper zu vergewissern, fieng ich eine Reihe von Experimenten über die leitende Kraft ihrer Bestandtheile an; und bildete mir eine Zeitlang ein, daß ein Stück Rückenmark (Medulla spinalis) eines Ochsen, ein merklich schlechterer Leiter wäre, als das Fleisch der Muskeln. Allein, nach einer Menge, mit Stücken Rückenmark von verschiedenen Thieren, und mit Stücken Muskelfleisch, von einerlei Größe und Gestallt, und zwar in verschiedenen Zuständen der Feuchtigkeit und Trockene, angestellter Versuche, ließ ich diese Meynung, als betrüglich, fahren; jedoch kann ich nicht umhin, zu wünschen, daß man die Versuche, auf eine geschicktere Art, ihre leitende Kraft zu messen, als man bisher ausfindig gemacht hat, wieder vornähme.« (Priestley 1772: 430f.) Dieser Wunsch sollte in Erfüllung gehen: Ab 1780 experimentierte Galvan mit Froschschenkeln und bewies damit die elektrische Steuerung der Muskulatur.

Ungeachtet dieser Schwierigkeiten hat Wezel eine avancierte Überlegung angestellt. Er hat sich nämlich nach dem Ort des sexuellen Gefühls gefragt. Selbstredend gibt dafür der männliche Körper das Modell. Wezels »Versuch über die Kenntnis des Menschen« behandelt eben nicht »die« Menschen (was Frauen einschließen würde), sondern »den« Menschen. Das Druckfehlerverzeichnis des ersten Bandes plaudert es aus: »In der Vorrede S. 14 statt auf die Menschen setze man auf den Menschen.«

(Wezel 1784/85: I, 270) Präziser kann man es nicht sagen: Aufklärung setzt nicht auf die Menschen, sondern auf den Menschen. Der Terminus »Menschengeschlecht« schafft die Geschlechterdifferenz ab und eben damit Weiblichkeit. Die Frau ist also – nach Lacans Definition – das durchgestrichene Wesen und der übrigbleibende Mensch eine Junggesellenmaschine.

»Der Mensch ist eine Maschine« – so lautet Wezels Ausgangshypothese. Diese Maschine hat nun merkwürdigerweise Erektionen. Die Retina des Auges oben empfängt einen reizvollen Anblick, und dadurch ändert sich unten das Fleisch. Die Frage, wie das möglich sei, stellt sich nun als Frage nach dem Ort der Empfindung. Denn in einer Maschine muß man sagen können, wo die einzelnen Teile sind. Ist die Empfindung Teil der Maschine, so muß sie einen Ort haben und damit eine Adresse. Umgekehrt gilt: Was keine Adresse hat, existiert gar nicht. Darum tilgen Löschbefehle in Computern nur die Kennung der Datei, nicht diese selbst. Denn was nicht adressierbar und also auch nicht lokalisierbar ist, das gilt in einer solchen Laufumgebung als u-topisch im genauen Sinne des Wortes: als ortlos, u-topos, mithin ausgeschlossen, gelöscht.

Man braucht an dieser Stelle nur das Wörtchen »Seele« auszusprechen, um die anti-theologische Sprengkraft einer solchen Fragestellung zu bemerken. Wenn dem nämlich so ist, dann muß auch die Seele einen Ort haben, sonst ist sie nicht. Darum hat Descartes sie in der Zirbeldrüse angesiedelt – was die theologische Retourkutsche provozierte. Denn eine in körperlichen Organen lokalisierte, eine dingfest gemachte Seele ist gar keine mehr. In diesem Sinne hat sich Spinoza in der Vorrede zum 5. Buch seiner »Ethik« über Descartes' Zirbeldrüsenseele mokiert.

Lokalisierungsprobleme sind höchst bezeichnend für die Hirn- und Nervenforschung überhaupt. Da wird das Sprachzentrum gesucht, das Bewegungszentrum, die für bildliches Denken zuständigen Partien des Hirns etc. Stets zielt die Frage auf eine Kartographie des Hirns. Und sobald eine intellektuelle Funktion darin verortet werden kann, so ist sie sozusagen ding-fest gemacht. In diesem Sinne hat Wezel nach dem Ort des sexuellen Gefühls gefragt und zur Beantwortung eine Skizze der Übertra-

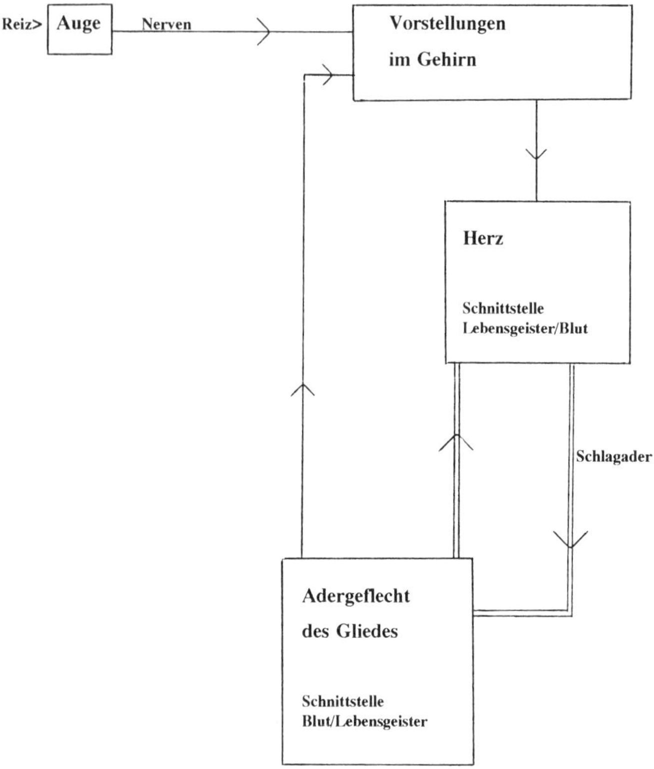

Abb. 4 Regelkreissystem in Wezels Körperautomaten

gungswege entworfen (Wezel 1784/85: II, 122ff.). Sie beschreibt das Zusammenspiel zweier hydraulischer Systeme, des Blutes und der Lebensgeister. Zusammengefaßt stellt sie sich folgendermaßen dar: Die Vorstellung im Kopf wirkt beschleunigend auf die Lebensgeister der Herznerven. Das hierdurch zu verstärkter Arbeit angeregte Herz pumpt mehr Blut, als üblicherweise geschieht, in den Unterleib. Es kommt zu einem Stau in den Schwellkörpern, das Glied wird dicker und wärmer. Die Wärme beschleunigt nun ihrerseits die Lebensgeister der Geschlechtsnerven, welche auf diese Weise die Erhitzung zum Hirn zurückmelden. Und nur in diesem letzten Schritt liegt – so behauptet Wezel – der Ort des Gefühls.

Was damit gewonnen ist, kommt uns seit Norbert Wiener überraschend bekannt vor: Es ist ein Regelkreis. Über mehrere Schaltstationen laufend, wird ein Output-Impuls wieder in das Hirn als neuer Input zurückgemeldet. Im Prinzip war das schon bei Descartes' Körperautomaten angelegt, wie Guéroult 1970 gezeigt hat. Auch dort haben wir nicht bloße Ursache-Wirkungs-Ketten, sondern durchaus mehr. Qua Rückkoppelung ist es ein kybernetisches Modell avant la lettre. Das ist der Apparat der noch unbekannten physikalischen Gesetze, von denen Wezel sprach und die ein Galvan nur noch unter Strom zu setzen hatte.

So kündigt sich ein Neues an. Nur wenige Jahre später wird man in London Lady Hamilton bewundern können, wie sie in einer Show von John Graham als Göttin Hygiea auf dem Bett der Gesundheit liegt. Und wer dieses Bett berührt, erhält einen elektrischen Schlag. Die dabei vorausgesetzten Schaltkreise im Körper sind die neuen Maschinen aus Electric Ladyland. Und diese lassen endlich den »Tumulte du sang« aufschreiben – als EKG. Elektrifizierte Körper sind maschinenlesbar. Der Ausdruck der Natur im Druckersinne schließt den Kreis aus Noise, Körperautomat und Schrift.

Kleine Enzyklopädie der Maschinen Jean Pauls. Eine Vorschule der mechanischen Datenverarbeitung

> Gott weiß, ob er nicht der Maschinendirektor der mit so vielen Rädern ineinander gehenden Geisterszenen ist.
>
> *Jean Paul, Titan*

Was ich hier versuchen möchte, ist eine enzyklopädische Unternehmung: Bei meiner Lektüre der Werke Jean Pauls habe ich den Eindruck gewonnen, in seinen teils bizarren Maschinen- und Automatenphantasien findet sich eine bestimmte Form von Datenverarbeitung. Ohne jeden Anspruch, in literaturwissenschaftlichen Gefilden wildern zu wollen, will ich im folgenden das Material zusammentragen, das ich benötige, um diese Datenverarbeitung zwar fragmentarisch, aber dennoch präzise darstellen zu können.

In dieser kleinen Enzyklopädie erfolgt also eine Beschreibung derjenigen Automaten und Maschinen, die als datenverarbeitende Arrangements mit Fug und Recht in die einschlägige Tradition gehören. Schreiben und Lesen, Rechnen, Speichern und Spielen, Datenverarbeitung in schillernden Facetten. Daß es sich bei den Materialien um Texte handelt, liegt in der Natur der Sache, denn programmatisch datenverarbeitende Maschinen sind immer Textmaschinen. Baupläne zur Interpretation.

Zweifellos aber entspricht die enzyklopädische Form der Texte Jean Pauls genau dem Geist des ausgehenden achtzehnten Jahrhunderts: der Anspruch der Aufklärung, alles Wissen systematisch zu sammeln und zu präsentieren, gerät ihm zur barokken Manie, zur wahren Sammlerwut. Maschinen und Automaten, produziert von einem »Erfindungsfieber« und versammelt in einem »Inventarisierungsfieber«, Bruchstücke einer Geschichte der Hardware und Datenträgersysteme in klassischer Zeit.

Büchermaschine

> So ist noch bis auf diesen Tag die Büchermaschine (*) in Europa unnachgemacht geblieben, deren Zusammensetzung Swift oder Gulliver allen Buchhändlern unfehlbar in der lieblosen Absicht so deutlich beschreibt, damit ähnliche europäische leichter darnach gezimmert und dadurch gutmeinenden Autoren, die sich bisher vom Büchermachen beköstigten und kleideten, ein jämmerlicher Garaus gespielet würde; denn die letztern haben sich auf nichts Anders eingeschossen. [...]
>
> (*) Gulliver sah in Lagado eine Maschine, die gewisse in ihr liegende beschriebene Zettel, wenn man sie umdrehte, so untereinander warf, daß Jeder, dem man sie hernach vorlas, freilich nicht wissen konnte, ob er ein gewöhnliches Buch höre oder nicht. (Jean Paul 1927: 277)

Diese Büchermaschine ist im strengen Sinne eher eine Autorenmaschine. Denn was sie uns vor Augen führt, hat die Charakterzüge eines mechanischen Apparates zur Produktion von Texten. Und genau darin liegt der Skandal begründet, den die Argumentation Jean Pauls markieren will: eine solche Automatisierung beliebiger Textproduktion bedroht die Arbeit und damit die Position der Autoren. Vorgespieltes Verschwinden.

Was aber verbirgt sich hinter dieser Bücher produzierenden Maschinerie? Der von Swift in seinem Roman »Gullivers Reisen« verratene Bauplan entfaltet sich in reiner Polemik. Die Hardware: Auf der Oberfläche eines Rahmens befinden sich würfelgroße Holzstücke, die so miteinander durch Drähte befestigt sind, daß alle Stücke mit der Hilfe von Kurbeln gedreht werden können. Auf die Flächen dieser Würfel hat man jeweils Papier geklebt und jede kleine Fläche dann mit einem bestimmten Wort beschriftet. Alle Wörter und Wortformen der Sprache von Lagado waren hier verzeichnet, aber ohne jede Ordnung im Rahmen verteilt.

Werden nun die Kurbeln an den Rändern des Rahmens betätigt, so entstehen Serien von zufallsbestimmten Wortfolgen, die Anordnung der Wörter ändert sich bei jeder Drehung ... Betrachter versuchen Satzgebilde zu entdecken und notieren das Gefundene. Die ganze Apparatur funktioniert wie ein Webrahmen für willkürliches Textgewebe, zufällige Kombinationen erlauben eine fragmentarische Lektüre: Jede Kurbeldrehung ein Würfelwurf – Wortserien als stochastische Texte, ein unendliches Buch, eine Bibliothek von Babel. Le livre a venir, das kommende Buch und der verschwindende Autor. Und doch ein klassisches Aufschreibesystem: Papier als Träger, das Buch als Produkt für den Markt, aber die Kreativität der Autoren – die Ursprünglichkeit eines subjektiven Schreibprozesses – verdinglicht und gefangen in der Maschine.

Ein Ensemble rotierender Zettelkästen tritt auf als Schreckgespenst romantisch konnotierter Privilegien? Denken wir uns korrespondierend dazu eine Figur des Lesers, dessen Lektüre mehr der Teilnahme an einem Turing-Test als einem ästhetischen Erlebnis ähneln dürfte! Das Ganze kulminierend in der einzig entscheidenden Frage: Wer ist der Autor? Wer also besitzt das Copyright?

Denkmaschine

> Vor dem Schlusse unserer Vorstellung rücken wir [...] dem Herrn von Kempele die wichtige Frage ans Herz: ob er nicht seiner Ehre und seiner Tugend besser gerathen hätte, wenn er, anstatt sich niederzusetzen und feurig Sprach- und Spielmaschinen auszubrüten, [...] recht nachgesonnen hätte und wirklich mit Denkmaschinen zum Vorschein gekommen wäre; denn da nur sehr wenige Profession vom Denken machen, so hätt er geringes oder kein Unheil anrichten können, da zumal die Wenigen, die durch die Nebenbuhlerei der Denkmaschinen verhungert zu sein geschienen hätten, sicher auch ohne diese Hungers gestorben wären. Vielleicht hätte dann [...] fast jeder Fürst sich eine Denkmaschine zum Gebrauche seines ganzen Landes kommen lassen, weil Ein Mann zwar [...] nur für zehn Mann ackern, allein sicherlich für mehr als zehntausend denken kann [...] (Jean Paul 1927: 292)

Diesmal kein Hinweis auf die Hardware und nicht die geringste Andeutung irgendeiner Software, kein benanntes Trägersystem – und dennoch eine imaginierte Denkmaschine!

Gibt es einen Ansatzpunkt, der es uns gestattet, über Aspekte

Abb. 5 Cyber-romantische Denkmaschine. Collage des Autors

mechanischer Intelligenz zu spekulieren? Was könnte diese Maschine leisten? Sie würde uns das Reflektieren und Räsonieren abnehmen, ein Zentralgehirn des Fürsten, eine Art Oberkommando des Denkens. Für uns bliebe dann gleichsam nur der mechanische Gehorsam gegenüber dieser Instanz auf dem Gipfel der ständischen Hierarchie: eine solche Maschine mit ihrer Intelligenz besäße allein die ganze Macht. Auch der Fürst wäre lediglich eine Marionette in ihrem Spiel. Denken ist Entscheiden.

Edgar Allan Poe äußert in der Erzählung »Von Kempelen und seine Entdeckung« eine interessante Mutmaßung: der talentierte Erfinder habe etwas gefunden, das alle Maschinen in den Schatten stelle, denn er habe den Stein der Weisen entdeckt, er könne Gold aus Blei gewinnen. Beliebige Transformationen also in das kostbare Metall, das als höchstes Zahlungsmittel fungiert, allgemeines Äquivalent. Reines Geld.

Diese Hardware, in der alles als Wert repräsentiert werden kann, ist nicht diametral entgegengesetzt der Software einer Maschine, die alles denken kann: das uralte Rätsel, die experimentelle Suche nach dem Stein der Weisen, dem Stein der Philosophen, hat mindestens zwei Lösungen. Gold oder Denkmaschine?

Und nur wenige wären verhungert wegen dieser hoffnungslosen Konkurrenz.

Lesemaschine

> Gleichwol merkt Beklagter wohl, daß noch immer das Lesen, d. h. das Aufschneiden und Durchblättern eines Buchs, das oft 300 Blätter hat, zu einer Anstrengung nöthige, die dem Flore des Buchhandels eben nicht sonderlich forthelfen kann. Wär es hingegen möglich, eine Lesemaschine zusammenzusetzen, die ungefähr nach dem herkulanischen Instrumente, das die alten Bücherrollen monatlich um eine Spanne aufrollt, modelliert wäre, und die in Form einer Buchbinder-Heftlade statt der Finger der Leser arbeitete und vikarierte und die lesenswürdigern Meßprodukte aufschnitte oder aufzöge; wäre das zu machen und im Buchladen zu Kaufe: so möcht es wol wenige Meisterwerke mehr geben, die nicht von einer Hand in die andre gingen, und die deutsche lesende Welt und die gelehrte dazu wären dann weiter, als man sie gegenwärtig sieht. (Jean Paul 1930: 336)

Lesen, die privilegierte Arbeit des Bildungsbürgers, vorgestellt als Aufschneiden der Seiten und deren Blättern! Leere Form der Lektüre, Indifferenzbewegungen. Diese Lesemaschine dient ent-

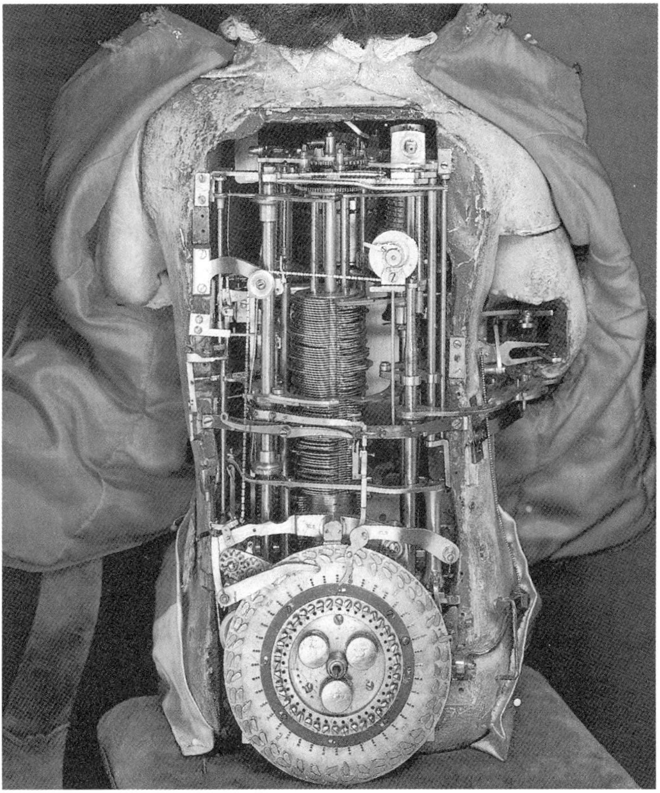

Abb. 6 Das Innere des Schreibautomaten von Pierre Jaquet-Droz (1774). Musée d'Art et d'Histoire, Neuchâtel

weder als eine technische Vorrichtung zur Unterstützung der Lektüre – oder sie droht als deren Ersatz.

Wer aber heute ein Buch in die Hand bekommt, dessen Seiten erst noch aufgeschnitten werden müssen, der begreift aus diesem nun geradezu exotischen Sachverhalt vielleicht mit einem Schlag das Buch als Hardware, als Trägersystem für Wissen. Einer solchen Hardware würde keine Präsentationsmaschine schaden – es muß nur gelesen werden. Wie der Text zugänglich wird und wie er sich bewegen läßt, ist sekundär: Wir blättern Seiten im Buch oder Dokumentseiten auf dem Bildschirm des Computers, unsere Finger folgen dem Text so genau wie der Cursor mit seinen Bewegungen; jeden Buchstaben einer Zeile erreicht eine Cursortaste oder ihre mobile Verlängerung, die »Maus«.

Ob Buch, Computer und Diskette oder CD-ROM, alle Benutzeroberflächen und Trägersysteme des Wissens sind historischem Wandel unterworfen, die Arbeit der Lektüre und die Position des Lesers auch. Medienwechsel: Aufschreibe-, Produktions- und Lesesysteme entwickeln sich durch neue Maschinentypen.

Noch aber bleibt das Buch die einfachste und flexibelste Hardware des Wissens. Transportabel, stabil und ausfallsicher gestattet es eine Lektüre, die keiner technischen Hilfe bedarf. Das alte Medium braucht keine Lesemaschine, die schier unbegrenzte Mobilität in seiner Rezeption liegt gerade in der Abwesenheit alles Technischen.

Maschinenmensch

> Aber ich will mir einmal das Vergnügen verstatten, mir einzubilden, der Mensch wäre schon auf eine viel höhere Stufe der Maschinenhaftigkeit gerückt, und ich will nur, da ich's einmal darf, mir gar vorstellen, er stünde auf der höchsten und hätte statt der fünf Sinnen fünf Maschinen – er ginge vermittelst des Gehwerks einer Maschine oder eines Laufwagens [...] und er verrichtete durch ein hydraulisches Werk sogar seine Nothdurft, nämlich die exzeptivische – er behielte nicht einmal sein Ich, sondern ließe sich eines von Materialisten schnitzen [...] die Sache wäre verflucht arg, und die natura naturans verflöge endlich und nichts bliebe da als die natura naturata und blos die Maschinen ohne Maschinenmeister [...] (Jean Paul 1927: 549f.)

Mechanik und Hydraulik: Unsere Sinne sind das Resultat der Arbeit der Weltgeschichte, und unser Körper ist es nicht minder. Aber spätestens das ausgehende 18. Jahrhundert weiß, was von diesem Resultat zu halten ist. Denn die eingebildete Maschinenhaftigkeit des Menschen entspricht durchaus den wissenschaftlichen Paradigmen dieser Zeit. Am Körper und in seinem Innern findet sich kaum etwas, das sich nicht im Diskurs der Maschine zumindest ansatzweise beschreiben ließe.

Funktioniert die Sinneswahrnehmung gemäß einer teils fantastischen Mechanik des winzig Kleinen, so gehorchen die Bewegungen der Extremitäten mit der gesamten Außenwelt des Körpers der Ordnung der Geometrie, und die ist streng mechanisch komponiert. Der Blutkreislauf zirkuliert angetrieben von einer Pumpe, deren beständige Arbeit als Garant der Selbsterhaltung die zentrale Position im ganzen System besetzt. Ein Triumph der Hydraulik als Teil der Geometrie.

Ist dieses Maschinengebilde ein Roboter, ein mechanisches Werkzeug, willenlos? Was ist mit seinem Ich, seiner Ich-Funktion, von Materialisten gefertigt? Wo die natura naturans verschwindet, da erstarrt die Schöpfung im Zustand rastloser Reproduktion, kein Neues mehr. Aber die Abwesenheit des Maschinenmeisters läßt den einzelnen Maschinen durchaus ihre Autonomie, sie existieren als Monaden, jede für sich eine komplette Maschine. Ihre gesellschaftliche Ordnung gehorcht dabei den Gesetzen der angewandten Geometrie: Bewegungen von Körpern, Kommunikation der res extensa.

Menschmaschine

> Ich meine nämlich, [...] daß ein Wesen desto vollkommener ist, je mehr es mit Maschinen wirkt, und je mehr es Arme, Beine, Kunst, Gedächtnis, Verstand außer seinem Ich liegend sieht und alles das nicht mit sich zu schleppen braucht, und daß eben deßwegen das Thier, das ohne Maschinen thätig ist, auf der untersten, schmutzigsten Vollkommenheitsstufe liege, der Wilde, der einige bewegt, auf einer höhern, unser Bauer, der mehrere dreht, auf einer noch höhern, und der Große und Reiche, dem die meisten Maschinen ansitzen, auf der höchsten stehe [...] (Jean Paul 1927: 550)

Von Descartes zu La Mettrie, in der Tradition der Maschinentheoretiker nimmt Jean Paul eine ausgezeichnete Stelle ein: Er markiert hier nämlich in präziser Weise die entscheidende Wende in Sachen res extensa. Denn alle maschinellen Erweiterungen und Ersetzungen körperlicher wie geistiger Tätigkeiten oder Fähigkeiten des Menschen denkt er in dieser scharfsinnigen Notiz als »außer« dem menschlichen Ich liegende Apparaturen!

Res extensa also radikal genommen bedeutet hier: Leistungen und Funktionen des Menschen wie Laufen oder Greifen, aber auch Denken und Erinnern realisiert in eigenständigen Maschinen. Solch eine Motorik allein wäre nur die Kennzeichnung von Robotern, die auf beliebige Weise von außen gesteuert würden. Hier aber geht es auch um Erinnern, Denken und kreatives Produzieren – um die Machinationen des Geistes!

Nicht ohne Polemik entfaltet sich die Hierarchie der Aufzählung aller Stufen von Vollkommenheit: Tier – Wilder – Bauer – reicher Bürger. Es ist die Pyramide des Eigentums, die Kette des Maschinenbesitzes, an die jeder Status gekoppelt bleibt. Und welch eine Exzentrik in der ironischen Pointe, der Verstand gerät in der Vollkommenheit ganz außer sich!

Musikmaschine

> Der Komponist war ein Paar Würfel, womit der Maschinenmann nach den im Modejournal gegebnen Regeln des reinen Satzes und einer Pariser Mode musikalische Fidibus zusammenwürfelte – der Notenkopierer war nicht Rousseau, sondern die Extemporisiermaschine oder das Setzinstrument, worauf er die erwürfelten Produkte abspielte, damit es sie aufschriebe [...]
> (Jean Paul 1927: 547)

Würfel. Die älteste mathematische Maschine der Welt ist hier das eigentliche Subjekt der Handlung. Zahlen, Zeichen oder Noten – diskrete Serien, bunt zusammengewürfelt. Zufallskombinationen wie bei der Büchermaschine: Aleatorische Musik, serielle Fantasien nach modischen Regeln aus dem Stegreif komponiert, jenseits aller handwerklich orientierten Schultraditionen. Ohne vorbereitende Reflexionen produziert der ständig wiederholte Würfelwurf die Komposition. Der »reine Satz«, auf gefalteten Papierstreifen in Leporelloform notiert, wird zum Spiel endloser Variationen, ein quasi mathematisches Objekt.

Moderner könnte ein Musikbegriff in dieser Zeit wohl nicht gedacht werden!

Und wieder finden wir hier das einfache Hardware-Material der Büchermaschine, Würfel und Papier. Diesmal aber ergänzt durch die zentrale, alles integrierende Produktionsmaschine der Gutenberg-Galaxis: das Setzinstrument, gleichsam die Orgel beliebiger Notationen, musikalische Texte nämlich sind Textgewebe par excellence.

Der Würfelwurf jedoch ist lange schon ein unverzichtbares Element heutiger Software: viele Programme benutzen Zufallsgeneratoren für unterschiedlichste Aufgaben, zumal für musikalische!

Rechenmaschinen

> So hat auch Herr Müller in seiner Rechenmaschine ein Glöckchen angebracht, dessen Klingeln bloß erinnern soll, daß in der Maschine ein falsches Rechenexempel oder irgendein Rechenverstoß vorkomme. (Jean Paul 1986: 188f.)

Diese kurze aber treffende Beschreibung des entscheidenden Details einer Rechenmaschine zeigt uns deutlich, wie genau Jean Paul solche zeitgenössischen Ingenieurprodukte kennt: Denn das besondere Merkmal der genannten Apparatur ist in der Tat die automatische Kontrolle bestimmter Rechenoperationen und deren Fehlermöglichkeiten. Der so barock anmutende Enzyklopädist treibt hier Realhistorie. Um den technischen Standard der Jahrhundertwende in den Blick zu bekommen, lohnt ein Ausflug in das Werk eines nahezu unbekannten Zeitgenossen.

Während die Philosophen des Deutschen Idealismus an ihren neuen Denkmaschinen basteln und Jean Paul seine Erzählungen und Romane mit zahlreichen Maschinenkonstruktionen aller Art bevölkert, unternimmt der Kriegs- und Domänenrat Johann Paul Bischoff parallel dazu etwas äußerst Eigenwilliges: Im Jahre 1804, also zeitgleich zur Entstehung der ersten Hegelschen Skizzen einer Geschichte des Geistes, präsentiert er in Ansbach – räumlich nicht weit entfernt – seinen »Versuch einer Geschichte der Rechenmaschine«.

Abb. 7 Die Rechenmaschine des Herrn Müller (1746–1830)

Nun wäre dies Faktum allein noch nichts Besonderes, wenn dieser Autor sein Stück Geschichtsschreibung nicht als ein enzyklopädisches Projekt realisiert hätte. Einer ausgezeichneten allgemeinen Einleitung folgen detaillierte Maschinenbeschreibungen mit den nötigen technischen Bildtafeln zu den einzelnen Apparaten. Der Anspruch geht auf eine lückenlose Vollzähligkeit der gesamten einschlägigen Entwicklung. Und allein die Einleitung hat es wirklich in sich: Bischoff will seine historische Arbeit auf einem theoretisch sicheren Fundament errichten. Deshalb beginnt er gleich damit, den Begriff der Rechenmaschine zu entfalten. In § 1 der Einleitung heißt es:

> Unter dem Ausdruck Rechenmaschine begreift man in der weitläufigsten Bedeutung gewöhnlich alle und jede Werkzeuge, vermittelst welcher durch Bewegung oder Combination ihrer Theile,

> gewisse arithmetische Operationen auf eine mechanische Art verrichtet werden können.
>
> Nach dieser Definition kann eine dergleichen Maschine nicht ganz einfach seyn, sondern muß nothwendig aus mehreren Theilen bestehen, weil sonst Bewegung oder Combination ihrer Theile nicht stattfinden kann. (Bischoff 1990: 17)

Ist das Wesen einer Maschine aber einmal präzise erfaßt, können die einfachen Hilfsmittel des Rechnens, wie z. B. Tafeln, Zirkel, Rechenstäbe usw. in ihre sekundäre Rolle beschieden werden. Alle Werkzeuge nämlich, in denen keine arbeitsteilige Rechenbewegung ausgeführt wird, wo die Produktion eines Ergebnisses also aus keiner kombinatorischen Operationsfolge hervorgeht, alle diese einfachen Werkzeuge des Rechnens scheiden damit aus seiner Klassifizierung aus: Geschichte der Maschinen ist bei Bischoff von vornherein die Geschichte komplexer mechanischer Organismen, Automaten im wahren Sinne des Wortes. Und in diesem Maschinenbegriff trifft er sich mit Jean Paul.

> Er verstand [...] zwar nicht das Einmaleins, aber dafür das Rechnen ungemein gut, das er nicht wie eine Maschine, sondern durch eine Maschine betrieb; er drehte blos die Rechenmaschine des Herrn Pastor Hahn ein Paar mal um: so hatte er sein Fazit, und Vergnügen obendrein. Ich habe mich daher oft ein wenig gewundert, woher es kommen mag, daß man ihn oder auch die Hahnische Maschine noch nicht als Rechnungsrevisor angestellt: es kann aber gar wohl doch nach meinem Tode auf der Erde geschehen sein. (Jean Paul 1927: 545)

Wo die Handhabung der Maschine eine Fähigkeit des Menschen nicht nur unterstützt, sondern sogar ersetzt, da wird tendenziell die Maschine selber zum Subjekt und letzten Endes der Mensch ersetzt. Die Maschine wird Revisor, selbständig agierende Kontrollinstanz. Mit dem Ausdruck »lebendige Rechenbank« hat Leibniz über hundert Jahre vor ihm schon das entscheidende Merkmal dieser Art von Mechanik benannt – doch das Leben eines solchen Organismus ist eine Sache für sich, wie wir heute wissen. Die leidenschaftlich geführten Diskussionen um den Kampfbegriff »Künstliche Intelligenz« haben uns gelehrt, mit derartigen Charakterisierungen vorsichtig umzugehen.

Vor diesem Hintergrund aber liefert Bischoffs Einleitung den brisanten Fingerzeig auf die Gretchenfrage der KI. Er schreibt dazu in § 6:

> Das Rechnen ist die Wissenschaft, Größen zu mehren oder zu mindern und aus bekannten unbekannte zu finden. Hierzu ist Beurtheilungskraft und Gedächtnis gleich nothwendig. Erstere muß bei jeder Rechnung das Verhältnis beurtheilen lehren, in welchem wir die verschiedenen Dinge, die zu berechnen sind, betrachten und gegeneinander halten sollen. Das Gedächtnis hingegen muß uns helfen, die Zahlen nach den bekannten Rechnungsarten zu mindern oder zu mehren. Beurtheilungskraft bleibt immer der Gegenstand eines denkenden Wesens, das durch keine Maschine erzeugt wird; wogegen man dem Gedächtnis auf mancherlei Art zu Hülfe kommen kann. (Bischoff 1990: 18)

Und nicht genug damit: Bischoff schreibt einer unreflektiert voraneilenden KI-Theorie die provokante Maxime ins Stammbuch, daß »Rechen-Maschinen nicht das Denken, sondern blos das Gedächtnis erleichtern können«. Urteilskraft und Denken, zwei durchweg kreative Domänen des Menschen, möchte der Historiker der Maschinen also auf der Seite des Geistes belassen.

Welch geistvolle technische Phantasie jedoch in den Erfindungen vielfältigster Rechenwerkzeuge und Maschinentypen waltet, zeigt dann die eigentliche enzyklopädische Historienschreibung: Jedes Werkzeug und jede Maschine wird minutiös beschrieben, sämtliche Funktionen und Leistungen werden differenziert gewürdigt und – falls nötig – kritisiert. Bischoff blickt auf die Gegenstände seiner versammelnden Arbeit wie ein Kunstkritiker auf kostbarste Exponate, er entdeckt alle Vorzüge oder Fehler.

Der Enzyklopädist: Sein geradezu liebevoll begründetes Lob wechselt mit hartem Tadel – vor seinen neutralen Augen finden die Maschinen Gerechtigkeit. Ob Nepers Rechenstäbe oder die Maschinen eines Pascal, Leibniz, Müller, Hahn usw., die kleinen und großen Erfindungen in der Welt der Rechenautomaten werden in technisch präziser Prosa zum Leben erweckt. Es entsteht ein wahres Schatzhaus der technischen Phantasie, eine Realenzyklopädie zur Vorgeschichte der Computerkultur.

Die Enzyklopädie aber ist längst schon museal: Wie mir Ralf

Bülow mitgeteilt hat, ist die erwähnte Maschine von Johann Helfrich Müller (1746–1830) heute im Hessischen Landesmuseum Darmstadt zu sehen. Rechenmaschinen des Hahnschen Typus kann man im Deutschen Museum in München besichtigen.

Schreibautomat

> Hier findet er unter dem Bilde eine geheime Tapetentür, hinter welcher eine geheime Gestalt mit einem offenen Souvenir und mit drei Ringen an der Linken und mit einem Crayon in der Rechten sitzt. Drückt er den Ring des Mittelfingers, so richtet sich die Gestalt unter dem Rollen des innern Getriebes auf, tritt in das Zimmer, und das auslaufende Gehwerk stockt mit ihr an einer Wand, woran sie mit dem Crayon ein verstecktes Fach bezeichnet [...] Dann drückt er den Ringfinger, und sogleich fängt die stumme kalte Figur mit dem Crayon in das Souvenir zu schreiben an [...] (Jean Paul 1983: 40)

Wenn wir von der Aura des Geheimen einmal absehen, mit der diese Schilderung beginnt, dann können wir uns ungestört auf genau das konzentrieren, was die zitierte Textpassage interessant macht: Es handelt sich hier nämlich um einen mobilen Schreibautomaten! Und so überzogen die gewählte Bezeichnung auch klingen mag, in der vorgestellten Apparatur finden wir alle durch sie benannten Leistungen und Funktionen kombiniert, – die Maschine bewegt sich aus eigenem Antrieb, und sie schreibt von allein.

Damit aber ein solcher Automat seine Arbeit verrichten kann, muß er in gewisser Weise »vorprogrammiert« sein, will sagen, die Gesamtheit aller zu vollziehenden Bewegungen und ihre Reihenfolge oder Verknüpfung bedarf einer Formulierung in differenzierter Hardware. Ein derartiger Automat benötigt ein mechanisch organisiertes Speicherwerk sowohl für die Steuerungsinformationen als auch für den »Inhalt« des Textes, der geschrieben werden soll. Letztlich ist zwar die von Jean Paul beschriebene Arbeit dieses Automaten zerlegbar bis in einfache atomisierte Rotations- und Translationsbewegungen, dennoch ist es aber erforderlich, daß jedes Partikel einer dynamischen Struktur in Gestalt von Hardware hinterlegt wird.

Die Bewegungen der gleitenden Feder über das Papier vollziehen sich in der Ordnung der Geometrie, und doch beherrscht die Statik hier noch die Dynamik: im vorhinein geprägte Hardware erlaubt nur bestimmte Aktionen und fixierte Leistungen – nichts ist in der dynamischen Phase des Automaten, was nicht vorher im mechanisch organisierten Speicher war! Der eingeprägte und gespeicherte Text ist auch gleichzeitig der einzige Text dieser Maschine, kein freies Schreiben also, sondern bloße Reproduktion der »Konserve«. Verurteilt zur permanenten Wiederholung der identischen Szene, des selben Textes.

Allein, gegen Ende des Romans gerät die Maschine in einen Ausnahmezustand, kollabierende Hardware:

> Schoppe versuchte vorher [...] den Druck dieses Fingers – die Figur blieb stehen – aber innen fing es zu rollen an – die Arme dehnten sich aus und fielen ab – Räder rollten heraus – endlich zerlegte sich die ganze Gestalt durch einen mechanischen Selbstmord, und ein alter Kopf von Wachs erschien.
> (Jean Paul 1983: 849)

Im Innern Software.

Schreibmaschine

> Denn in Wien, wo ihm alles gezeigt wurde, ließ man ihn auch die Schreibmaschine des Kaisers besehen, durch die man, indem man mit eigner Hand etwas schreibt, das nämliche dann doppelt und vielfach hingeschrieben hat. Er machte sich eine nach und führte nun mit seiner uneingetunkten Feder, die er in der Luft herumzog, der Maschine die repetierende Hand und Feder.
> (Jean Paul 1927: 544)

Die Vielzahl von künstlerisch gestalteten Schreibautomaten, die im 18. Jahrhundert Kabinette und Sammlungen bevölkerten, ist ohne Zweifel der Hintergrund, vor dem die Schilderungen Jean Pauls gelesen werden müssen. Solche Automaten waren über ganz Europa verstreut, ja sie wurden sogar als technische Meisterleistungen der »alten Welt« über Handelswege bis nach China exportiert, wo sie großes Aufsehen erregten.

Etwas Besonderes aber bleibt für unseren Zusammenhang die Physikalisch-Mechanische Kunstkammer in Wien, deren Direktor Friedrich von Knauss im Jahre 1780 folgendes Buch publiziert: »Selbstschreibende Wundermaschinen, auch mehr andere Kunst- und Meisterstücke«. In diesem Text stellt der technisch versierte Erfinder eine Reihe von verschiedenen Schreibautomaten und Schreibmaschinen vor, von denen Feldhaus, Verfasser der »Ruhmesblätter der Technik« glaubt, daß sie für Jean Paul als direkte Quelle der Inspiration zu gelten haben. Gleichgültig aber, ob diese Exponate ihre Funktion als Vorbilder erfüllten oder nicht, der entscheidende Punkt ist ein anderer: Wie bereits beim Automaten, so wird auch an der Schreibmaschine der Charakter der Reproduktion hervorgehoben! Jean Paul erkennt in aller Deutlichkeit das Wesen dieser Maschine als das einer »repetierenden Hand und Feder«, ein Werkzeug der Reproduktion und der Vervielfältigung von Texten. Anders als beim vorher zitierten Schreibautomaten erlaubt diese Maschine aber eine freie Produktion: keine vorgefertigten »Textkonserven« werden wiedergegeben, sondern einer beliebigen Eingabe folgt die vervielfältigende Ausgabe. In der Flexibilität dieser Relation von Input und Output fehlt zwar noch die verändernde Bearbeitung eines Textes, dennoch scheint deren Perspektive auf: der technische Transport, die hier vorgestellte mechanische Übertragung von Zeichenmaterial zwischen Instanzen der Ein- und Ausgabe, ist mehr als eine bloße Vorstufe zur Entwicklung des typewriters.

Was uns das Zeitalter der fortschreitenden Maschinisierung des Schreibens bringen wird, bleibt an dieser Stelle kein Geheimnis: Textfluten aller Art...

Spielmaschinen

Denn auf der Seite der Spielmaschinen befänden sich, wie es scheint, zu beträchtliche Vorzüge. Jene Kaltblütigkeit, jene Entfernung von zerstreuender Aufmerksamkeit auf andere Gegen-

> stände, jene Spielkenntnisse, die ihnen so sehr zu Gebote stehen, sucht man alle bei uns umsonst, und es kann uns nicht einmal jemand Bürge werden, daß nicht Herr von Kempele künftighin in seinen Maschinen hin und wieder Triebwerke eingesetzt, mittelst welcher sie entsetzlich fluchen und betrügen können. [...] Es ist aber jetzt die Sache der Vernunft und Tugend, zu entscheiden, ob ein lebendiger Spieler, dessen Verstandesschwäche und Unwissenheit stets ihre Gränzen hat, wol viel gegen die Spielmaschinen verfangen könne, die vielleicht nicht einmal ein Gehirn überhaupt besitzen. (Jean Paul 1927: 285 f.)

Das Feindbild könnte nicht eindeutiger markiert sein: Denn »ein Gespenst geht um in Europa«, sein Name ist Baron von Kempelen! Die Produkte dieses Erfinders erregen die Aufmerksamkeit seiner Zeitgenossen und beschäftigen die Phantasie zahlreicher Autoren; von Jean Paul bis Edgar Allan Poe bleibt dieser Name ein Stein des Anstoßes, ein Gegenstand der Polemik.

Doch worin genau besteht der Skandal der Spielmaschinen? Wenn wir den Ausführungen Jean Pauls folgen, dann zeichnen sich die Spielautomaten durch brisante Tugenden aus: sie sind kaltblütig, konzentriert und kenntnisreich. Das bedeutet, im Unterschied zu dem normalen menschlichen Spielertypus mit all seinen Leidenschaften und Problemen der Aufmerksamkeit oder fehlender Erfahrung steht auf der Seite der Maschinen ein reibungsloses und störungsfreies Ensemble strategischer Funktionen, unterstützt durch gespeicherte Kenntnisse vorangegangener Spiele.

Was Jean Paul verschweigt, offenbart uns Edgar Allan Poe: Er führt uns nämlich direkt in die Gefilde der Datenverarbeitung, wenn er die Funktion eines Spielautomaten mit der Lösung einer algebraischen Aufgabe vergleicht. Die »Züge« des hochberühmten Schachautomaten sind für ihn genauso »data« wie die Formeln eines bestimmten mathematischen Problems – allein ihre Verknüpfungen machen den Unterschied ums Ganze. Denn wo die lückenlose Folgerichtigkeit einer mathematischen Beweisführung herrscht, muß der Zufall ausgeschlossen bleiben: Im Spiel dagegen regiert das Unberechenbare, sein Verlauf steht unter der rigorosen Herrschaft des Zufalls!

Die Freiheit der Entscheidung auf seiten des Spielers steht im

Abb.8 Von Kempelens Schachautomat: the software inside. Bildarchiv Staatliche Museen Preußischer Kulturbesitz, Berlin

krassen Widerspruch zur Konsequenz der Mathematik, dennoch sind beide Bereiche in bezug auf ihre Informationsbearbeitung durchaus »ereignisorientiert«. Formel oder Zug, die Unsicherheit in einer Kalkulation der möglichen Entscheidung des anderen entspricht im Kern der Überraschung anläßlich einer neuen Beweisvariante zu einem alten mathematischen Problem. Nicht umsonst empfahl der Philosoph und Mathematiker Leibniz eine Beschäftigung mit der Theorie der Spiele vor dem Horizont der statistisch geprägten Begriffe Zufall und Wahrscheinlichkeit...

Bleibt das Fluchen und Betrügen. Die programmierenden Nachfahren von Kempelens haben solcherlei »Triebwerke« längst schon realisiert, allerdings in Software, nicht in Hardware. Wie heißt es dazu aber weiter in der zitierten Textpassage:

> Drängen sich indessen doch die Maschinen ein: so ist's wenigstens keine unbillige Bitte, daß man uns als die unentbehrlichsten Sekundanten und Alliierten derselben betrachte. Denn ein Mensch muß erschrecken, wenn er überlegt, daß diese Maschinen schwerlich betrügen können. Ein lebendiges Wesen hingegen kann das wirklich. Der Betrug ist der Universal- und Lebensgeist eines guten Spiels, und wers läugnete, müßt es erst beweisen. (Jean Paul 1927: 290)

Ist mit der Ehrlichkeit des Menschen schon kein Staat zu machen, so verblüfft das hier formulierte resignative Angebot: An der Mensch-Maschine-Schnittstelle zum bloßen Gehilfen oder verbündeten Anhängsel des Automaten degradiert zu sein, muß als das Resultat eines verlorenen Endspiels interpretiert werden. Für einen ehemaligen Souverän wären kleine Siege an der Seite der Maschinen nur ein schwacher Trost.

Die Hoffnung liegt also in einer Dialektik des Betrugs zwischen Schöpfer und Produkt, auf dem Spiel stünde dabei nichts Geringeres als die Herrschaft über den nächsten »Zug«. Entscheidend ist, wem der Betrug in diesem historischen Spiel gelingt. Finale wird eine solche Auseinandersetzung genannt, und ohne die Hilfe der Theologie ist darin nach Walter Benjamin nichts zu gewinnen.

Sprachmaschinen

> Er könnte freilich fortfahren [...] und sagen, wir und die Sprachmaschinen könnten glücklich miteinander zugleich auf der Richterbank sitzen und mit wechselseitiger Aufklärung die besten Entscheidungen gebären; allein es geht nicht, und wir wollen den Augenblick zeigen, daß die Maschinen (wie alle Maschinen) so gut richten würden, daß es mit uns bald aus wäre.
>
> [...] Die Hauptsache ist wol, daß die Sprachmaschine und die Gerechtigkeit wirklich aus ähnlichen Bestandtheilen zusammengesetzt sind, und das kann unbeschreiblich viel thun. Die Gerech-

> tigkeit ist [...] meistens von Stein oder auch Holz und ohne alles Leben: aus Holz will nun Kempele auch seine Maschinen schnitzen, und das Leben will er ihnen gleichfalls nicht geben. Allein die besten Richter und also auch wir bestehen blos aus Fleisch und Blut und Leben gänzlich. (Jean Paul 1927: 280f.)

Wir haben Maschinen vorgestellt bekommen, die uns das Denken streitig machen, und Automaten, mit deren Hilfe wir rechnen oder schreiben können. Der Generalangriff der Maschinen auf die Welt der Menschen wird jedoch an einer anderen Front geführt, an der Front der Sprache nämlich! Kaum eine Definition des Humanum war der Aufklärung so wichtig wie die des Menschen als einem sprechenden Wesen, und die damit implizierte Logozentrik behauptete eine uneinnehmbare Position. Die Erfindung von Maschinen aber, welche die menschliche Sprache imitieren konnten, bedrohte das Zentrum klassischer Souveränität, das sprechende Ich.

Mit der Imitation des Sprechens erobern Automaten den Zugang zum Diskurs: Einen Schritt weiter gedacht, und der Gerichtshof der Vernunft, die Urszene aufklärerischer Entscheidungsfindung, verkommt zu einem Diskurs ununterscheidbarer Stimmen: Menschen und Androiden aller Art, mechanische Diskursmaschinen.

Und wieder ist von Kempelen der benannte Gegner – die Rezeption und Kritik seiner Werke wird gleichsam zum Dreh- und Angelpunkt eines zeitgenössischen Maschinendiskurses, der die Kabinette und Salons erreicht. Sein Buch »Mechanismus der menschlichen Sprache« erscheint im Jahre 1791 in Wien, aber eine Kopie der von ihm gebauten Sprechmaschine hat selbst ein Goethe gehört und durchaus auch gewürdigt. Währenddessen reist die verblüffende Fälschung seines Schachautomaten durch die Welt, vom sensationshungrigen Publikum bestaunt. Die Wissenschaft auf dem Jahrmarkt, der immer schon ein Markt gewesen ist!

> Allein die Sprachmaschinen reden in ihrer Jugend (wie Europa an der ersten sah) die meisten europäischen Sprachen; sie würden sich daher auf dem Richterstuhle so ausdrücken können, daß man nicht Ein gezogenes Register, sondern die ganze Orgel aller Sprachen hörte. (Jean Paul 1927: 282)

Nicht zufällig ist es hier die Orgel, die als Instrument eines gleichsam babylonischen Sprachgewirrs benannt wird, vereint sie doch die Teile der Hardware, ohne die kein Sprechautomat gebaut werden kann. Auch wenn Jean Paul kein Wort über dessen technische Gestaltung verliert und sich allein über einen fiktiven Einsatz solcher Maschinen Gedanken macht, vom einschlägigen Kunsthandwerk und der zeitgenössischen Bauweise dieser Automaten besaß er ohne Zweifel genaue Kenntnis.

Walzen als Träger von Stiftserien, deren ausgeklügelte Anordnung gewünschte Tonfolgen steuern konnte – Tastaturen, Blasebälge, Ventilsteuerungen, Rohre und Schalltrichter. Es sind die Musikinstrumente, aus deren Welt eine Hardware kommt, welche kunstvoll arrangiert, die tote Materie zum Sprechen bringt! Nur europäische Sprachen »natürlich«, denn noch sitzen die romantischen Erfinder und literarischen Phantasten in der alten Welt.

> [...] ein Mechanikus arbeitete an seiner Sprachmaschine, durch welche er der Welt zeigen wollte, wie weit bloßer Mechanismus dem Leben der Puppen nachkommen könne [...]
> (Jean Paul 1983: 258)

Supplement zur Sprachmaschine

Bevor wir diese kleine Enzyklopädie mit einer ironischen Volte in Sachen Hardware beenden, noch einige allgemeine Bemerkungen: Die Inflation der Diskursautomaten bevölkert unsere Welt mit den unterschiedlichsten Maschinentypen, aber wenn wir den Standard einer Multi-Media-Maschine betrachten, so gibt es künftig sicherlich nur noch eine treffende Charakterisierung. Und die bezeichnet die lückenlose Integration aller menschlichen Äußerungen, Wahrnehmungen und zeichenverarbeitenden Fähigkeiten mittels einer einzigen differenzierten Hardware-Plattform. Auf diesem Trägersystem mit seinen Speicher- und Transportmöglichkeiten entfaltet sich dann ein komplexes Softwaresystem, dessen eigentliche Arbeitsleistung in einer beliebigen Transformation und Verknüpfung aller gewünschten Zeichenmaterialien liegt. Bilder, Texte, Filme, Sprache und Musik – der eine große Diskurs... Und der abschließende Blick auf eine ausgezeichnete Hardware:

> Suppe wie Kaffee feuchten jede menschliche Sprachmaschine elend an, daß sie verquillt und stockt; und nur mit dem Rauche von beiden zieht die stumme Langweile davon: hingegen, wenn die Extrakte kommen, die unsere Sprachwalzen einölen, die Bischof-, die Punschextrakte, die Trauben-Auszüge, dann laufen in den anscheinenden Koch- und Thee-Maschinen die lauten Räder einer Sprachmaschine um, und jeder will des andern Bruder und noch dazu der Bruder Redner werden, und die feurigen Zungen sind nicht mehr zweizüngig, und die welken dünnen Infusionsthierchen und Kleisteraale von Ideen leben von wenigen auf sie gesprützten Tropfen wimmelnd auf und rudern sehr – und es kömmt immer ein vernünftiger Diskurs zu Stande.
> (Jean Paul 1930: 498f.)

Bemerkungen zur Signaltheorie des Marquis de Sade

language is a virus from outer space

William S. Burroughs/Laurie Anderson

Ihr alle, Signaltiere

Marquis de Sade

Gefängnisse und Briefe

Dieser Autor ist eingesperrt, immer wieder eingesperrt. Vincennes, Bastille, Bicetre und Charenton – jahrelang eingekerkert in abwechselnden Gefängnissen. Eine kleine Kartographie einschlägiger Pariser Anstalten ließe sich anhand dieser so ausgefallenen Lebensgeschichte entwerfen. Über die Jahre gesehen, bleibt dem Marquis de Sade nur ein Weg zur Außenwelt: Lesen und Schreiben, die Korrespondenz, schriftlich fixierte und zensierte Kommunikation. Unzählige Briefe wechseln zwischen den Instanzen dieser Kommunikation, Außenwelt und Zelle fungieren als asymmetrische Orte einer absoluten Verschärfung des Dialoges. Die jeweilige Zelle mit ihrem berüchtigten Insassen schwingt wie eine Monade als »heißes Ende« der Kette.

Briefe. Lettres de Cachet: Gegenstand dieser Briefe war allemal ein Opfer, ein nahezu beliebiges Individuum, welches in Haft genommen werden sollte. Verzerrte Kommunikation par excellence, der Brief als Anlaß zur Verbergung: Einsperren und Verschließen, das angezeigte Opfer – ob schuldig oder nicht – gerät in die Fänge einer Justizmaschinerie, deren einziger Zweck die Einschließung bleibt. Temporärer Speicher, Cache, versteckte Daten, verborgene Informationen. Ein Autor unter Verschluß. Die Zelle als ein kontrollierter Puffer, dessen Zugänge die anonyme Administration bewacht. No way out of here! Wenn der eine ausgezeichnete Auftrag nicht erfolgt, bleibt nur das Warten. De Sade wartet – er liest und schreibt in der Position des Wartenden.

> Die Weigerung, mir die guten Bücher zu verschaffen, die ich verlangte und die Hindernisse, die man mir in den Weg stellte, wenn ich gute Werke schreiben wollte, sollten sich bald unheilvoll auswirken. Wozu wären aber Leute nicht fähig gewesen, die Zahlen und Signale erfanden und mich nach Bicetre geschickt hatten, um meine Ehre und meinen Ruhm zu ruinieren! Dieses System von Zahlen und Signalen, das diese gemeinen Schurken sowohl in der Bastille wie während meiner letzten Einsperrung verwendet haben, hatte darüber hinaus den gefährlichen Nachteil, mich an die Illusionen meiner eventuellen Befreiung und an die Hypothesen, die sie nähren konnten, zu gewöhnen. Das alles hatte meinem Geist jenen sophistischen Charakter verliehen, den man mir in meinen Texten vorwirft [...] (De Sade 1972: 26)

Das benannte anonyme System der Zahlen und Signale hat sich in den Augen von de Sade etabliert vor dem Hintergrund einer anderen Ordnung, dem System der Lettres de Cachet, in dem das Verschwindenlassen beliebiger Personen durch einen gleichsam nachrichtentechnischen Effekt verursacht wird. Die Gründe für einen solchen administrativen Akt waren so vielfältig wie undurchsichtig: Vom Verbrechen gegen den Staat bis zum beliebigen Gewaltdelikt, dazu familiäre Streitfälle oder Erbschaftsprobleme aller Art, sogar reine Unterstellungen ohne jede Prüfung kamen als Anlaß eines derartigen Verfahrens vor. Der Fall de Sade ist wegen seiner kommunikativen Situation dennoch ein ausgezeichneter Fall: Sind nämlich die Agenten dieses Systems als Teilhaber an einer Verschwörung gegen die Person des Autors zu begreifen, dann kommt der Lektüre und Interpretation ihrer Texte eine besondere Bedeutung zu.

So unterschiedlich aber die Adressaten seines Briefwechsels auch sind, für den Eingeschlossenen gibt es nur ein zentrales Thema, die ersehnte Entlassung aus der Haft. Er wartet andauernd auf Signale, auf Zeichen seiner bevorstehenden Befreiung. Und das schärft seine Sinne, wenn es um die Lektüre der Briefe geht, welche in die abstrakte Welt seiner Zelle gelangen:

> Wenn Sie schon, wie Sie behaupten, so sehr bemüht sind, mich zu beruhigen, und mir ein Vergnügen zu tun (ohne dabei alle anderen schönen Sätze zu vergessen, die die Feder zeichnet, ohne daß das Herz dabei Anteil hätte), wie Sie das nun so sehr wünschen, dann

> ersparen Sie mir bitte dieses Löschen und Streichen; ich wette nämlich, daß es wohl von Ihnen kommt, da ich einiges von Ihnen entziffert habe, das zu sehr Gleichgültiges versteckt, als daß es anderen zugeschrieben werden könnte als Ihnen selbst und Ihrem reizenden Ratgeber. Das sind wohl noch Signale, nicht wahr? Nun, ich flehe Sie an, ersparen Sie mir doch diese Signale, denn ich schwöre Ihnen, daß ich nunmehr alle Briefe zurückschicken werde, in denen ich die leiseste Spur davon erkenne.
> (De Sade, Brief an seine Frau, 4.10.1778)

Kein bloßes Lesen der mitgeteilten Informationen, der offen liegenden Nachrichten: der Eingesperrte liest anders, er sucht nach anderen Schichten des Textes, untergründigen Botschaften. Jeder Satz eines Briefes, jede noch so unbedeutend scheinende Aussage erhält für ihn ein besonderes Gewicht. Aber das Löschen oder Streichen von Worten, mögliche Maßnahmen der unterschiedlichsten Zensurinstanzen (die eigene Gattin, ihr Ratgeber oder Geliebter, vielleicht auch die Gefängnisleitung?), sind nicht sein wichtigstes Lektüreproblem! Er fürchtet alles, was »Signal« sein kann, was im Text als Statthalter der Verschwörung droht, kein Zeichen ist gleichgültig, kein Wort ohne Brisanz.

Der geheime Code

Andererseits sucht de Sade besondere Signale, einen besonderen Code, genauer noch, er fahndet nach Zahlen und Andeutungen von Zahlen. Denn das entscheidende Thema seiner Lektüre ist eine bestimmte Zahlenkombination, ein Datum: der Tag seiner Entlassung. Und alles, was die Außenwelt ihm an Informationen sendet, wird auf diesen Tag X hin geprüft und analysiert. Ein in Briefen verstecktes Datum, das wird das fiktive Objekt ausgefallenster Interpretationen. Trial and Error, das Verfahren einer jeden Entschlüsselungsarbeit. Aber kein »Wahn« ist hier am Werk, de Sade spielt ironisch konnotiert einzelne Varianten solcher Signalverarbeitung durch: das rigorose Leitmotiv seiner Lesart lautet, Namen verbergen Zahlen.

> Ihr widerliches Rätsel habe ich nun erraten. Der Tag meiner Entlassung ist der 7. Februar, entweder 82 oder 84 (der Unterschied ist noch recht groß; wie Sie also sehen, bringt es mich nicht viel weiter); das dumme und verabscheuungswürdige Wortspiel ist der Name des Heiligen dieses Tages, der in diesem Fall Saint-Amand ist, und da man im Februar (fevrier) Fevre findet, haben Sie den Namen dieses Lausbuben mit den Ziffern 5 und 7 verbunden. Daher also das Wortspiel, das ebenso platt wie dumm ist, laut dem meine Entlassung entweder nach 5 Jahren oder 57 Monaten erfolgen wird, am Heiligentag von Saint-Amand, dem 7. Februar. Lefevre, mit der 7 und der 5 verbunden, war ja ihr Liebhaber. (De Sade, Brief an seine Frau, August/Oktober 1781)

Der Königsweg zur Ermittlung seines Entlassungstages scheint die Ent-Zifferung der Namen zu sein! Ent-Zifferung, weil aus deren Buchstabenketten Zahlenwerte decodiert werden sollen: Eine solche kabbalistische Methode der Entschlüsselung aber ist kein bloßes Spiel der Phantasie, kein reines Resultat zufälliger Assoziationen. Der Autor de Sade, ein strenger Meister der Textproduktion und -rezeption, experimentiert in diesen Interpretationsversuchen mit einem paradigmatischen Problem moderner Sprachwissenschaft: denn der klassische Textbegriff steht heute zur Disposition.

Was ich angesichts der Texte de Sades vorschlagen möchte, ist keine streng philosophisch oder ethisch orientierte Lektüre, wie sie Horkheimer und Adorno in ihrem Essay »Juliette oder Aufklärung und Moral« vorgetragen haben. Und auch die Rezeption des Werkes von de Sade durch Roland Barthes verkennt meines Erachtens den brisanten Charakter jenes Werks, wenn sie lediglich Momente einer »neuen Sprache« aufzählt und bestimmt. Denn das Entscheidende an diesen ausgezeichneten »neuen« Texten ist ihr vorherrschend technischer Charakter, der in einer adäquaten technischen Lektüre entfaltet werden muß.

Roland Barthes nennt zwar drei wichtige Wesenszüge dieser »neuen Sprache«, nämlich das Abschließen, Gliedern und Ordnen, – und gleichzeitig feiert er ihre Gründer (Sade Fourier Loyola) als »Formulierer, Erfinder von Schreibweisen, Textoperateure«. Aber Roland Barthes ist kein Techniker! Seine Analyse endet, wo unsere Lektüre beginnt, an der Umsetzung einer solchen Sprache in einen technischen Diskurs, der auch als technischer Text funktioniert: de Sades Texte sind programmierbare Anweisungen an »Maschinen«! Und seine Lust am Text ist zweifellos auch eine Lust am technischen Charakter seines Textes...

> Werde ich eine ›neun‹ bilden wollen, dann werde ich von ihm etwas Neues hören wollen, oder er wird mir irgendeine Gunst erteilen. Mit allen anderen Zahlen wäre ähnlich zu verfahren. Will ich eine 24? Am 2. erlaube ich ihm, mit jemandem aus der Zelle Nr. 4 zu sprechen. Brauche ich eine 33? Ich gönne ihm drei Stunden Ausgang und er schreibt nun: am 3. wurden mir 3 Stunden Ausgang gewährt, und damit haben wir unsere 33.
> (De Sade am 21. 4. 1780)

Die Lektüre aber mit der Wendung zum Technischen hin enthüllt die neue Sprache als eine Programmiersprache: Briefe und Texte lassen sich als »Programme« lesen – Kombinatorik, Verschlüsselung und Transformation, Tabellenbearbeitung, endliche Mengen. De Sade ist der Herrscher im Reich seiner Textschleifen! Seine »Zählmanie« entpuppt sich bei genauer Prüfung als eine gezielte Formalisierung: In der radikalen Reduktion aller Namen und Bezeichnungen auf Zahlen und Zahlenverhältnisse liegt die Basis für jede algorithmische Behandlung von Elementen einer Menge, keine kombinatorische Aktion kann dies verleugnen.

Der Sprachkörper wird darin zur Maschine, formalisierte Relationen in einem verbindlichen Zahlensystem – Maschinist oder aber Textoperateur, diese Funktion besetzt der Autor. Er ist nur der »Bediener« (Operateur) einer Maschine, die als Rechensystem ihre Selbständigkeit behauptet. Einmal eingeschaltet, läuft sie ohne Unterbrechung weiter: Ihr Programmierer ist als User ein bloßes Anhängsel, langsame Peripherie. Geschwindigkeit, Mobilität und Flexibilität liegen allein auf ihrer Seite begründet.

Transformationen

In den Transformationen zwischen Zahlensystemen und alphabetisch orientierten Zeichensystemen versucht eine veränderte Sprachwissenschaft, neue Übertragungs- und Rezeptionsmerkmale von »Bedeutung« als Sinneinheit der Kommunikation zu beschreiben. Und das ist erforderlich geworden, weil die Übermittlung sprachlicher Inhalte durch technische Medien nicht allein die jeweiligen Bedeutungswerte in numerische Verhältnisse unterschiedlichster Form transformieren muß. Neben dieser »technischen Reduktion« nämlich, die manche Literaturwissenschaftler als drohende Verarmung beklagen mögen, kommt etwas weitaus Wichtigeres zum Tragen: Mit der Erfindung programmierbarer Rechenmaschinen ist zugleich eine neue Textart entwickelt worden, deren Präsentationsform im Akt des Schreibens und der Lektüre zweifellos »zahlenorientiert« genannt werden muß.

Zahlenorientiert insofern, als der Quellentext eines Computerprogrammes in den verschiedenen Präsenzstufen seiner Wirksamkeit, will sagen, seiner realen/virtuellen Anwendung, immer in der Form eines reinen Maschinencodes aufzutreten hat: von der Maschine in ihrer Sprache notiert und deshalb auch konsequent nur maschinenlesbar!

Aber die Maschinen, das sind die anderen:

> Ich weiß nichts, was die Armut und die Sterilität eurer Imagination besser beweisen könnte wie die unerträgliche Monotonie Eurer abgeschmackten Signale [...] Ihr wißt nichts besseres, und seid gut zu zwölft damit beschäftigt, eure Einbildungskraft zu bemühen, um zu versuchen, etwas Neues zu erfinden, und dies alles, um jeden Tag dasselbe zu wiederholen? Wie platt das alles ist [...] (De Sade am 21.4.1780)

Wenn Laurie Anderson während ihrer Bühnenauftritte Seiten aus dem New Yorker Telephonbuch im binären Code präsentiert und damit auf eine konventionelle Lightshow verzichtet, zeigt sie uns, was »hinter dem Rücken der Agenten« mit der Sprache geschehen ist: Maschinen kommunizieren ohne uns und ohne unsere Sprache! Ist für den eingesperrten de Sade der in den Brieftexten repräsentierte outer space interpretierbar, dann wohl nur, weil er für sich eine entscheidende Metamorphose des Schreibers realisiert: er wird zur schreibenden Zentralmonade, zur »Central Processing Unit«, die Zahlenketten notiert und verknüpft, Codier- und Decodiermaschine:

> Und sind Zahlenverbindungen nicht etwa alle dämlichen Verfahren wert, die sie mir jetzt empfehlen? Glück, Tugend, die Heilung eines kranken Kopfes, das sieht man doch jeden Tag. Aber Zahlenentsprechungen, Verhältnisse und Ähnlichkeiten, solche Sachen können nur mein Günstling Albaret und ich selber vollziehen. (De Sade, Anfang Januar 1780)

Zur Kombinatorik der Körper

Der Marquis de Sade als der »vornehmste Heilige im Kalender« der Programmierer!? Nicht ohne Grund sind seine erotischen Texte im strengen Sinne Versuche zu einer Ars Combinatoria, deren exakt schrittweises Produzieren sexueller Verkettungen der »Taktung« von Prozessen im Computer gleicht: »Die 120 Tage von Sodom« sind ein Computerprogramm, kalkulierte Kombinationen von Gliedern und Positionen, auszählbare sexuelle Prozesse – Wiederholungen, Sprünge, Schleifen, endliche Mengen. Barocke Schaltungsalgebra der Sexualität, Hardware-Kopplungen. Experimente im Labor.

Skizzieren wir also ihren Programmtext in COBOL, der international verbreiteten Sprache zur Formulierung beliebiger Algorithmen und Sachverhalte, Common Business Oriented Language, allgemeine Sprache für Handel und Verkehr:

Cobol-Programm »Die 120 Tage von Sodom« (Konzept)

```
Identification Division.
Program-Id. 120Tage.
Author. De Sade.
-----------------------------------
* Formalisierte Fassung der
  120 Tage
* Kombinatorik der Episoden/
  Sessions
-----------------------------------
Environment Division.
Configuration Section.
Input-Output Section.
Data Division.
Working-Storage Section.
-----------------------------------
* Tabellendefinitionen:
-----------------------------------
   Frauennamen
   Männernamen
   Interfaces
   Orte/Mobiliar
   Accessoirs
   Positionen
-----------------------------------
* Befehlsteil: Steuerung/
  Unterprogramme
-----------------------------------
Procedure Division.
Steuerung Section.
Steu01.
   Perform Einleitung.
   Perform Episode1.
   Perform Episode2.
   Perform ...
   Perform Episode120.
Steu99.
   Stop Run.
```

```
* Interne Unterprogramme
----------------------------------------
Einleitung Section.
Ein1.
* Vorbereitung des Plots
* Personen und Charaktere
* Ortsbeschreibung
Ein9.
   Exit.
----------------------------------------
Episode1 Section.
Epi001-1.
* Rahmen und Zwischentexte
* Tabellenverarbeitung
* Schleifendurchläufe
* Kombination der Elemente
* Mischung, Positionen, Szenen
Epi001-9.
   Exit.
----------------------------------------
Episode2 Section.
Epi002-1.
* Rahmen und Zwischentexte
* Tabellenverarbeitung
* Schleifendurchläufe
* Kombination der Elemente
* Mischung, Positionen, Szenen
Epi002-9.
   Exit.
...
----------------------------------------
Episode120 Section.
Epi120-1.
...
Epi120-9.
   Exit.
```

Exzeß der Kombinatorik in einer algorithmischen Verschwendung: In der Geometrie des Fleisches gibt es keine Stellung, keine Position von männlichen und weiblichen Akteuren, die er nicht berechnet hätte. Mathematische Variationen der einen großen Ungleichung. Der Algorithmus dieser Kombinatorik verkoppelt »Schnittstellen« im Sinne einer puren Schaltungslogik: Glieder, Öffnungen, Wege – alles nur black boxes. Die seriellen Verknüpfungen geschehen in sturem Wechsel, Element für Element. Und dabei ist alles reduziert auf Kompatibilität: Sender-Empfänger-Schema. Ein technischer Diskurs erotischer Kontakte par excellence, reine Arrangements von Devices – peripheren Geräten. Kanäle und Kopplungen.

Diese Text-Maschinen der Zukunft kommunizieren im binären Code – oder sie schweigen, binär: 0000000000000000000000 ... Das große Spiel von Anwesenheit und Abwesenheit, von 0 oder 1, Präsenz des Signals oder Rauschen. Aber keine Deformation, denn Reduktion herrscht vor. Wir kennen nur noch Schnittstelleneffekte, das ausgehende Zeitalter zehrt von der Philosophie des Interfaces. De Sade liest Leibniz, seine mit sexueller Energie aufgeladenen black boxes sind streng genommen Monaden. Das Buch »Die 120 Tage von Sodom« ist so gesehen eine strategisch verzerrte Monadologie, ein technischer Text zur Kommunikation der Monaden!

Notationen überall

Die Mensch-Maschine, das ist immer noch das Andere, die black box, angefüllt mit Zeichen und Signalen: der öffnende Schnitt beweist dies nur zu deutlich.

> Ach, bis oben voll mit Ziffern muß die böse Frau gewesen sein. Wäre sie gestorben und hätte man sie aufgemacht – davon bin ich überzeugt – dann wären aus ihren Eingeweiden Millionen von Zahlen plötzlich ausgebrochen. Welch unerhörten Abscheu ich seitdem vor Zahlen und Verwicklungen habe! Man sagt, dies sei eben die Sprache der Verhandlungsleute. Wenn dem so ist, dann werde ich zeit meines Lebens niemals Verhandlungen führen, denn bei der Abscheu, die ihr mir mit diesem unentzifferbaren

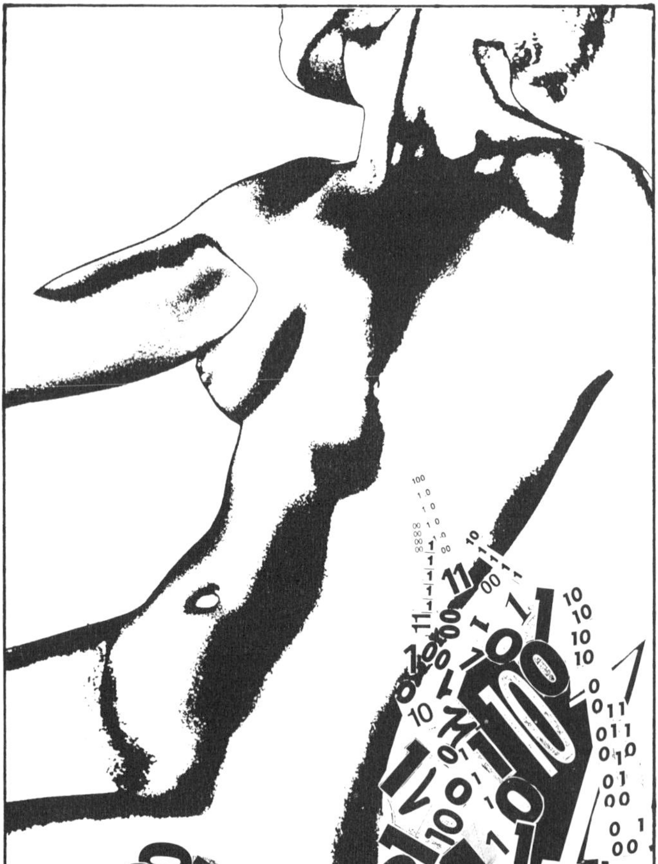

Abb. 9 »Die böse Frau«. Collage des Autors

> Zauberbuch eingeflößt habt, würde ich sogar, falls mir der König die erste Botschaft des Königtums geben würde, diese sicherlich ablehnen. (De Sade, Ende Februar 1784)

Und trotzdem wird de Sade am Ende seines Lebens für das erotische Ereignis par excellence eine Notation wählen, die auf eine Kommunikation von Maschinen hinzuweisen scheint. Denn eine vor allen anderen Ziffern ausgezeichnete Zahl, die binäre 0, wird zum entscheidenden Signal, – nicht die 1, kein Sprechakt:

> Die Besuche von Madeleine Leclerc werden von Sade sorgfältig ins Tagebuch eingetragen, der Sexualverkehr wird jeweils mit einem besonderen Zeichen (∅) vermerkt. Sie besucht ihn zwischen November 1812 und November 1814 insgesamt sechsundneunzigmal; der letzte Besuch findet am 27. 11. 1814 – fünf Tage also vor Sades Tod – statt. (Dubost 1989: 278)

Die Frau, das »durchgestrichene Wesen«, sagt Jacques Lacan, der Metaphysiker in Sachen Psychoanalyse. Und Baudelaire entgegnet ihm präzise träumend: »Die Trunkenheit ist eine Zahl.«

Allein, der erste Programmierer des erotischen Diskurses, sein Techniker, ahnt die Dimensionen dieser neuen Sprache, er weiß um den Abgrund der technisch arrangierten Kommunikation:

> Das Zahlensystem verschwört sich gegen mich.
> (Marquis de Sade)

Babbage und Hegel. Differenz-Maschinen

Einleitung

> Es gibt mehrere Arten von Täuschungen, die in der Wissenschaft praktiziert werden, doch wenig bekannt sind außer den Eingeweihten [...] Diese lassen sich einordnen unter den Überschriften Schwindeln, Fälschen, Manipulieren und Frisieren [...] sie (unsere Männer der Wissenschaft, W. K.) können sich darauf verlassen, daß jede Tatsache, die sie entdecken mögen, jedes gute Experiment, das sie machen mögen, unverzüglich wiederholt, verifiziert und kommentiert wird [...] *Charles Babbage*

Exposé der Problemstellung

Ein weiteres Stück meiner Genealogie der Computergeschichte aus dem Geiste der Philosophie soll mit diesem Text geschrieben werden. Alle bisherigen Versuche, diese genealogische Spurensicherung zu realisieren, waren zwar historisch weit entfernt vom Jahrhundert der Maschinen, vom Zeitalter der industriellen Revolution im strengen Sinne, aber die zentrale Frage meiner Arbeiten zu Raymundus Lullus, Athanasius Kircher und Gottfried Wilhelm Leibniz ist die nämliche gewesen: Das alles entscheidende Problem liegt nicht darin, wieviel vom menschlichen Denken oder Geist in Maschinen oder Maschinenkonzepten bereits materialisiert worden wäre, die Kardinalfrage lautet vielmehr, wo ist das philosophische Denken selbst ein maschinelles Denken, ein Denken der Maschine im genitivus subjektivus; – oder anders formuliert, wo und wie ist das Denken als Agent der Maschine aufgetreten, die wir als universelle symbolische Maschine begreifen?

Gesucht sind also jene Diskurstypen der Philosophiegeschichte, in denen die Autoren im Medium des Textes agierten wie Maschinenbauer, gesucht werden damit Texte, deren immanente Funktionsweise einer maschinellen Produktion nahe kommt, wie sie im 19. Jahrhundert zum erstenmal skizziert worden ist: Produktion nämlich als ein strategisch reflektiertes Kalkül, als ein Ensemble präzise definierbarer Operationen, deren Verkettung ein beliebig wiederholbares Resultat normierter Merkmale erstellt. Werte aller Art sind die Gegenstände dieser industriellen Produktion, subsumiert unter das Gesetz der allgemeinen Berechenbarkeit: Tausch, Ersetzung und Kombination.

> definition
> ist spekulation, metaphysik, in jeder definition das magische konzept der sogenannten identität, und die sprache entdeckt als maschine des erkennens.
> (Oswald Wiener, Die Verbesserung von Mitteleuropa)

Die Konfrontation, die ich im folgenden Essay etablieren möchte, erscheint auf den ersten Blick absurd: Ich will eine Begegnung inszenieren, in deren Verlauf zwei der herausragenden Werke des 19. Jahrhunderts eine komplementäre Verschränkung erhalten sollen, welche ihre Urheber in ungewohnter Perspektive zeigen kann. Die »Wissenschaft der Logik« von Hegel und die »Difference & Analytical Engine« von Babbage – ein Text und zwei mechanische Apparate – werden in eine beziehungsreiche Konstellation treten, um den zentralen Begriff der Differenz zu erhellen.

Denn es wird sich zeigen, daß beide Theoretiker in ihrer jeweiligen Arbeit den grundlegenden Charakter ihrer Epoche erscheinen lassen: Beide beziehen den Standpunkt der Produktion, sei es die realisierte Maschinenlogik oder die konzipierte analytische Rechenmaschine, Hegel und Babbage besetzen mit souveräner Geste die Position des Produzenten, dessen Produktionen in komplexen Bewegungen und Transformationen erst ihr Eigenleben entfalten können. Sie produzieren eine so besondere wie allgemeine Ware: Differenzen, mathematische und logische. Doch im Spiel mit diesen Differenzen der Zahlen und Begriffe entwerfen die beiden den Bauplan für eine universelle symbolische Maschine.

Lesen & Schreiben

Unsere Arbeit wird also darin bestehen, in einer Konfrontation zweier Lektüren genau die Analogien und Verwandtschaften zwischen der logischen und der mathematischen Maschine aufzuspüren, die es uns erlauben, den immer anderen »Bauplan der Maschine« (Heiner Müller) in seinen sämtlichen Metamorphosen zu erkennen. Solche Arbeit der Lektüre ist von Anfang an fragmentarisch, sie versucht Annäherungen, läßt sich auf Exkurse ein – weder eine strenge Interpretation der Hegelschen Logik soll erfolgen, noch wollen wir die mathematischen Feinheiten der Babbage-Maschinen fachspezifisch würdigen.

Was wir im folgenden Essay leisten können, erscheint somit nur als eine besondere Lektüre: jenseits aller spröden Methodendiskussionen liegt immer wieder die gleiche Chance – eine Chance, Texte verschiedener Diskurstypen in ausgezeichneten Konstellationen zu präsentieren, Lektüreinszenierungen. Installationen: die Begegnung der Hegelschen Logik mit der Difference Engine auf dem Operationstisch: Sprachmaschinen sind Erkenntnismaschinen, Lektüreexperimente und Schreibspiele, ROM & RAM.

1. Aus der Kindheit eines Maschinenerfinders – aus der Jugend eines Logikers: Charles Babbage – Georg Wilhelm Friedrich Hegel

In den bisher vorgelegten Auseinandersetzungen mit den großen Leistungen des Erfinders der programmgesteuerten Rechenmaschinen ist ein Name ausgespart geblieben. Und diese Aussparung markiert den entscheidenden weißen Flecken auf der Landkarte der Computergeschichte, einen Flecken nämlich, an dessen Rändern die Linien zu den verwandten Produkten des Denkens enden. Denn die großen Maschinen sind nicht entstanden, ohne vorher bereits als Maschinen der Sprache funktioniert zu haben. Es ist der Name Hegels, der vor diesem Horizont mit dem Namen Babbage in einem Atemzug genannt werden muß: Völlig unabhängig voneinander bauen die beiden an der gleichen universellen Maschine. Und beide, der Philosoph und der Ingenieur,

Abb. 10 Charles Babbage, 1833. Science Museum Library, London

begegnen sich dazu im selben Genre des Schreibens, beide produzieren Romane, die Romane der Differenz-Maschinen. Doch wo der eine, Hegel, einen Skandal erzeugt, indem er die Geschichte des philosophischen Denkens als Roman des Geistes präsentieren kann – da schreibt der andere, Babbage, eine Autobiographie, in der er verrät, wie er zu den Maschinen kam. Der Maschinenerfinder als Philosoph und Romancier:

> Boyhood.
> Taken to an Exhibition of Mechanism – Silver Ladies [...]
>
> During my boyhood my mother took me to several exhibitions of machinery. I well remember one of them in Hanover Square, by a man who called himself Merlin. I was so greatly interested in it, that the Exhibitor remarked the circumstance, and after explaining some of the objects to which the public had access, proposed to my mother to take me up to his workshop, where I should see still more wonderful automata. – We accordingly ascended to the attic. There were two uncovered female figures of silver, about twelve inches high.
>
> One of these walked or rather glided along a space of about four feet, when she turned round and went back to her original place. She used an eye-glass occasionally, and bowed frequently, as if recognizing her acquaintances. The motions of her limbs were singularly graceful.
>
> The other silver figure was an admirable danseuse, with a bird on the fore finger of her right hand, which wagged its tail, flapped its wings, and opened its beak. This lady attitudinized in a most fascinating manner. Her eyes were full of imagination, and irresistible.
>
> These silver figures were the chef-d'oeuvres of the artist: they had cost him years of unwearied labour, and were not even then finished. (Babbage 1864: 17f.)

Die beiden mechanischen Musen, die Charles Babbage aus der Retrospektive auf ein langes Erfinderleben herbeizitiert, um den Anfang seiner Unternehmungen in Sachen Maschine zu benennen, diese Initiation durch die unwiderstehlichen silver ladies verleiht dem Projekt der programmgesteuerten Rechenmaschine einen unverhüllt ästhetischen Charakter. In den zwei Automatenfiguren erscheint eine Möglichkeit der Maschine, wie sie gewagter kaum zu formulieren ist: die zauberhafte Schönheit materialisierter Mathematik, Androiden in graziöser Bewegung.

Babbage weiß, was er diesen Musen schuldet: subtile Präzision und vollkommenes Kalkül, eine Ästhetik perfekter Funktionalität. Die silver ladies bleiben seine Leitmotive, lebendige Mathematik. Und realisiertes Spiel der Differenz. Denn hinter der Bewegung steht ein Plan, die Organisation einzelner Schritte, kleinste differentielle Einheiten, atomisierte Differenzen, letztlich ein Programm: jeder Schritt eine Operation, jeder materialisierte Befehl eine winzige Bewegung. Differenz-Maschinen.

Diametral entgegengesetzt erscheinen auf den ersten Blick die Hegelschen Beschreibungen der Maschinen: für ihn zeigt sich in ihrer sturen Mechanik immer das gleiche Prinzip – penetrante Wiederholung, Äußerlichkeit des Denkens, leblose Bewegung, leeres Getriebe und in letzter Konsequenz ein bewegtes Totes. In der Jugend des Logikers beginnt die Vorherrschaft der industriell genutzten Maschinenproduktion. Wie vor ihm schon Immanuel Kant, so weiß auch Hegel um die gewaltigen Produktivkräfte, die in dem maschinellen Wesen schlummern. Der expandierende Markt mit der Explosion der Bedürfnisse fordert eine eskalierende Produktion, deren Basis in einer rigorosen Arbeitsteilung gelegt werden muß, ein gesamtgesellschaftlicher Prozeß, den englische Theoretiker als erste beschreiben. Und mit seiner Rezeption der klassischen Texte aus dieser Tradition der englischen Nationalökonomie formiert der junge Hegel sein Bild der Maschine:

> In dieser Abstumpfung der mechanischen Arbeit liegt aber unmittelbar die Möglichkeit, sich ganz von ihr abzutrennen; weil die Arbeit ganz quantitativ ohne Mannigfaltigkeit ist, also das Subsumieren derselben in der Intelligenz sich aufhebt, so kann ein absolut Äußeres, ein Ding, durch sein Sichgleichsein und ebenso in seiner Arbeit als seine Bewegung gebraucht werden. Es kommt nur darauf (an), ein ebenfalls totes Prinzip der Bewegung für dasselbe zu finden, eine sich differentiierende Gewalt der Natur wie die Bewegung des Wassers, des Windes, des Dampfs usw., und das Werkzeug geht in die *Maschine* über, indem die Unruhe des Subjektiven, des Begriffs, selbst außer dem Subjekt gesetzt wird. (Hegel 1923: 433 f.)

Gleich, welchen Text wir auch betrachten wollen, Hegels Jugendlektüre findet in allen späteren Arbeiten ihren Niederschlag: die Maschine ist nicht nur die Differenz zur Natur, sie erschafft zugleich die Differenz des Subjektes, des Menschen, von seiner Arbeit, von seiner Tätigkeit in der Welt der Dinge. Aber was sich differenziert, das läßt sich auch benutzen, anstelle des schönen Scheins dominiert die nackte Ausbeutung von Ressourcen: der toten Natur korreliert die abtötende Arbeit, Maschinenarbeit.

Als Hegel diese Zeilen einer radikalen Kritik der mechanischen Arbeit schreibt, ist Babbage noch der zehnjährige Knabe, der sich von Maschinen, von tanzenden Automatenfiguren verzaubern läßt. Und doch bleibt auch der große Logiker nicht unberührt von der mechanischen Arbeit, besonders aber wenn es darum geht, die geistige Produktion zu organisieren. Denn das denkende und schreibende Subjekt selbst verfährt im Vollzug seiner wissenschaftlich-publizierenden Tätigkeit durchaus arbeitsteilig: die Lektüre als das Sammeln beliebiger Materialien ergänzt sich in einem System der Speicherung und Archivierung, ein anderes ist der beliebige Zugriff auf das Archivierte und dessen strategische Verarbeitung. Ein solcher Prozeß differenziert sich unter ökonomischen Gesichtspunkten, unabhängig davon, was als Gegenstand der Produktion zu gelten hat. Die Differenzen dieses Prozesses markieren letztlich eine Arbeitsteilung, in deren Befolgung das Denken seine mechanischen Konnotationen erfährt: die Unterordnung nämlich unter ein Aufschreibesystem. Zwangsarbeit der Lektüre findet statt, wie Hegels Biograph uns zu berichten weiß:

> Bei seiner Lektüre ging er nun folgendermaßen zu Werke. Alles, was ihm bemerkenswert schien – und was schien es ihm nicht! – schrieb er auf ein einzelnes Blatt, welches er oberhalb mit der allgemeinen Rubrik bezeichnete, unter welche der besondere Inhalt subsumiert werden mußte. In der Mitte des oberen Randes schrieb er dann mit großen Buchstaben, nicht selten mit Fracturschrift das Stichwort des Artikels. Diese Blätter selbst ordnete er für sich wieder nach dem Alphabet und war mittels dieser einfachen Vorrichtung im Stande, seine Excerpte jeden Augenblick zu benutzen. Bei allem Umherziehen hat er diese Incunablen seiner

> Bildung immer aufbewahrt. Sie liegen theils in Mappen, theils in Schiebfutteralen, denen auf dem Rücken eine orientirende Etikette aufgeklebt ist. (Rosenkranz 1844: 12 f.)

In Hegels Zettelkasten finden wir die Ordnung eines mechanischen Speichers wieder, mit Materialien angefüllt durch ein abstumpfendes Schreiben – einfaches Abschreiben zunächst. Und doch ist diese Versammlung erworbenen Wissens in letzter Instanz das Schatzhaus des Geistes, Fundament jeder Erkenntnis als Verarbeitung von Resultaten der Lektüre. Solch ein Zettelkasten fungiert als Gedächtnis mit beliebig wählbaren Zugriffspfaden der Erinnerung – den Störfall des Datenverlustes einmal ausgeblendet.

Konträr dazu die zeitgleiche Hegelsche Polemik gegen einen gewissen Herrn Schulz, dem der Logiker vorwirft, daß er im Grunde genommen einem mechanistischen »Speicher« das Wort redet, den man als Ansammlung von Unordnung verwerfen muß. Ein Haufen Zettel mit notierten Ideen, willkürlich durcheinandergewürfelt, ein Zettelkasten ohne Programm, Kartenstapel mit Zufallsfolgen: Kein Zugriff, der sich nicht als Spiel entpuppte, sinnlose Differenzierungen, kein strategischer Wissenserwerb mit gezielter Verarbeitung.

> [...] nach seiner Vorstellung wird ein Subjekt geboren mit einem Paket Wechsel im Kopfe, welche auf eine außerhalb jenes Kopfes existierende Welt gezogen sind, – die Frage aber wäre, ob die Wechsel von dieser Bank akzeptiert werden, ob sie nicht falsch sind, – oder mit einem Haufen Lotterielose in der Seele, von denen man niemals erfahren wird, ob sie nicht lauter Nieten sind, weil kein Ziehen der Lotterie erfolgt, durch das sie realisiert würden. (Hegel 1928: 203)

2. Tabellen und Differenzen, Sein & Nichts

Es waren die Tafeln, mathematische Tafelwerke, die Babbage eine zweite Initiation vermitteln sollten: Eine weitere Anekdote aus seinem autobiographischen Maschinenroman zeigt uns, wie der zwanzigjährige Student eine Eingebung empfängt, die gleichsam als Blitz ein völlig neuartiges System des Denkens zur Erscheinung bringen wird. Babbage erinnert sich:

> The earliest idea that I can trace in my own mind of calculating arithmetical Tables by machinery arose in this manner:–
>
> One evening I was sitting in the rooms of the Analytical Society, at Cambridge, my head leaning forward on the Table in a kind of dreamy mood, with a Table of logarithms lying open before me. Another member, coming into the room, and seeing me half asleep, called out, ›Well, Babbage, what are you dreaming about?‹ to which I replied, ›I am thinking that all these Tables (pointing to the logarithms) might be calculated by machinery.‹ [...] The event must have happened either in 1812 or 1813.
> (Babbage 1864: 42)

Logarithmentafeln: Maschinen sollen in diesem Wachtraum Tabellen errechnen, und die Maschinerie, die solche Leistungen erbringen würde, verwandelte damit steam-power in mathematische Produktivkraft! Aber Tabellen unterschiedlichster Art, Tabellen zum Berechnen und Umrechnen von Maßeinheiten, Werten, Preisen, Währungen, Positionen, Tabellen zur Navigation auf See oder zur Ortsvermessung auf dem Lande – Tabellen als Zahlenwerke für jeweils konkrete Anwendungsmöglichkeiten sind letztlich nichts anderes als mathematische Aufschreibungssysteme der Welt, in deren Organisation das Erkenntnissubjekt sich einrichten will. Eine Tabelle wird errechnet und produziert, weil mit Hilfe ihrer Differenzierungen in einen Zusammenhang der Welt eingegriffen werden soll: diese mathematische Aufschreibung ist im strengen Sinne schon der Eingriff, in der Differenz zwischen ihren Werten liegt bereits die Chance, flexibel und variabel entscheiden zu können, welche Position als Bezugsgröße im jeweiligen Zusammenhang gewählt werden soll.

Wenn – wie Michel Foucault gesagt hat – der Diskurs die Gewalt ist, die wir den Dingen antun, dann läßt sich dies in besonderem Maße von der Aufschreibung der Welt in Tabellenform behaupten: Denn was Charles Babbage hier erträumt und ersehnt, die maschinelle Produktion beliebiger Tabellenwerke, dient auf fundamentale Weise als Ordnungssystem der modernen Wissenschaften von der Natur und der Gesellschaft. Zwi-

Stellenzahlen der Tafel.	*A* Tafel.	*B* Erste Differenz.	*C* Zweite Differenz.
1	1	3	
2	4	5	2
3	9	7	2
4	16	9	2
5	25	11	2
6	36	13	2
7	49		

Abb. 11 Tabelle der Differenzen

schen der Orientierung im geographischen Sinne und der Positionsbestimmung im dynamischen Beziehungsgeflecht des expandierenden Marktes ist hinsichtlich der Anwendung spezifischer Tabellen als »Erkenntniswerkzeug« keinerlei Unterschied. Entsprechend denkt Babbage von Anfang an daran, die Allgemeinheit dieser Erfindung herauszustellen, indem er ihren allgemeinen Nutzen betont. Differenzen aller Art sollen maschinell errechnet und notiert werden: Er selbst liefert nicht nur »rein« mathematische Tafeln, Versicherungstabellen, Devisenumrechnungen, Preisermittlungen sind Gegenstand seiner Arbeit. Dieses erste maschinelle mathematische Aufschreibungssystem entspricht der Forderung seiner Zeit: was berechenbar werden sollte, war der Markt und seine Produktions- wie Zirkulationszusammenhänge ...

Und dabei ist ein revolutionärer Aspekt an dieser Idee so ungeheuerlich, daß selbst ein intimer Kenner der Bücher von Babbage, nämlich Karl Marx, ihn glatt verdrängt: Derselbe Autor, der wie niemand vor ihm die Verwissenschaftlichung der kapitalistischen Produktionsweise propagiert, überliest die Aussparung des Autoren aus diesem Prozeß! Nur Maschinen sollen diese Tabellen und Tafeln schreiben, und die gleichen Maschinen sollen sie drucken! Der Mensch als Erfinder dieses Maschinentextes, als Konstrukteur dieser besonderen mathematischen Textmaschine, verschwindet im Prozeß des Schreibens. Zum erstenmal in der Geschichte des abendländischen Denkens besetzt eine Maschine die Position des Autors in einem allgemeinen Aufschreibesystem.

Hegel weiß, warum er alle Maschinenarbeit verachtet: und alles Wissen, das sich in Tabellen und Tafeln organisiert. Denn in Tabellen lassen sich beliebige Zahlenkolonnen notieren, Listen von Namen, aber auch Datenbanksätze oder Algorithmen: die Welt als unendliche Tabelle:

> Was diese Methode, allem Himmlischen und Irdischen, allen natürlichen und geistigen Gestalten die paar Bestimmungen des allgemeinen Schemas aufzukleben und auf diese Weise alles einzurangieren, hervorbringt, ist nichts Geringeres als ein sonnenklarer Bericht über den Organismus des Universums, nämlich eine Tabelle, die einem Skelette mit angeklebten Zettelchen oder den Reihen verschlossener Büchsen mit ihren aufgehefteten Etiketten in einer Gewürzkrämerbude gleicht, die so deutlich als das eine und das andere ist und die, wie dort von den Knochen Fleisch und Blut weggenommen, hier aber die eben auch nicht lebendige Sache in den Büchsen verborgen ist, auch das lebendige Wesen der Sache weggelassen oder verborgen hat. (Hegel 1979: 50f.)

Was aber in dieser »Gewürzkrämerbude« geschrieben wird, das ist in der Tat eine andere Sache: Es sind nicht allein die deklarierenden und mit Namenskonventionen klassifizierenden Systeme der aufstrebenden Naturwissenschaften, die Hegel hier vor Augen hat. Die deskriptiven Verfahren der Botanik oder Zoologie seiner Zeit sind ihm – trotz der Fixierung auf das Vorbild des dialektischen Denkens bei Goethe – höchstens ein Adressat von scharfer Polemik.

Der eigentliche Skandal dieses mathematischen Aufschreibesystems aber ist ein anderer: insgeheim erhebt die tabellarische Ordnung nämlich einen Wahrheitsanspruch, der so absolut wie transparent erscheint. Alles, was als Gegenstand einer tabellarischen Notation aufgeschrieben und damit festgehalten werden kann, von bloßen Zahlenfolgen bis zu logischen Operationen – alles, was in Tabellen berechenbar erscheint, bedroht die Souveränität des Denkens als der einzigen prozessierenden Sinnstiftung. Aufzählbarkeit und Auszählbarkeit, die mögliche Adressierung jeder einzelnen Zeile und Spalte, endliche Mengen gültiger Kombinationen von Tabellenelementen ... Hegel weiß um das mathematische Universum, das in dieser Gestalt zur Ordnung der Maschine werden kann: Wenn es nur gelingt, die Arbeit der Differenz zu bannen und zu nutzen!

Die berühmte Kantische Tafel der Kategorien aus der »Kritik der reinen Vernunft« war zweifellos ein Stein des Anstosses für den Denker der prozessierenden Logik. Aber Tafeln und Tabellen sind keine Erfindung des 18. oder 19. Jahrhunderts, sie waren bereits schillernde Instrumente der Ordo des scholastischen Denkens, Werkzeuge der Erkenntnis. Raymundus Lullus hat als erster versucht, ein logisches Aufschreibesystem zu etablieren, dessen Apparatur sich in einer Kombinatorik unterschiedlichster Tabellenfolgen organisiert: alles Sein, das gesamte Wissen der Offenbarung, sollte in differenzierte Tabellen münden. Die Welt als Datenbank, ein komplexes und bündiges Gefüge aus Tabellen.

Im Zeitalter des Barock wird dieses Konzept wieder aufgegriffen und weiterentwickelt. Athanasius Kircher, ein so vielseitiger wie medienhistorisch fast vergessener Autor, stattet zahlreiche seiner Werke derart konzentriert mit Tabellen, Tafeln und Kombinationslisten aus, daß sie eher Manualen der Computerwelt gleichen als philosophischen oder religiösen Traktaten des 17. Jahrhunderts: Kein horror calculi, sondern im Gegenteil ein wahrer furor calculi durchzieht nun sämtliche Bereiche der Wissenschaften. Der Begriff des rechnenden Gottes wird geprägt, die Schöpfung einem Uhrwerk verglichen, und Leibniz baut nicht nur seine berühmte Rechenmaschine, er beweist die mathematische Sonderstellung eines ausgezeichneten Zahlensystems, des binären, in tabellarischer Notation. Seine Versuche, das logische Aufschreibesystem durch einen wie immer auch gearteten Algorithmus in ein mathematisches zu transformieren, bleiben gleichwohl Fragment, Textruinen und Tabellenreste.

Hegel & Babbage kennen diese Versuche, und beide zögern nicht, ihre eigenen Algorithmen zu formulieren.

3. Die Lochkarte – Zum Begriff der maschinellen Lesbarkeit

Wirkungsmächtige Feindbilder aber sind aus anderem Stoff gemacht. Sehen wir uns das Kernstück jeder Theorie von Datenbanksystemen an: Wenn es darum geht, einen beliebigen Weltausschnitt in einem konkreten Datenbankmodell abzubilden, ist es erforderlich, die vollständige Menge aller Elementaraussagen, welche diesen Ausschnitt beschreiben, in Tabellenform zu notieren. Aussagen über Objekte dieses Wissensbereichs aber müssen soweit formalisiert werden, daß sie zuletzt in einer maschinenlesbaren Form gespeichert werden können. Maschinenlesbar sind jedoch nur Zeichenfolgen, deren Wertevorrat von der Maschine her definiert ist. Objekte, die als eine solche Zeichenfolge darstellbar sind, heißen lexikalische Objekte, alle übrigen nicht lexikalische Objekte. Diese nicht lexikalischen Objekte können nur über Objektidentifikatoren erfasst und abgespeichert werden. Jeder Objektidentifikator aber besteht aus einem oder mehreren lexikalischen Objekten, die damit ein nicht lexikalisches Objekt eindeutig identifizieren. Eine Aussage über die Beziehung zwischen einem nicht lexikalischen und einem lexikalischen Objekt heißt Referenz.

Der Filter, durch den die informationsverarbeitenden Maschinen diese Weltausschnitte gesehen haben, war für lange Zeit die Lochkarte. Ein mathematisches Muster, wie es einfacher und leistungsfähiger wohl kaum zu denken ist: denn jeder beliebige Text, den eine solche Maschine lesen und auswerten soll, läßt sich im tabellenförmig organisierten Felderzusammenhang einer Lochkarte formulieren. Das lückenlos ausgezählte Koordinatensystem von Zeilen und Spalten erfährt hier seine entscheidende Anwendung – und wenn wir oben bereits gesagt haben, daß Charles Babbage seine Differenzmaschine im strengen Sinne als ein mathematisches Aufschreibesystem begreift, so können wir nun hinzufügen, daß er den Rechenmaschinen als Autorensystemen mit Hilfe der Lochkarten auch das Lesen beizubringen vermochte.

Eine solche Lektüre der Maschinen aber durchschlägt das Bild des Autors, wie es im Denken des Subjektes verortet war: lesen

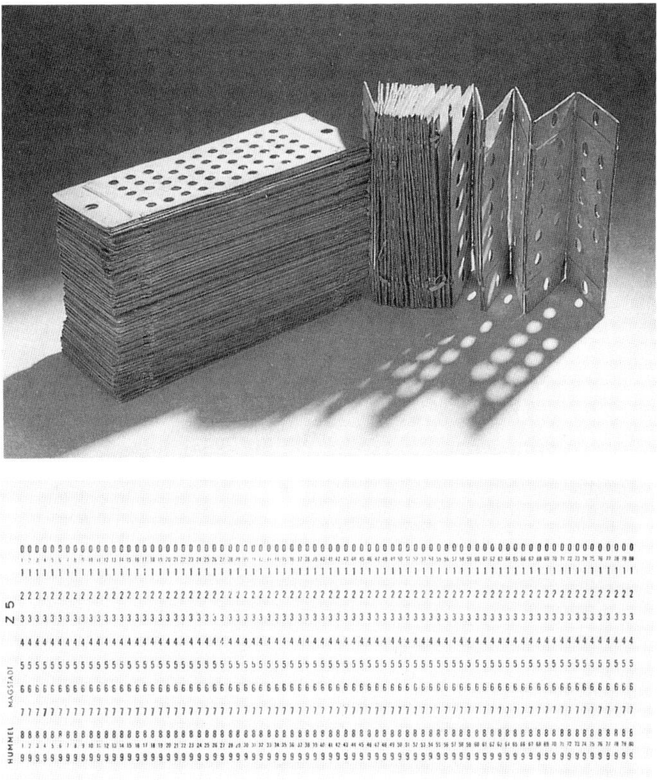

Abb.12 Lochkartengeschichte. Oben: Science Museum, London. Unten: Vorlage der Autoren

und interpretieren, speichern und verarbeiten, erinnern und schreiben. Die Produkte der Autorentätigkeit dieses Subjektes hatten immer den einen garantierten Wesenszug jenseits aller Individualität, jedes Resultat des Schreibens war unmittelbar menschenlesbar. Eine Charakterisierung, die bis zur Erfindung der Lochkarte in höchstem Maße trivial erschienen wäre, erhält mit einem Schlag eine ungeahnte Tragweite und Brisanz.

Wenn Babbage will, daß seine Rechenmaschinen die ermittelten Ergebnisse selber drucken, dann sollen damit nicht allein die möglichen Schreibfehler eines menschlichen Autoren vermieden werden. Diese Art Maschine wird von ihm zum erstenmal in ihrer Funktion als Autor begriffen, ein Autorensystem nämlich, dem gewisse Merkmale von Autonomie und Souveränität zuerkannt werden können. Interpretationsleistung und eigene Geschwindigkeit im prozessierenden Vollzug.

Hatte der französische Tuchfabrikant Jacquard die Lochkarte eingesetzt, um seine maschinellen Webstühle derart zu steuern, daß sie beliebige Muster erzeugen konnten, so ging es Babbage von Beginn an um andere Texte: algebraische Muster sollten seine Maschinen weben. Die Rechenmaschine bekam nun alle ihre Anweisungen, alle Zahlen und Operationen, den gesamten Aufgabenzusammenhang mittels einer Folge von Lochkarten. Auf diesen präzise gestanzten Karten befand sich streng genommen zum erstenmal ein Rechenprogramm, formuliert in einem maschinenlesbaren Zahlencode.

Genau zu der Zeit, wo die Arbeit der maschinellen Webstühle des genialen Fabrikanten von gelochten Täfelchen gesteuert wird, gegen 1800 nämlich, tritt in Deutschland der Autor Hegel auf den Plan. Jacquard denkt in keiner Weise daran, seine Erfindung für mathematische Maschinen nutzbar zu machen, die Pläne eines Babbage sind noch ungedacht. Hegel dagegen macht kein Geheimnis aus dem, was er von solchen Codierungen hält. Im Anschluß an eine Abgrenzung der Mathematik von der Philosophie schreibt er:

> Es würde ferner eine überflüssige und undankbare Mühe sein, für den Ausdruck der Gedanken ein solches widerspenstiges und inadäquates Medium, als Raumfiguren und Zahlen sind, gebrauchen zu wollen und dieselben gewaltsam zu diesem Behufe zu behandeln. Die einfachen ersten Figuren und Zahlen eignen sich ihrer Einfachheit wegen, ohne Mißverständnisse zu Symbolen, die jedoch immer für den Gedanken ein heterogener und kümmerlicher Ausdruck sind, angewendet zu werden. Die ersten Versuche des reinen Denkens haben zu diesem Notbehelfe gegriffen; das pythagoreische Zahlensystem ist das berühmte Beispiel davon. Aber bei reicheren Begriffen werden diese Mittel völlig ungenü-

> gend, da deren äußerliche Zusammensetzung und die Zufälligkeit der Verknüpfung überhaupt der Natur des Begriffes unangemessen ist und es völlig zweideutig macht, welche der vielen Beziehungen, die an zusammengesetzteren Zahlen und Figuren möglich sind, festgehalten werden sollen. Ohnehin verfliegt das Flüssige des Begriffs in solchem äußerlichen Medium. (Hegel 1986: 53)

Kein Zweifel: Für Hegel, der wie vor ihm kein anderer Philosoph die Bewegung des Denkens in sprachlichen Prozessen zu gestalten sucht, wäre eine mathematische Notation und Aufschreibung von Gedanken ein Skandal. Der Romancier unter den Philosophen vertraut dem Wort als absoluter Instanz, als dem ausgezeichneten Werkzeug der Wahrheit: die sprachliche Verfasstheit des Seins ist für Hegel eine ausgemachte Sache. Und dabei kann es dann »natürlich« keine andere Lektüreform geben als die des erkennenden und Erkenntnis produzierenden Selbstbewußtseins. Das Sein wird in aller Radikalität als menschenlesbar vorgestellt.

Der Rest ist Rechnen, Lektüre der Maschinen, Zahlencodes. Jede Verschlüsselung mit Hilfe einer Lochkarte und jeder maschinenlesbar aufbereitete Text ist vor diesem Horizont ein impliziter Angriff auf die Macht der Sprache: Denn in dem Maße, wie die Maschine als Autorensystem sich zwischen Menschen und Welt etablieren kann, in genau dem Maße verschiebt sich das Machtgefüge der wahrheitproduzierenden Diskurse. Kommt die Entscheidung über eine wahrheitsfähige Aussage von einer Maschine, so haben wir es immer mit einer Übersetzung zu tun, einer Übersetzung aus dem Sprachbereich der Maschine. Keine Weise der Notation, kein Aufschreibesystem ist neutral, aber die Lochkarte mit ihren Codierungsmöglichkeiten markiert exakt die Schwelle, mit deren Überschreiten wir einen besonderen Raum betreten. In diesem Raum beginnt die Maschinenlesbarkeit der Natur.

Abb. 13 Zeigertelegraph von Siemens & Halske, 1847.
Deutsches Museum, München. Foto: Wenzel

4. Hieronymus im Gehäuse – Mensch und Maschinenraum

> Die einfache Vorrichtung von zinnernen Sprachröhren, wodurch man in weitläufigen Fabrikgebäuden, ohne sich von seiner Stelle zu begeben, Anordnungen nach den entferntesten Teilen des Gebäudes befördert, gewährt eine bedeutende Zeitersparnis. Aber nicht bloß auf Fabriken und Läden, sondern auch auf größere Privathäuser ließe sich dieses Communikationsmittel mit dem zwiefachen Nutzen anwenden, daß nicht allein die Domestiken und Arbeiter des wiederholten Laufens um Befehle zu empfangen, dadurch enthoben werden, sondern daß auch die Herrschaft manchen kleinen Auftrag erteilen kann, den sie jetzt, aus Besorgnis, die Bedienten zu oft den Weg zu sich hinauf zu bemühen, lieber gar nicht gibt. Bis jetzt ist noch nicht ermittelt, wie weit dieses Communikationsmittel sich ausdehnen lasse, und doch wäre es sehr wünschenswerth. (Babbage 1833: 421)

Souverän ist, wer über die Kommunikationsmittel herrscht und Entscheidungen treffen kann: Was Babbage hier formuliert, ist eine analoge Maschine par excellence. Keine Mechanik, die sich bewegt, kein Räderwerk – nur Rohre. Und dennoch beschreiben diese »Communikationsmittel« ein brauchbares analoges Autorensystem. Der gesprochene Befehl wird aufgenommen, durch die Röhren transportiert und seinem Adressaten übermittelt. Ohne jede Aufschreibung, schriftliche Notation oder Speicherung: in diesem »Communikationsmittel« herrscht der Autor, der es sprechend nutzt. Befehl oder Rauschen, Monolog ohne Gegenrede, das Personal muß hören. Und laufen. Die gesprochene Sprache regiert.

Nur wenige Jahre später wird dieses System vom selben Autor dementiert: seine Erfindung der Analytical Engine markiert die kopernikanische Wende der Maschinengeschichte. Immanuel Kant hatte 1787 noch seine Version einer kopernikanischen Wende der Philosophie etablieren können und darin die Machtfrage im erkenntnisbildenden Prozeß zugunsten des Erkenntnissubjektes beantwortet: das Bewußtsein sollte fortan die Kommandogewalt über die Welt der Dinge behaupten. Oder mit anderen Worten formuliert, in Sachen Erkenntnis der Gegenstandswelt kam der transzendentalen Einheit des Selbstbewußtseins als Autorensystem die alleinige Entscheidung der Wahrheitsfrage zu. Was unter Welt zu verstehen war, beschrieb der Autor des Erkenntnistextes.

Doch diese Macht des Diskurses besaß der Autor nicht von Beginn der Mediengeschichte an. Betrachten wir drei legendäre Fälle religiöser Autoren, um diesen Sachverhalt etwas zu erhellen: die erste Ausnahmesituation ist die des Johannes auf Patmos. Der besagte Autor schreibt im strengen Sinne ein Diktat. Von einer Stimme aus dem Himmel wird ihm ein Text vorgeschrieben, die Apokalypse, und seine Hand gerät dabei zum bloßen Werkzeug. Raymundus Lullus, der zweite Fall, empfängt nach eigener Aussage während eines Gebetes den göttlichen Auftrag, eine große logische Kombinatorik zu entwickeln, um heidnische Völker damit zu bekehren. Auch er ist also ein Befehlsempfänger, mit dem Unterschied, daß er in eigener Regie ein komplexes Programm zu schreiben hat.

Und zuletzt ein wichtiges Thema christlicher Malerei vom Mittelalter bis ins 15. Jahrhundert: Hieronymus im Gehäuse. Der Kirchenvater als Autor in seiner Studierstube – abgegrenzt von der Außenwelt durch zeitgenössische Architekturelemente, sitzt er am Schreibpult, umgeben von Manuskripten oder Büchern. Die geradezu emblematische Situation des wissenschaftlichen Autoren: Kein Elfenbeinturm, aber der Text der Erkenntnis entsteht doch fern der Welt. Im Gehäuse, im Käfig. Geschrieben wird am nackten Pult, unterstützt von den schriftlichen Werken der Tradition. Texte produzieren Texte. Allen drei Autoren aber ist eines gemeinsam: ihre Souveränität ist eine geliehene, sie sind keine Herrscher über die Welt der Dinge und der Ereignisse. Ihre Texte sind Berichte, Zeugnisse oder auch diskursive Waffen, wie bei Lullus.

Doch erst die Philosophie des deutschen Idealismus wird hingehen und das Selbstbewußtsein in der Gestalt des wissenschaftlichen Autoren als Garanten der Wahrheit und als alleinige Instanz der Sinnstiftung propagieren. Um 1800 erst sitzt das Prinzip des allmächtigen Erkenntnissubjektes so fest auf seinem Thron, daß es beginnen kann, eine Weltgeschichte des Geistes zu schreiben, die letztlich nur seine eigene Entwicklung legitimieren

Abb. 14 Der Textprogrammierer im Maschinenraum

soll. Der kopernikanischen Wende folgt die historische Begründung aller Herrschaftsansprüche dieses Diskurssystems und seiner anerkannten Autoren: moderne Wissenschaft wird geschrieben und gedruckt. Produktion und Zirkulation des Wissens.

Mit seiner Analytical Engine aber bringt Babbage in diese Konstellation Bewegung. Zum erstenmal tritt hiermit eine Maschine auf die Bühne, welche in der Lage ist, als Autorensystem zu funktionieren. Als Folge einer damit einhergehenden tiefgreifenden Verschiebung wird es nicht länger mehr – wie bei Kant – das Subjekt sein, dem die Kommandogewalt über die Welt der Dinge angehört, sondern diese Macht wird Stück für

Stück zwischen beiden Systemen aufgeteilt und zur Disposition gestellt.

Die Maschine als neues Autorensystem beginnt zu kommandieren, und in demselben Maße, wie sie tendenziell die Position der Befehlszentrale zugestanden bekommt, wird der alte Kommandeur aus dem Zentrum verdrängt. Wo es eine Mensch-Maschine-Schnittstelle gibt, läuft das menschliche Subjekt beständig Gefahr, zur Peripherie zu werden. Wenn die Maschine liest und schreibt, maschinenlesbar, dann zwingt sie dem alten Autor ihre Sprache auf. Er schreibt als Programmierer dieser Maschine in ihrer Sprache, er bedient sich ihrer Notation, um seine Wünsche der neuen Kommandogewalt mitteilen zu können. Dafür rechnet die Maschine seine Probleme...

Die Texte nehmen ihre Wege durch beide Autorensysteme, Vermittlungsarbeit leistet vor allem das Zentrum: an der neuen Peripherie die Texte im Kopf der alten Autoren, dazu die Texte auf den Lochkarten, die Texte im Innern der Maschine, Speichertexte und immer noch Bücher.

> Alles ist Maschine. Maschinen des Himmels, die Sterne oder der Regenbogen, Maschinen des Gebirges, die sich mit den Maschinen seines Körpers vereinigen. Ununterbrochener Maschinenlärm. [...] Lenz hat die Ebene des Bruchs von Mensch und Natur hinter sich gelassen und befindet sich damit außerhalb der von dieser Trennung bedingten Orientierungsmuster. Er erlebt die Natur nicht als Natur, sondern als Produktionsprozeß. Nicht Mensch noch Natur sind mehr vorhanden, sondern einzig Prozesse, die das eine im anderen erzeugen und die Maschinen aneinanderkoppeln. Überall Produktions- und Wunschmaschinen, die schizophrenen Maschinen, das umfassende Gattungsleben: Ich und Nicht-Ich, Innen und Außen wollen nichts mehr besagen. (Deleuze/Guattari 1977: 7 ff.)

5. Analytical Engine und Wissenschaft der Logik

Zum Raum wird hier die Zeit

Richard Wagner, Parsifal

Was Richard Wagner für seine Oper als Gesamtkunstwerk zu reklamieren versucht, die inszenierte Verwandlung der Zeit in den ereignistragenden Raum, ist das diametrale Gegenteil der Ansätze von Hegel und Babbage. Denn sowohl die »Wissenschaft der Logik« als auch die Analytische Maschine installieren je auf ihre Weise eine zeitliche Unendlichkeit, deren zentrale Tendenz und Strategie es ist, den Raum als virtuellen Ereignisträger integrierend aufzulösen.

Und beide Ansätze realisieren diese Transformation als ein Programm im doppelten Sinne des Wortes: Zum einen steht auf beider Fahnen der Anspruch uneingeschränkter Universalität im jeweiligen Geltungsbereich, der vollständige Raum der Logik sowie der Analytik heißt dabei das erklärte Ziel. Die sukzessive Umwandlung und Eroberung dieser Räume jedoch geschieht in beiden Systemen mit Hilfe von Strukturen und Funktionen, die wir vor dem Hintergrund der ausgebildeten Computerterminologie zu Recht mit dem Begriff des Programms benennen dürfen. Hegel und Babbage haben Software geschrieben, Software für die eigenen Maschinen.

Aber zurück zur ersten Auslegung des Programms. Charles Babbage formuliert das grundlegende Prinzip seiner Analytischen Maschine wie folgt:

> Now it is obvious that no finite machine can include infinity. It is also certain that no question necessarily involving infinity can ever be converted into any other in which the idea of infinity under some shape or other does not enter.
>
> It is impossible to construct machinery occupying unlimited space; but it is possible to construct finite machinery, and to use it unlimited time. It is this substitution of the infinity of time for the infinity of space which I have made use of, to limit the size of the engine and yet to retain its unlimited power. [...] Thus it appears that the whole of the conditions which enable a finite machine to

> make calculations of unlimited extent are fulfilled in the Analytical Engine. The means I have adopted are uniform. I have converted the infinity of space, which was required by the conditions of the problem, into the infinity of time. (Babbage 1864: 124, 128)

Die Zuspitzung dieser zentralen Aussage zum Konzept der analytischen Maschine enthält eine ungeheure Wucht: beinahe lakonisch klingt es, wenn Babbage seinem Leser mitteilt, er habe die Unendlichkeit des Raumes in eine Unendlichkeit der Zeit verwandelt. Doch was sich in dieser Umwandlung verbirgt und ankündigt, ist eine Macht, deren Charakter und Herkunft unsere besondere Aufmerksamkeit verdient. Eine endliche Maschine, räumlich begrenzt, wird zum Trägersystem zeitlich unendlicher Prozesse – rechnender Raum. Und alles, was in diesem Raum zum Vorschein kommen kann, sind demgemäß die einzelnen Schritte endloser Berechnungen, diskrete Operationen in Zahlenfolgen.

Babbage spricht hier Klartext: die unbegrenzte Macht seiner Maschine liegt in ihrer Fähigkeit, winzige Operationen unendlich oft wiederholen zu können. Oder anders formuliert, die endliche Maschine ist in der Lage, beliebig häufig ihre Operationszustände zu wechseln. Sie erlaubt ein kontrolliertes Wechselspiel jeweils gewünschter Rechenoperationen, deren diskrete Schrittfolgen ohne zeitliche Grenzen möglich wären, wenn ihr Programm dies wollte!

Zerlegung in kleinste Schritte und die prinzipiell unendliche Wiederholbarkeit jeder Operation, genau darin gründet sich die Macht dieser endlichen Maschine – unlimited power, wie Babbage sagt. Daß solch eine Geburt der Unendlichkeit aus dem Geiste des Endlichen nicht ohne Tücken ist, darf niemanden verwundern: diese universelle Babbage-Maschine hat ihre gleichsam »theologischen Mucken«, mit denen der Philosoph zu rechnen hat. Denn die unbegrenzte Macht dieser Maschine liegt allein in ihrer Software, in den Programmen, die mit ihrem Betriebssystem kommunizieren und operieren können. Der Stapel sortierter Lochkarten ist die Klippe und die Wahrheit des Ganzen:

> Every set of cards made for any formula will at any future time recalculate that formula with wathever constants may be required. Thus the Analytical Engine will possess a library of its own. Every set of cards once made will at any future time reproduce the calculations for which it was first arranged.
> (Babbage 1864: 119)

Bibliotheksfantasien. Die geforderte Unendlichkeit der Zeit, wie sie die Analytische Maschine auszeichnen soll, erscheint als Frucht einer unendlichen Bibliothek, Thesaurus von Programmen, Lochkartenstapel, sortiert. Eine Garantie beliebiger Wiederholungen, Schatzhaus programmierten Wissens und erprobter Rechenoperationen.

Am Ende seiner »Phänomenologie des Geistes« wird Hegel eine solche Unendlichkeitsfantasie in der Form einer Bildergalerie präsentieren: der Geist als Besitzer dieses Schatzhauses hat in jedem Bild eine seiner Entwicklungsstufen vor sich, beliebig reproduzierbar in ihrem Wissensgehalt, kann jede Stufe erneut durchlaufen werden, Zeitschleifen programmatischer Entfaltung. Diese Art Bibliothek des absoluten Geistes nennt Hegel Schädelstätte.

Aber noch einmal zurück zu Babbage. Was seine Analytische Maschine gegenüber allen bis dahin entwickelten Rechenmaschinen auszeichnet, ist ihre Möglichkeit, mit Hilfe einer komplexen Programmsteuerung beliebige Rechenoperationen in Serie durchzuführen. Dieser Sachverhalt allein macht den Unterschied ums Ganze: Denn die Entwicklung und Sammlung unterschiedlichster Programme führt letztlich zu einem neuen Typus der Maschine als universelles Autorensystem und damit auch zu einer Revision des Begriffs vom Rechnen selbst. Die Arbeit der Maschine ändert sich, sie produziert Differenzen und serielle Differenzierungen.

Nicht nur mit Zahlen und beliebigen Wertegrößen, sondern auch mit Symbolen aus dem analytisch-mathematischen Bereich kann diese neue Maschine umgehen, sie »rechnet« mit Zahlen und Symbolen »in shortest time«, wie Babbage stolz verkündet. Und ihre Geschwindigkeit im Umgang mit großen Zahlen sowie komplizierten Formeln und funktionalen Komplexen läßt jeden manuellen Rechner hinter sich. Die Produktion von Zahlense-

Abb. 15 The Difference Engine. Science Museum, London

rien mit steam-power, von der Charles Babbage bereits im Jahre 1821 zu träumen wagte, hätte das Zeitalter der kurbelbetriebenen Rechenmaschine beenden können, wäre das avancierte Konzept nur einmal realisiert worden. Doch mit dem Scheitern seines Erfinders begann das Vergessen dieser revolutionären Idee.

Aber es ist eben nicht allein die Geschwindigkeit der auszuführenden Rechenoperationen, die den Begriff des Rechnens und der Maschine verändern. Und Hegel, der sich wie kaum ein anderer bemüht hat, das gesamte wissenschaftliche Denken seiner Zeit auf den Begriff zu bringen, markiert in Bezug auf die Rechenmaschine die Schwelle zur neuen Welt:

> Weil das Rechnen ein so sehr äußerliches, somit mechanisches Geschäft ist, haben sich Maschinen verfertigen lassen, welche die arithmetischen Operationen aufs vollkommenste vollführen. Wenn man über die Natur des Rechnens nur diesen Umstand allein kennte, so läge darin die Entscheidung, was es mit dem Einfalle für eine Bewandtnis hatte, das Rechnen zum Hauptbildungsmittel des Geistes zu machen und ihn auf die Folter, sich zur Maschine zu vervollkommnen, zu legen. (Hegel 1976: 249)

Hegel weiß genau, wovon er spricht, wenn es um das bloße sture Zahlenrechnen geht. Ein anderes aber ist das Gebiet der Analysis als mathematischer Grundlagenwissenschaft, ganz zu schweigen jedoch von der Möglichkeit einer programmgesteuerten universellen symbolischen Maschine!

Sieht er in der Mechanisierung und Maschinisierung der einfachen Rechenoperationen auch ein Hilfsmittel des Geistes, so weist er doch alle darüberhinaus reichenden Ansprüche dieser Technik strikt zurück: Addieren, Subtrahieren, Multiplizieren und Dividieren konnten allerdings auch schon die kurbelgetriebenen Maschinen aus der Tradition von Pascal und Leibniz. Eine programmierbare symbolische Maschine dagegen, ein universeller analytischer Automat, das wäre ein Werkzeug des Denkens, dem man durchaus ein »eigenes Leben« zusprechen müßte. Entsprechend notiert Hegel über die Addition als Beispiel einfachen Rechnens:

> [...] 12 ist also ein Resultat von 5 und 7 und von einer Operation, welche schon gesetzt, ihrer Natur nach auch ein ganz äußerliches, gedankenloses Tun ist, daß es daher auch eine Maschine verrichten kann. Hier ist im Geringsten kein Übergang zu einem Anderen; es ist ein bloßes Fortsetzen, d.h. Wiederholen derselben Operation, durch welche 5 und 7 entstanden sind. (Hegel 1975: 507)

Zählen, pures Zusammenzählen von Einheiten: Hegel hätte das Beispiel nicht drastischer wählen können, um das stereotype und mechanische Funktionieren einer Rechenmaschine zu benennen.

Kein Prozeß mit qualitativ anderen Phasen, keine Entscheidungen in der Folge der Operationen, lediglich ein wiederholtes Addieren findet hierbei statt. Und gleichgültig, wie schnell auch immer dieser Rechenvorgang von einer Maschine geleistet werden kann, mit einer solchen Operation ist noch lange kein Staat zu machen. Und keine Logik.

Doch sehen wir weiter, was Hegel uns zu diesem Thema noch zu sagen hat: Eingebettet in das Kapitel über den Schluß, nachdem Begriff und Urteil bereits abgehandelt sind, finden wir die zentrale Äußerung Hegels in Sachen Rechenmaschine. Es ist seine Anmerkung zum mathematischen Schlußverfahren (wenn zwei »Dinge oder Bestimmungen« einem Dritten gleich sind, so sind sie auch untereinander gleich), in deren Verlauf der Philosoph die Katze aus dem Sack läßt und damit endlich sein Feindbild deutlicher skizziert:

> Die vielen syllogistischen Regeln erinnern an das Verfahren der Rechenmeister, welche gleichfalls eine Menge Regeln über die arithmetischen Operationen geben, welche alle voraussetzen, daß man den Begriff der Operation nicht habe. – Aber die Zahlen sind ein begriffloser Stoff, die Rechenoperation ist ein äußerliches Zusammenfassen oder Trennen, ein mechanisches Verfahren, wie denn Rechenmaschinen erfunden worden sind, welche diese Operationen vollbringen; das Härteste und Grellste dagegen ist, wenn die Formbestimmungen des Schlusses, welche Begriffe sind, als ein begriffloser Stoff behandelt werden. (Hegel 1975: 377f)

Die Mathematisierung und in letzter Konsequenz die Mechanisierung der Logik ist das, was Hegel instinktiv befürchtet und in polemischen Attacken brandmarken will als Bedrohung des Geistes. Denn ein logisches Verfahren »begrifflos« zu betreiben, bedeutet aus seiner Sicht – extrem formuliert – nichts anderes als diesen Prozeß einer maschinellen Realisierung zu überlassen. Maschinenlogik aber wäre für Hegel die Ausdehnung der Domäne des Begrifflosen, des Zahlenreiches, in das Reich des Geistes hinein.

Wenige Zeilen später werden im gleichen Zusammenhang die kombinatorische Logik des Raymundus Lullus und das Bemühen von Leibniz um ein logisches Kalkül in scharfen Worten verurteilt! Jede Art von logischer und symbolischer Kombinatorik weckt im Selbstverständnis des Philosophen ein tiefes Trauma: Hegel steht an der Schwelle eines Zeitalters, das mit Hilfe von Babbage und Boole darangehen wird, Maschinen zu produzieren, deren logische Universalität die klassischen Textmaschinen der Philosophen in Frage stellt.

Und wenn er in aller Schärfe den Gedanken eines pädagogischen und demokratischen Nutzens des logischen Kalküls zurückweist, wie ihn Gottfried Ploucquet 1753 vertreten hat, so zielt der Angriff Hegels doch im Kern auf die kombinatorischen Experimente der Ansätze von Lullus und Leibniz:

> Diese Empfehlung, daß Ungebildeten durch den Kalkül mechanisch die ganze Logik beigebracht werden könnte, ist wohl das Schlimmste, was von einer Erfindung über die Darstellung der logischen Wissenschaft gesagt werden kann. (Hegel 1975: 380)

Wie aber funktioniert die Hegelsche Wissenschaft der Logik? Kommt diese universelle Textmaschine ohne ein Kalkül aus, wie es Lullus, Leibniz und auch Babbage letztlich gefordert haben? Im Gegenteil, was Hegel uns mit seiner Logik liefert, ist wesentlich eine Differenzmaschine: Denn sein Text ist eine Operations- und Produktionsmaschinerie, ein schrittweise prozessierendes System, in dem alle nur denkmöglichen Bestimmungen des gesamten Seins und Schöpfungszusammenhanges aus dem Geiste rekonstruiert werden.

Die Gedanken Gottes am Vorabend der Schöpfung wiederzugeben, Hegels programmatischer Anspruch aus der Einleitung seiner Logik, deckt sich mit dem Anspruch, den Babbage später in einem zentralen Traktat formulieren wird: Die Schöpfung und ihre Entwicklung nämlich als ein Programm beschreibbar und rekonstruierbar vorstellen zu können. Beide schreiben entsprechende Software, doch während Babbage zunächst nur den Bereich der Analytik als mathematische Wissenschaft im Auge hat, geht es Hegel ums Ganze.

Er entwirft ein selbstgesteuertes modulares System, das ohne Eingriffe und Korrekturen von außen in der Lage ist, die Entwicklung unseres Weltzusammenhanges aus Begriffen Schritt für Schritt zu demonstrieren. Diese Simulation des gesamten Prozesses mit allen Zwischenresultaten ist aber nichts anderes als die Arbeit der Differenz. Ihr ausgezeichneter Kalkül ist ihr strenger Algorithmus: These, Negation und die Negation dieser Negation schaffen Resultate, denen die Spuren ihrer Produktion anhaften. Sachhaltige Bestimmungen werden mit jeder logischen Operation herausgetrieben, Unterschiede und Vermittlungen zwischen entgegengesetzten Positionen werden produziert. Die Stufen dieser Bewegung sind Momente eines Prozesses, wie er im modularen Programm zum Tragen kommt. Bausteine, rekursive Funktionen, Aufrufe von Unterprogrammen mit Parameterübergabe: einzelne Reflexionsfolgen werden mit neuen Vorgaben und Positionen immer wieder Operation für Operation durchlaufen, Verkettung von Differenzierungen im modularen Nacheinander.

Diese Wissenschaft der Logik ist eine universelle Logikmaschine im Sinne der universellen Turing-Maschine und der Analytical Engine von Charles Babbage. In allen diesen Ansätzen schafft die jeweilige Maschine eine Transformation des Raumes in die Zeit, die Forderung und Entwicklung einer Software des rechnenden Raumes ist die Verschränkung dieser Versuche und Experimente von Philosophen und Ingenieuren. Hegel, Lady Ada Lovelace und Babbage, der hier das letzte Wort behalten soll, mit einer Metapher des Raumes, wo es um die drohende Verwirrung der sprachlichen Bezeichnung geht:

> Unless some philosophical principles are generally admitted as the basis of all notation, there appears a great probability of introducing the confusion of Babel into the most accurate of all languages. (Babbage 1864: 141)

Der Turmbau zu Babel war Software.

Lady Ada Lovelace / L. F. Menabrea: Skizzen der analytischen Maschine (1842/43)

Vorbemerkung

Lady Ada Lovelace ist die First Lady im Rechnenden Raum. Nicht zu Unrecht gilt sie der Encyclopædia Britannica als die erste Programmiererin der Welt. Die 1815 geborene Mathematikerin war das einzige eheliche Kind des Dichters Lord Byron, den sie jedoch niemals kennenlernte. Wohl aber begegnete sie Charles Babbage mit seinen Maschinen, von welchen sie begeistert war. Sie muß eine der scharfsinnigsten Frauen ihrer Zeit gewesen sein. Dabei erging es ihr wie den Brontë-Sisters, die zunächst unter männlichen Pseudonymen veröffentlichen mußten. Denn im England ihrer Zeit wurde Frauen keine Intellektualität zugestanden. Lady Adas berühmter Text, den wir im Folgenden auszugsweise wiedergeben, erschien zunächst anonym und nur als Anmerkungsteil zu dem Text eines Mannes. Den Namen des Mannes, Luigi Federico Menabrea, kennt heute kaum noch jemand; der Name Lady Ada aber ist berühmt, nicht zuletzt durch die nach ihr benannte Computersprache ADA.

Menabrea war 1842 mit Babbage zusammengetroffen und hatte daraufhin einen französischen Aufsatz veröffentlicht: »Notions sur la machine analytique de Charles Babbage«. Lady Ada Lovelace hat diesen Text ins Englische übertragen und mit solch fulminanten Anmerkungen versehen, daß der Vordertext ins Hintertreffen geriet.

Es eignet diesen Texten etwas eigentümlich Schwärmerisches, ganz Unmathematisches. Sie berauschen sich am Übergang vom Zahlenrechnen zur Automatisierung symbolischer Rechnungen. Auf dieser Schwelle sind sie angesiedelt, in diesem Zwischenreich, das Kommendes schon ahnen läßt (4 Jahre später wird die Boolesche Algebra veröffentlicht werden!). Romantische Sprachgewalt weht die Texte in poetischen Wendungen an: den Schleier der Isis von den Mysterien der Natur zu heben, Gottes Schöpfung lesbar zu machen, und zwar maschinenlesbar. Man

Abb. 16 Augusta Ada, Lady King, spätere Countess of Lovelace. 1835 in Öl gemalt von Margaret Carpenter. National Physical Laboratory; Crown Copyright

beachte, daß es eine romantische Frau war, welche diesen unerhörten Gedanken äußerte!

Der Übergang ist auf verschiedene Weise ausgesprochen: als Übergang von der noch traditionelleren »Difference Engine« zur avancierten »Analytical Engine«; von der Arithmetik zur Algebra; vom Zahlenrechnen zu symbolischen Operationen, die sich von bestimmten Werten oder Resultaten völlig lösen. Es geht um die Emanzipation des Rechnens von den Zahlen. Gelänge dies, so würde alles Symbolisierbare automatisch rechenbar – die Konsequenzen dieser Entgrenzung lösen den Taumel des schier Unabsehbaren aus. Lady Ada spricht von wissenschaftlicher Musik und algebraischen Webmustern. Vor der Vision künstlicher Intelligenz ist die Romantikerin jedoch zurückgeschreckt. (Alan M. Turing hat ihren Einwand diskutiert: »Can a Machine think?« 1950; deutsch im Kursbuch 8, März 1967).

Skizze der Analytical Engine, erfunden durch Charles Babbage Esq. Von L. F. Menabrea, Turin, Offizier der Pioniere

Auf den ersten Blick mögen die Unternehmungen der verschiedenen mathematischen Wissenschaften allesamt in das Reich des Geistes fallen. Nichtsdestotrotz lassen sie sich in zwei klar unterschiedene Bereiche teilen. Den einen mag man den mechanischen nennen, weil er präzisen und unveränderlichen Gesetzen unterworfen ist, die durch angemessene Operationen ausgedrückt werden können; wogegen der andere, da er den Einsatz des Verstandes verlangt, im eigentlichen Sinne in den Bereich des Verstehens fällt. Gesteht man dieses zu, so wollen wir vorschlagen, den mechanischen Teil dieser Anstrengungen mit Hilfe von Maschinen auszuführen und dem reinen Intellekt all das zu überlassen, was von Verstandeskräften abhängt. In diesem Sinne hat die rigide Genauigkeit jener Gesetze, welche numerische Berechnungen regeln, den Einsatz materieller Instrumente schon häufig aufgedrängt, entweder um die Gesamtheit solcher Rechnungen auszuführen oder um sie abzukürzen. Und zu diesem Zwecke sind daher verschiedene Erfindungen aufgekommen, die ihn zumeist jedoch nur teilweise erreichten. Die vielbewunderte Maschine Pascals

z. B. ist mittlerweile nur noch ein Kuriosum, das zwar den kraftvollen Verstand seines Erfinders zeigt, jedoch wenig Nutzen an sich selbst hat. Seine Möglichkeiten reichten nicht weiter als bis zur Ausführung der vier ersten Rechnungsarten und waren genaugenommen auf die der ersten beiden beschränkt, insofern Multiplikation und Division aus Serien von Additionen und Subtraktionen resultieren. Der Hauptnachteil bei den meisten dieser Maschinen ist bis heute, daß sie andauernd Eingriffe des menschlichen Benutzers verlangen, um ihre Bewegungen zu steuern, und darin liegt eine Fehlerquelle. Ihr Gebrauch für große numerische Berechnungen ist heute nur deshalb noch nicht allgemein üblich, weil sie de facto das doppelte Problem, das hier in Frage steht, nicht gelöst haben: im Resultat korrekt zu sein und zugleich zeitliche Ökonomie zu bieten.

Erfüllt von ähnlichen Gedanken, hat Mr. Babbage sich jahrelang der Verwirklichung einer gigantischen Idee hingegeben. Er nahm sich nichts Geringeres vor als die Konstruktion einer Maschine, die nicht nur Berechnungen der Arithmetik, sondern auch der Analysis ausführen könnte, sofern deren Gesetze bekannt sind. Die Idee eines solchen Unternehmens übersteigt zunächst die Vorstellungskraft; aber je mehr wir in aller Ruhe darüber nachdenken, desto weniger unmöglich will uns der Erfolg erscheinen, und man ahnt, daß alles von der Entdeckung eines bestimmten Prinzips abhängen muß. Dieses müßte so allgemein sein, daß es im Anwendungsfall die Maschine befähigte, in algebraischer Symbol-Schreibweise eingegebene Rechenoperationen mechanisch umzusetzen. Nachdem der illustre Erfinder so freundlich war, mir bei einem Turinbesuch manche seiner Ansichten zum Thema mitzuteilen, habe ich – mit seiner Zustimmung – hier zusammengetragen, was an Eindrücken dabei in meinem Geist entstand. (669–671)

Um unsere Ausführungen zur Analytical Engine zusammenzufassen, läßt sich sagen, daß sie auf zwei Prinzipien basiert: das erste besteht darin, daß jede arithmetische Berechnung letztendlich auf vier Hauptrechenarten beruht – Addition, Subtraktion, Multiplikation und Division; das zweite liegt in der Möglichkeit, jede analytische Berechnung auf die Koeffizienten für die einzelnen Terme einer Reihe zu reduzieren. Falls letzteres Prinzip zutrifft, fallen alle Operationen der Analysis in den Arbeitsbereich der Maschine. Anders gesagt: Lochkarten können mit gleicher Allgemeingültigkeit eingesetzt werden wie algebraische Formeln. Denn eine solche Formel gibt nur die Art und Ordnung der zur Erreichung eines gewissen Resultats notwendigen Rechenschritte an. In vergleichbarer Weise geben die Lochkarten Befehle an die Maschine, eben diese Operationen auszuführen. Damit aber der Maschinenmechanismus jedwedem Zweck entsprechend eingesetzt werden kann, müssen in jedem Falle die Zahlenwerte des jeweiligen Problems eingegeben werden. So läßt sich derselbe Lochkartensatz auf alle Fragen anwenden, die insofern gleichartig sind, als sie außer den Zahlenwerten keine Änderung verlangen. In diesem Lichte gesehen, stellen die Karten nur eine Übertragung algebraischer Formeln dar, oder besser gesagt, eine andere Art analytischen Aufschreibesystems.

Da die Maschine eine ihr eigentümliche Funktionsweise hat, wird es in jedem besonderen Falle notwendig sein, die Reihe der Berechnungen entsprechend ihren Möglichkeiten zu arrangieren. Denn so mancher Prozeß, der Rechnern ganz leicht fallen mag, ist für die Maschine vielleicht lang und kompliziert und vice versa. Vom allgemeinsten Standpunkt aus betrachtet, ist es der wesentliche Zweck der Maschine, die Zahlenwerte numerischer Koeffizienten zu berechnen und sie dann adäquat auf Walzen zu verteilen, welche die Variablen repräsentieren – all das entsprechend den ihr eingegebenen Gesetzen. Daraus folgt, daß die Interpretation von Formeln oder Resultaten außerhalb ihrer Möglichkeiten liegt, es sei denn, selbige Interpretation könne ihrerseits mittels der Symbole ausgedrückt werden, welche die Maschine benutzt. Obwohl sie also nicht das reflektierende Subjekt ist, kann sie dennoch als dasjenige betrachtet werden, das intelligente Konzepte ausführt. Die Lochkarten erhalten die Prägung dieser Konzepte und geben die notwendigen Einsatzbefehle an die verschiedenen Räderwerke, aus denen sich die Maschine zusammensetzt. Wenn die Maschine erst einmal konstruiert sein wird, wird sich die Schwierigkeit auf die Herstellung von Lochkarten reduzieren. Da diese aber eine bloße Übertragung algebraischer Formeln darstellen, wird es mit Hilfe einiger weniger einfacher Begriffe leicht fallen, ihre Ausführung einem Arbeiter zu überlassen. Somit beschränkt sich die gesamte intellektuelle Arbeit auf die Vorbereitung der Formeln, die dem maschinellen Rechnen anzupassen sind.

Nun mag man zugeben, daß eine solche Maschine gebaut

werden kann, und trotzdem fragen: Worin soll ihr Nutzen bestehen? Zusammenfassend gesagt, hat sie folgende Vorteile zu bieten: erstens peinliche Genauigkeit. Bekanntlich sind numerische Berechnungen im allgemeinen der Stolperstein bei Problemlösungen, da sich leicht Fehler einschleichen und es nicht immer einfach ist, diese Fehler zu entdecken. Schon allein durch die Natur ihrer Arbeitsweisen, die keinen menschlichen Eingriff während der Rechenabläufe verlangt, bietet die Maschine jede Art von Sicherheit im Hinblick auf Genauigkeit. Zudem hat sie ein eigenes Kontrollsystem. Denn am Ende jeder Rechenoperation druckt sie nicht nur das Ergebnis, sondern auch die Zahlenwerte des Ausgangsproblems. So läßt sich leicht überprüfen, ob das Problem richtig gestellt war. – Zweitens zeitliche Ökonomie. Um uns davon zu überzeugen, brauchen wir uns lediglich daran zu erinnern, daß die Multiplikation zweier Zahlen von je zwanzig Stellen höchstens drei Minuten dauert. Wenn ferner eine lange Serie identischer Berechnungen anzustellen ist, wie sie für die Bildung numerischer Tabellen erforderlich sind, kann die Maschine derart eingesetzt werden, daß sie zu gleicher Zeit mehrere Ergebnisse liefert, was die Anzahl der Rechenprozesse außerordentlich verkürzt. – Drittens Ökonomie der Intelligenzleistungen. Schon für eine einfache arithmetische Berechnung ist eine Person von einiger Kompetenz verlangt. Und wenn wir zu komplizierteren Rechnungen übergehen und algebraische Formeln auf besondere Fälle anzuwenden wünschen, so ist ein Wissensstand gefordert, der mathematische Vorstudien von einigen Ausmaßen voraussetzt. Weil die Maschine fähig ist, alle rein materialhaften Operationen selbsttätig auszuführen, erspart sie intellektuelle Arbeitskraft, die profitabler eingesetzt werden kann. Die Maschine läßt sich also als eine rechte Zahlen-Manufaktur betrachten, die all denjenigen nützlichen Wissenschaften und Künsten, welche mit Zahlen operieren, eine Hilfe sein wird. Wer kann im übrigen die Konsequenzen einer solchen Erfindung absehen? Wahrhaftig, wie viele wertvolle Beobachtungen bleiben praktisch unproduktiv für den wissenschaftlichen Fortschritt, weil es an Kräften fehlt, die Resultate zu berechnen! Und wie entmutigend ist doch die Aussicht auf einen langen und trockenen Rechenweg für den Geist eines Genies, das Zeit allein zum Denken braucht und sich durch mechanische Routinen davon beraubt sieht! Trotzdem kann er Wahrheit nur auf dem anstrengenden Weg der Analysis erreichen; diesen

Abb. 17 Die Analytical Engine von Charles Babbage. 1871 starb der Erfinder verbittert, ohne die Mechanik richtig zum Laufen gebracht zu haben. Ihr Prinzip wurde erst auf Computern realisiert. Science Museum, London; Crown Copyright

aber kann er nicht verfolgen, ohne sich an Zahlen zu orientieren. Denn ohne Zahlen ist es uns nicht gegeben, den Schleier von den Mysterien der Natur zu heben. Daher stellt der Entwurf, einen Apparat zur Abhilfe menschlicher Schwäche bei solchen Forschungen zu konstruieren, ein Vorhaben dar, dessen Realisierung in der Geschichte der Wissenschaften glorreich Epoche machen würde. Pläne für die verschiedenen Teile und Räderwerke dieses riesigen Apparates sind bereits erarbeitet, ihre Funktion wurde eingehend bedacht. Allerdings sind diese Dinge zeichnerisch und begrifflich noch nicht komplett zusammengebracht. Das Vertrauen, welches das Genie von Mr. Babbage uns einflößt, bietet jedoch hinreichend Grund zu der Hoffnung, daß dieses Wagnis von Erfolg gekrönt sein wird. Und während wir dem Geist, der dieses leitet, unsere Referenz erweisen, wollen wir mit gespannter Erwartung der Vollendung dieses Unternehmens entgegensehen. (688–690)

Anmerkungen von Lady Ada Lovelace

Bei näherer Betrachtung der Arbeitsweise der Analytical Engine zeigt sich die Eigenständigkeit von Denkprozessen, die in jeder mathematischen Analyse zu den *formalen Rechenoperationen* (operations) gehören – und zwar im Unterschied zu den *berechneten Gegenständen* (objects operated upon) und zu den *Rechenergebnissen* (results). Diese formale Ebene ist hier in der Maschine sehr klar definiert und herausgearbeitet.

Man tut gut daran, diesen Punkt zu beachten. Denn erstens ist seine vollständige Würdigung wesentlich für die Aneignung eines genauen und adäquaten Basisverständnisses von den Kräften und Arbeitsweisen der Analytical Engine. Und zweitens wird er im Hinblick auf das Studium der mathematischen Wissenschaft im allgemeinen zu wenig beachtet. Es ist im übrigen ganz unmöglich, diese Ebene mit anderen Betrachtungen durcheinander zu bringen, wenn wir nur beachten, auf welche Art die Maschine zu Resultaten kommt oder aber die Daten zur Berechnung dieser Resultate aufbereitet. Für mathematische Prozesse, die durch das menschliche Hirn laufen statt über das Medium unbelebter Mechanismen, wäre es außerordentlich wünschenswert, daß die operationelle Gedankenebene mit gleicher Notwendigkeit denselben separaten Platz einnähme wie bei Maschinen: als klarer und wohldefinierter Zweig der Analysis, als fundamentaler und doch für sich stehender Bestandteil der Wissenschaft.

Die Verwirrungen, Schwierigkeiten und Widersprüche, welche in Folge eines Mangels an akkuraten Unterscheidungen bis vor kurzem die Mathematik in diesen Bereichen (auch bei der Betrachtung negativer und imaginärer Größen) behinderten, werden jedem einigermaßen versierten Leser sofort auffallen. Sie allein würden schon hinreichend rechtfertigen, näher auf diesen Punkt einzugehen, zumal in Verbindung mit einem Thema, das ihn derart überzeugend illustriert wie die Analytical Engine. Es mag wünschenswert sein zu erklären, daß wir mit dem Begriff *Operation jeden Prozeß meinen, der das wechselseitige Verhältnis von zwei oder mehr Dingen ändert, unabhängig von der Art dieser Relation.* Das wäre die allgemeinste Definition, die sämtliche Gegenstände des Universums einschlösse. …

Die Wissenschaft der Operationen, wie sie spezieller aus der Mathematik abgeleitet wird, ist eine selbständige Wissenschaft, hat ihre eigene abstrakte Wahrheit und Werthaftigkeit. Ebenso besitzt die Logik ihre eigene Wahrheit und ihren eigenen Wert, unabhängig von den Gegenständen, auf die wir ihre Überlegungen und Denkprozesse anwenden. Wer mit moderneren Ansichten zu diesem Thema vertraut ist, wird wissen, daß aus der Annahme, einige Basisrelationen seien wahr, bestimmte weitere Relationskombinationen mit Notwendigkeit folgen. Diese Kombinationen sind in ihrer Variabilität und ihrem Ausmaß insoweit unbeschränkt, als die Ableitungen von den Ausgangsrelationen ausreichend expliziert sind. Der Leser wird auch wissen, daß einer der Hauptgründe dafür, die eigenständige Art der Wissenschaft von den Operationen kaum zu bemerken und im allgemeinen wenig zu bedenken, in der schwankenden Bedeutung vieler Symbole mathematischer Aufschreibsysteme liegt. Erstens sind die Operationssymbole häufig auch Resultatsymbole. Man könnte sagen, diese Symbole seien in der Lage, sowohl eine retrospektive wie auch eine prospektive Bedeutung anzunehmen. Sie bezeichnen entweder Relationen, die die Folge von bereits ausgeführten Prozessen sind, oder aber solche Relationen, die durch bestimmte Prozesse allererst generiert werden sollen. Zweitens sind Zahlenzeichen als Symbole *numerischer Größen* häufig auch Symbole von *Operationen* wie jeweils dann, wenn sie als Exponenten von Potenzen auftreten. Wo immer Terme wechselnde Bedeutung annehmen, geraten Gedankenreihen, die nichts miteinander zu tun haben, leicht durcheinander, so daß Überlegungen und Resultate nur zu oft verfälscht werden. In der Analytical Engine jedoch werden Operationen, gemäß dem ersten Gesichtspunkt, mit Hilfe einer Notation und eines Räderwerkes geordnet, die ausschließlich diese Ebene repräsentieren. Im Hinblick auf den zweiten Gesichtspunkt gilt: Wenn Zahlen, die *Operationen* und nicht *Quantitäten* bedeuten (wie Potenzhochzahlen), auf eine Walze oder ein Walzen-Set eingetragen sind, dann agieren diese Walzen gänzlich unvermengt mit anderem; sie kommen ausschließlich mit dem operationellen Mechanismus in Verbindung, auf den sie auch zurückwirken. Niemals kommen sie mit Zahlen in der Bedeutung von Quantitäten auf anderen Walzen in Kontakt. Natürlich können Zahlen in der Bedeutung von Operationen auf n Walzen miteinander verknüpft werden, was sogar oft erforderlich sein wird, ebenso wie Zahlen in der Bedeutung von Quantitäten sich auf jede Weise kombinieren lassen. Man hätte die Sache so arrangieren können, daß alle Zahlen in der Bedeutung von Operationen auf einem separaten Teil der Maschine erschienen wären, getrennt von allem, was numerische Größen anzeigt. Aber die augenblickliche Methode ist in manchen Fällen einfacher und bietet tatsächlich die nämliche Differenziertheit, sofern sie verstanden wird.

Der Betriebsmechanismus kann sogar unabhängig von einem zu berechnenden Gegenstand in Gang gesetzt werden (obwohl dann natürlich kein Ergebnis entwickelt werden kann). Zudem kann er anderes als Zahlen verarbeiten, wenn man Gegenstände fände, deren wechselseitige Basisrelationen sich abstrakt logisch ausdrücken und an das Funktionieren von Notierung und Mechanismus der Maschine anpassen ließen. Nehmen wir zum Beispiel an, die Basisrelationen von Tönen einer bestimmten Tonart in Harmonie- und Kompositionslehre ließen sich solcherart ausdrücken und adaptieren, so wäre die Maschine in der Lage, elaborierte wissenschaftliche Musikstücke jedweder Komplexität und Länge zu komponieren.

Die Analytical Engine ist die *Fleisch gewordene Wissenschaft von den Operationen* und besonders im Hinblick auf abstrakte Zahlen als Gegenstand dieser Operationen konstruiert. Die Difference Engine dagegen verkörpert eine einzige und beschränkte Gruppe von Operationen, die entweder so: (+,+,+,+,+,+) oder so: 6(+) ausgedrückt werden können. Sechs Wiederholungen dieser einen Operation (+), das ist in der Tat die ganze Weisheit dieser Maschine. Sie hat sieben Walzen, und eine Zahl auf jeder der Walzen kann sich zu einer Zahl auf der nächsten Walze rechts addieren. Wenn man also mit der Walze ganz links beginnt, können sechs Additionen ausgeführt werden, und das Resultat erscheint dann auf der siebten Walze ganz rechts. Der Betriebsmechanismus dieser Maschine arbeitet genauso separat und unabhängig wie bei der Analytical Engine. Da sie jedoch nur einer immer gleichen und beschränkten Kombinatorik unterworfen wird, hat sie wenig zu bieten, um die Eigenständigkeit der Wissenschaft von den Operationen darzustellen. Die Relevanz des Ansatzes, die Analytical Engine unter diesem Gesichtspunkt zu betrachten, wird unserer Überzeugung nach im gleichen Maße deutlicher, wie der Leser in Mr. Menabreas klarem und meisterhaftem Aufsatz fortschreitet. Der ›calculus of operations‹ stellt ebenfalls ein solch interessantes Thema dar und ist in letzter Zeit soviel häufiger als früher abgehandelt und bedacht worden, daß – von der Bauart der Maschine angefangen – nichts, was sich zur Erhellung dieses mathematischen Zweiges eignen mag, übersehen werden sollte. Ob der Erfinder dieser Maschine derartige Ansichten verfolgte, während er die Erfindung ausarbeitete, oder ob er sie späterhin jemals unter diesem Blickwinkel betrachtete, wissen wir nicht. Aber es ist ein Ansatz, der sich uns mit Notwendigkeit aufdrängte, indem wir mit den Methoden vertraut wurden, durch die der Mechanismus analytische Kombinationen de facto erreicht.

Wir wollen es uns nicht versagen, einen praxisorientierten Vorschlag zu machen, der unserer Meinung nach durch die Eigenständigkeit der Ebene, auf der die Maschine Rechenschritte ordnet und kombiniert, enorm erleichtert wird: Wir meinen das Erreichen von Kombinationen, in denen *imaginäre Größen* auftreten. Diesen Zweig ihrer Arbeitsgänge haben wir bislang noch nicht recht untersuchen können; und darum ist unsere Mutmaßung hinsichtlich des Prinzips, von dem das Erreichen solcher Ergebnisse abhängen mag, womöglich nicht in Übereinstimmung mit den Gegebenheiten und dem Zwecke vielleicht weniger dienlich als andere Prinzipien, oder sie verlangt zumindest das Zusammenspiel mit anderen. Es scheint uns jedoch augenfällig, daß hier, wo die formalen Rechenschritte eine solch unabhängige Arbeitsebene bilden, schon wenige einfache Maßnahmen und Ergänzungen im Aufbau des Mechanismus es erlauben müßten, einen doppelten Satz von Resultaten darzustellen; nämlich erstens die *numerischen Größen* als Resultat der Verarbeitung numerischer Daten (und diese Resultate sind das vorrangige Ziel der Maschine) und zweitens die *Ergebnisse auf symbolischer Ebene* im Anhang an jene numerischen Resultate. Diese symbolischen Ergebnisse sind um nichts weniger notwendige und logische Konsequenzen von Rechenoperationen, angewandt auf *symbolische Daten,* als es numerische Resultate auf Basis numerischer Daten sind. (692–695)

Die Difference Engine ist ihrer Anlage nach strikt arithmetisch, und die mit ihr erreichbaren Resultate fallen in einen klar definierten und begrenzten Problemkreis – wohingegen es für die Möglichkeiten der Analytical Engine letztlich keine Demarkationslinie gibt. Ihre Möglichkeiten sind deckungsgleich mit unserer Kenntnis der Gesetze der Analysis und werden allenfalls durch unsere Vertrautheit mit letzteren begrenzt. In der Tat läßt sich sagen, daß diese Maschine die *materielle und mechanische Verkörperung der Analysis* sei und daß die komplette Kontrolle, welche sie uns über die Durchführungsverfahren algebraischer und numerischer Symbole gibt, unsere jetzigen Arbeitsmöglichkeiten in diesem Wissensbereich effektiver in den Stand versetzt, mit unserer theoretischen Kenntnis seiner Prinzipien und Gesetze Schritt zu halten.

Wem die Mathematik nicht nur ein ungeheurer Textkörper abstrakter und unveränderlicher Wahrheiten ist, deren innere Schönheit, Symmetrie und logische Geschlossenheit ihr im Zusammenspiel zu einem Ganzen schon das hervorrragende Interesse aller tiefschürfenden und logischen Geister sichert; wem die Mathematik vielmehr auch noch von tieferem Interesse für die menschliche Rasse ist; und wem bewußt bleibt, daß diese Wissenschaft die Sprache bildet, durch die allein wir die großen Tatsachen der Natur wie auch den unaufhörlichen Wandel wechselseitiger Verbindungen ausdrücken können, die (sichtbar oder unsichtbar, bewußt oder unbewußt) unaufhörlich in der uns umgebenden Schöpfung vor sich gehen – wem also mathematische Wahrheiten als das Mittel gelten, um mit schwachem Menschengeist des Schöpfers Werk am effektivsten lesen zu können, der – sage ich – wird all das mit besonderem Interesse verfolgen, was die Übersetzung der Naturprinzipien in klare Anwendungsformen erleichtert.

Das entscheidende Charakteristikum der Analytical Engine liegt in der Einführung der Prinzipien, die Jacquard ersann, um mit Hilfe von Lochkarten die kompliziertesten Muster in der Brokatfabrikation zu steuern. So ist es möglich geworden, Mechanismen mit ebenso extensiven wie vielversprechenden Möglichkeiten auszustatten, um sie zum Erfüllungsgehilfen abstrakter Algebra zu machen. Genau darin liegt der entscheidende Unterschied der beiden Maschinen. Die Difference Engine hat nichts dergleichen zu bieten. Wir können jedoch völlig zutreffend sagen, daß die Analytical Engine *algebraische Muster webt*, genauso wie der Jacquard-Webstuhl Blumen und Blätter webt. Hierin liegt, nach unserer Überzeugung, etwas wesentlich Originelleres, als die Difference Engine für sich beanspruchen kann – ohne ihr alle Vorzüge absprechen zu wollen. Wir glauben, daß sie der einzige je gemachte Vorschlag oder Versuch ist, eine Rechenmaschine zu bauen, die auf Basis sukzessiver Reihen von Differenzen arbeitet und ihre eigenen Resultate ausdruckt. Zudem überflügelt diese Maschine ihre Vorläufer nicht nur im Ausmaß der ihr möglichen Berechnungen, in Einfachheit, Sicherheit und Genauigkeit der Durchführung, sondern auch dadurch, daß menschliche Eingriffe während der Rechengänge schlechthin unnötig sind. Ihr Aufbau ist jedoch auf strikt Arithmetisches begrenzt und stellt bei weitem nicht das erste oder einzige System dar, um arithmetische Rechenmaschinen mit mehr oder weniger Erfolg zu bauen.

Die Grenzen der Arithmetik wurden jedoch in demselben Augenblicke überschritten, als die Idee aufkam, Lochkarten einzusetzen. Und die Analytical Engine steht daher nicht auf gleicher Ebene mit bloßen ›Rechenmaschinen‹ (calculating machines). Sie nimmt eine völlige Sonderposition ein; und die von ihr ausgehenden Denkanstöße sind von höchstem Interesse. Sobald ein Mechanismus in der Lage ist, allgemeine Symbole in Reihen von unbegrenzter Variabiltät und Ausdehnung zu kombinieren, ist das Verbindungsglied zwischen den einschlägigen Rechenoperationen und den abstrakten Denkprozessen des abstraktesten Zweiges der Mathematik hergestellt. Damit ist eine neue, weitreichende und kraftvolle Sprache für den zukünftigen Gebrauch der Analysis entwickelt, um ihre Wahrheiten derart in den Griff zu bekommen, daß sie für die Endzwecke der Menschheit schneller und genauer anwendbar werden, als es die bisherigen Mittel erlaubten. So sind nicht nur Geist und Materie, sondern auch Theorie und Praxis der mathematischen Welt zu innigerer und effektiverer Verknüpfung gebracht. Es ist uns kein Beleg bekannt dafür, daß etwas von der Art dessen, was man so trefflich *analytische Maschine* nannte, bis dato jemals projektiert oder auch nur als praktikable Möglichkeit bedacht wurde – ebenso wenig wie die Idee einer denkenden oder vernünftigen Maschine.

Wir wollen hier noch einen weiteren Punkt berühren, der einen wesentlichen Unterschied in den Betriebsweisen von Difference und Analytical Engine ausmacht. Um erstere in Gang zu setzen, gilt es, ihren Walzen die Serien von Zahlen einzugeben, welche die ersten Terme der verschiedenen Differenzgrade bilden, und zwar für die jeweils in Betracht gezogene Tabelle. Sie werden dann von der Maschine als ihre Daten verarbeitet. Doch müssen eben diese Daten schon vorab durch ein menschliches Hirn in einer Rechenserie bestimmt worden sein. Daher kann diese Maschine Resultate nur auf Grund von Daten produzieren, die im voraus gewonnen wurden in klarer und konkreter Ausarbeitung von Prozessen, die ihrer Art nach von allem unterschieden sind, was in die Sphäre der Maschine fällt. Mit anderen Worten: Ein analytischer Prozeß muß immer schon von einem Menschenhirn durchlaufen worden sein, um die Daten zu erhalten, auf deren Basis die Maschine ihre Resultate synthetisch aufbauen kann. Die Difference Engine arbeitet ihrer Art nach ausschließlich synthetisierend, wohingegen die Analytical Engine zu beidem in der Lage ist: zu Analyse und Synthese.

Wohl ist es richtig, daß die Difference Engine mit diesen wenigen Ausgangsdaten erheblich weiter ausgreifende Berechnungen anstellen läßt, als die Bestimmung der Daten verlangte. Die Tafel der Quadratzahlen beispielsweise kann bis zu jedem beliebigen Wert durchgerechnet werden, wenn die Zahlen eins und zwei gegeben sind. Und die Bestimmung ganz weniger Differentiale an beliebiger Stelle der Logarithmentafel würde der Maschine erlauben, Hunderte oder gar Tausende von Logarithmen zu errechnen. Der Umstand aber, daß es als Vorausbedingung erfordert ist, jede beliebige Funktion numerisch ausgearbeitet zu haben, bringt sie nach Art und Nutzen sehr ins Hintertreffen gegenüber einer Maschine, für die – wie bei der Analytical Engine – lediglich verlangt ist, daß wir die *Reihenfolge und Verteilung der auszuführenden Rechenschritte* kennen. Für diese nämlich ist in keinem Falle nötig, daß wir vorab zur Gewinnung der Arbeitsdaten Berechnungen durchlaufen hätten, seien es die spezifischen, die sie selbst ausführen soll, seien es irgendwelche andere. Natürlich müssen ihr numerische Daten eingegeben werden, doch sind sie willkürlich zu nehmen. Es sind keinesfalls Daten, die nur durch eine systematische und gesetzmäßige Serie vorheriger Berechnungen erzielt werden können – was eine völlig andere Sache ist.

Darauf ließe sich erwidern, daß ein vergleichbarer analytischer Prozeß durchgeführt worden sein muß, um die Analytical Engine mit den notwendigen operativen Daten zu füttern; und daß hierin ebenfalls eine mögliche Fehlerquelle liegen mag. Gesetzt, daß der Arbeitsmechanismus in seinem Procedere fehlerfrei ist, könnten die Lochkarten ihm trotzdem falsche Befehle geben. Dies ist zweifellos richtig. Dennoch besteht hier, wo allein die Rechenschritte nebst Verteilung ermittelt werden müssen, eine bei weitem geringere Fehlerwahrscheinlichkeit und analog ein wesentlich kleinerer Aufwand an Zeit und Arbeit als dort, wo bestimmte numerische Resultate erfaßt werden müssen. Was die Analytical Engine angeht, so müssen wir zweifellos ein gewisses Kapital an analytischer Arbeit in bestimmter Hinsicht investieren – jedoch zu dem Zweck, daß die Maschine uns im Gegenzug einen wesentlich größeren Ertrag bringt. Im übrigen sei nicht vergessen, daß Lochkarten, wenn sie einmal für eine bestimmte Formel eingerichtet sind, die Allgemeingültigkeit von Algebra besitzen und eine unendliche Zahl besonderer Fälle einschließen. (696–698)

Wir lenken hier noch einmal die Aufmerksamkeit auf das bereits erwähnte Faktum, daß die Maschine zur Problemlösung keineswegs eine völlig ausgearbeitete Formel braucht. Sofern wir nur die Reihe *auszuführender Rechenschritte* kennen, so ist das ausreichend. Dieser Umstand verdient besondere Beachtung, es könnte ein verborgener Wert solcher Maschinen darin stecken, der letztendlich unschätzbar sein mag. Wir wissen schon, daß es Funktionen gibt, deren numerischen Wert zu bestimmen sowohl für die reine wie auch für die angewandte Wissenschaft bedeutsam wäre. Doch erfordert ihre Bestimmung derart langwierige und komplizierte Rechenprozesse, daß dies unter gegebenen Umständen nahezu unmöglich ist, obwohl man es mit großem Aufwand an Zeit, Arbeitseinsatz und Geld erreichen könnte. Zudem ist davon auszugehen, daß bestimmte Ergebnisse sich in der Praxis einfach nicht präzise erreichen lassen – obwohl ihre genaue Bestimmung höchst bedeutsam werden könnte für manche zukünftigen Bedürfnisse der Wissenschaft in ihren vielfältigen, komplizierten und sich rasch entwickelnden Forschungsgebieten. …

Man könnte gar auf willkürliche Weise Gesetze für Reihen oder Formeln erfinden, um sie dann von der Maschine verarbeiten zu lassen und so numerische Resultate abzuleiten, die zu erreichen uns andernfalls gar nicht in den Sinn gekommen wäre. Allerdings würde das kaum – es sei denn in besonderen Fällen – irgendeinen praktischen Nutzen produzieren oder höher einzuschätzen sein als eine Art philosophischen Amusements. (721–722)

Es scheint ratsam, sich vor übertriebenen Erwartungen an die Möglichkeiten der Analytical Engine zu schützen. Wo es um neue Dinge geht, besteht nur allzu häufig die Tendenz, zunächst einmal zu überschätzen, was uns interessant und merkwürdig vorkommt– um sodann, in irgendwie natürlicher Gegenreaktion, den tatsächlichen Stand der Sache zu unterschätzen, sobald sich nämlich zeigt, daß unsere Begriffe über das Ziel hinausgeschossen sind.

Die Analytical Engine erhebt keinen Anspruch, irgendetwas zu erzeugen. Sie kann all das tun, wofür wir die entsprechenden Durchführungsbefehle geben können. Sie vermag der Analysis zu folgen, doch keinesfalls kann sie analytische Relationen oder Wahrheiten antizipieren. Sie hat uns lediglich dabei zu helfen, Dinge verfügbar zu machen, die wir in abstracto schon wissen. Für diesen Zweck zählt man natürlich hauptsächlich auf ihre Verarbeitungskapazitäten. Doch wird sie wohl auch noch auf andere Weise einen indirekten und reziproken Einfluß auf die Wissenschaft ausüben. Indem man nämlich die Wahrheiten und Formeln der Analysis im Hinblick darauf ordnet und kombiniert, wie sie der mechanischen Kombinatorik der Maschine am leichtesten und schnellsten anzupassen sind, erscheinen die Verhältnisse und Wesenszüge vieler Gegenstände der jeweiligen Wissenschaft mit Notwendigkeit in einem neuen Licht, und darum wird man sie gründlicher untersuchen. Darin besteht die sicherlich indirekte und leicht spekulative Konsequenz einer solchen Erfindung. Es ist aus allgemeinen Grundsätzen jedoch leicht einsehbar, daß durch den Entwurf neuer Aufschreibe- und Anwendungssysteme für mathematische Wahrheiten wohl auch neue Perspektiven eingeführt werden, die wiederum auf die mehr theoretische Seite des Gegenstandes zurückwirken. In jeder Ausweitung menschlicher Fähigkeiten, in jeder Ergänzung menschlichen Wissens stecken neben den primär erreichten Dingen stets diverse indirekte Rückwirkungen. (722–723)

Aus: Scientific Memoirs, selected from the transactions of foreign academies of science and learned societies. Vol. III, London 1843 (Reprint New York/London 1966), 666–731

Übersetzt von Sylvie Schimm + Peter Bexte

Stadtraum – Maschinenraum: Die Weltausstellung im Raum der Metropolen

I. Die Stadt

Ich will um meinen Strophenbau zu läutern
Dicht unterm Himmel ruhn gleich Sternedeutern
Daß meine Türme ans verträumte Ohr
Mit dem Winde mir senden den Glockenchor.
Dann werd ich vom Sims meiner luftigen Kammer
Überm Werkvolk wie's schwätzet und singet beim Hammer
Auf Turm und Schlot, die Masten von Paris
Und die Himmel hinaussehen, mein Traumparadies

Baudelaire, Landschaft

Die Stadt als Landschaft gesehen: Wenn im Folgenden die Raumerfahrung des 19. Jahrhunderts überwiegend im Bereich der Großstädte – der Metropolen – untersucht und in einigen wesentlichen Aspekten ihrer Signatur aufgezeigt wird, so liegt dies nicht an der voluntaristischen Auswahl der zugrunde liegenden Texte (Baudelaire, Poe, Proust, Abhandlungen über Paris und London), sondern vor allem an der dominierenden Stellung, die jene Metropolen als erste Kristallisierungspunkte heraufziehender Technisierung für eine Veränderung der Umwelt innehatten.

Die Erfahrung der Natur oder gar das Verhältnis zwischen dem Menschen und der offenen Landschaft soll hier keinesfalls auf die »beschränkte Sinnlichkeit« des Großstadtbewohners reduziert werden, wenngleich eine Grundthese dieses Textes behauptet, daß mit der Ausdehnung der Industrialisierung tendenziell die natürliche Gestalt der Umwelt unter ihre technische Formierung – oder besser Deformierung – subsumiert wird, und damit gleichzeitig im menschlichen Wahrnehmungsvermögen sich ein neuer, den technischen Gestaltungen adäquater Apperzeptionsapparat installiert. Zudem vollzieht sich die künstlerische Formulierung dieser komplexen Entwicklung und ihre Transformation in die Sprache der Literatur wie der Kunst traditionsgemäß in der Stadt als dem »historischen Archiv« und dem Ort der geistigen Stoffwechsel- und Vermittlungsprozesse, wodurch diese Formulierungen der neuartigen Raumerfahrung für uns einen paradigmatischen Charakter erhalten.

> Geheul der Straße dröhnt rings im Raum [...]
> (Baudelaire 1972: 41)

Der neue Lebensraum Großstadt stellt für die Alltagserfahrung seiner Bewohner Rahmenbedingungen, deren ausgezeichnete Natur sich in der Grundkonstellation widerspiegelt, in der die Masse der Menschen dem Einzelnen gegenübertritt. Die Masse – Walter Benjamin nennt sie anderen Orts auch die »Matrix« der modernen Welt – ist die allgegenwärtige, lebendige »Füllung« dieses Raumes. Amorph und anonym überschwemmt sie Straßen, Plätze sowie alle übrigen Lokalitäten, ohne es dem Einzelnen jemals zu ermöglichen, sich in seinem Alltag real von ihr abzusondern, da sie letztlich als Träger des Stadtlebens der pulsierende Lebensstrom selbst genannt werden darf. Edgar Allan Poe, der in seiner Novelle »Der Mann der Menge« die bedrohliche Allgegenwart der Großstadtmasse deutlich hervorhebt, wird andererseits nicht müde, in einigen seiner Novellen Personen durch ihr ausgefallenes Betragen, ihren Spleen, aus der Menge abzusondern, oder sie aufgrund ihrer analytischen Fähigkeiten über die Masse zu setzen, die ihnen dann als Material für Verhaltensstudien zu dienen hat. Beide Aspekte durchdringen sich in der Figur des Auguste Dupin, einem äußerst scharfsinnigen Detektiv, der nur des Nachts seine Wohnung verläßt, um in den menschenleeren Straßen den »Ausnahmezustand« seiner Wahrnehmung zu schulen:

> Dann streiften wir Arm in Arm durch die Straßen und griffen unsere im Laufe des Tages geführte Unterhaltung auf, oder wir wanderten bis spät in die Nacht hinein weit umher, um im Wechsel von Licht und Schatten der volkreichen Stadt jene Unendlichkeit geistiger Anregung zu suchen, die ruhige Beobachtung zu vermitteln mag. (Poe 1987: 264)

Wie das Blut in den Verästelungen des Ader- und Organsystems zirkuliert, so fließen die Menschenmassen durch das architektonische Kanalisierungsnetz der Stadt: Paris, von oben betrachtet, erscheint als unendliches Häusermeer, durchzogen von steilen Straßenschluchten, deren steinerne Fassaden die Kulissen für das gigantische Schauspiel bewegter Massen abgeben. Eine Umsetzung dieser realen Großstadtsituation in ein gleichsam allegorisches Bild inszenierte Fritz Lang in seinen frühen Stummfilmen der zwanziger Jahre, auch wenn er dabei die furchteinflößenden Züge des städtischen Alltags durch seine spezielle Bilddramaturgie (besonders scharfe, kontrastreiche Beleuchtung, Kulissenbauten mit engen, unübersichtlich spitzwinkligen Gassen usw.) zu übersteigern suchte.

Die Masse trägt gewisse Charakterzüge und zeichnet sich durch bestimmte Verhaltensweisen aus – Lenkbarkeit, Formierung oder Atomisierung, stereotype Gesten und gleichförmige Bewegungsabläufe, Gleichgültigkeit gegen ihre Teile. Aber was ihr fehlt, ist das konkrete menschliche Antlitz, ihr Gesicht ist leer, ist blind: Will sagen, die Anonymität als herausragendes Merkmal der Masse bedingt einen Verfall der konkreten Wahrnehmung des Menschen durch den Menschen. An die Stelle einer eher ruhigen, kontemplativen Anschauung des Anderen (die Masse entflieht beständig dem suchenden Blick, ihr Bild zerrinnt haltlos zwischen den Fingern, ungreifbar amorph) tritt mit Notwendigkeit als komplementäre Wahrnehmungssituation das Schock-Ereignis und dessen Verarbeitung in der Reiz-Schutz-Apparatur des menschlichen Bewußtseins.

»Ein Blitz, dann Nacht!« (Baudelaire) – diese bildhafte Formulierung eines Schock-Ereignisses charakterisiert treffend den Kern der neuen Umwelt-Apperzeption: Das Bewußtsein baut in der Rezeption einer Aufeinanderfolge »normaler« Wahrnehmungsdaten im gewohnten alltäglichen Milieu als Reizabwehr einen Schutzwall, einen Damm auf, den nur in einer jeweils neu entstehenden Ausnahmesituation »blitzhaft« auftretende Ereignisse durchbrechen können. Zweck dieser Reizabwehr ist es, durch eine gewisse Schwelle (Bild-, Lärm- oder Geruchschwelle) das Individuum in seinem Alltagsverhalten und seiner Wahrnehmung vor andauernder Überbelastung infolge von Reizüberflutungen zu schützen. Ein solcher psychischer Mechanismus bewährt sich sinnvoll in der Großstadt, wo die technische Entwicklung eine Fülle von Gefahrenmomenten ausstreut, die als Schock-Ereignisse den Einzelnen bedrohen.

Wolfgang Schivelbusch hat in seinem Buch »Geschichte der Eisenbahnreise« nachzuweisen vermocht, daß der Begriff des Schocks zwar im militärischen Sprachgebrauch bereits weitaus früher bekannt gewesen war, aber im Laufe des vergangenen Jahrhunderts erst in den Bereichen der technischen Entwicklung, speziell in dem der Eisenbahn und ihrer Unfallmöglichkeiten, seine volle Bedeutung gefunden hat – dies gilt auch für den wissenschaftlichen Sprachgebrauch der Medizin und Psychologie.

Bei Baudelaire dagegen wird diese Wahrnehmungssituation – in verbindlicher struktureller Verwandtschaft – an der Begegnung zwischen dem erzählenden Ich des Dichters und einer flüchtig auftauchenden Passantin dargestellt. Also an einem Vorfall, der, weil er im Straßenverkehr beständig reproduzierbar ist, dem Großstadtbewohner vertraut erscheint und dennoch für dessen Wahrnehmung genügend Sprengkraft birgt, um sich in dessen Bewußtsein einzuschreiben, sich im Bild zu sedimentieren. Die Masse und der Schock als Korrelate der Moderne.

II. Technische Gestaltung der Umwelt und veränderte Wahrnehmung

> Welche Veränderungen müssen jetzt eintreten in unserer Anschauungsweise und in unseren Vorstellungen! Sogar die Elementarbegriffe von Zeit und Raum sind schwankend geworden. Durch die Eisenbahnen wird der Raum getötet, und es bleibt uns nur noch die Zeit übrig [...]
>
> *Heinrich Heine*

Ziemlich genau gegen Mitte des 19. Jahrhunderts erreicht die technische Gestaltung der Stadtlandschaft ihren vorläufigen Höhepunkt: In Paris beginnt Haussmann mit der brutalen Neuordnung des inneren Verkehrsnetzes, indem er mit Hilfe breiter Boulevards die bereits vorhandenen großen Bahnhöfe systematisch verbindet und andererseits dem städtischen Verkehrsfluß geräumige, direkte Bahnen in sämtliche Quartiere schafft. Gleichzeitig entstehen die ersten größeren Kaufhäuser bezeichnenderweise an den neuen Verkehrsadern und fungieren als kompakte Weltausstellungen der Waren. Was auf den ersten Blick wie ein Zufall erscheinen mag, erweist sich bei näherem Hinsehen als wechselseitig bedingter Prozeß einer Technisierung, die in rascher Folge alle Lebensbereiche des Stadtbewohners einschneidend ändern wird – und auf lange Sicht hin eine neuartige »Sinnlichkeit« schaffen soll, vor allem was die Wahrnehmung von Raum und Zeit anbetrifft.

Der entscheidende Einbruch des traditionellen Raum- und Zeitverständnisses vollzieht sich nämlich durch die Motorisierung der Verkehrsmittel, unter denen die Eisenbahn die Avantgardestellung bezieht: diese Maschine mit ihrem regelmäßigen, gleichförmigen Bewegungsablauf – mit der schnellen und präzisen Reproduktion des »Immergleichen«, auch Transportbewegung ist in diesem Sinne eine Ware – diese Maschine setzt das Zeichen für eine umfassende Quantifizierung räumlicher und zeitlicher Verhältnisse und Bereiche. Einen so entlegenen wie schlagkräftigen Hinweis auf die wachsende Quantifizierung des Raumes liefert uns der Autor Edgar Allan Poe, wenn er die neue Methode einer polizeilichen Hausdurchsuchung schildert:

> Außerdem besitzen wir die schärfsten Meßinstrumente; nicht ein Millimeter könnte uns entgehen [...] nachdem wir so die Möbel durchgenommen hatten, beschäftigten wir uns mit dem Hause selbst. Wir teilten seine gesamten Flächen in Felder ein, die wir numerierten, damit kein einziges übersehen werden konnte, und dann untersuchten wir jeden Quadratzoll nicht nur in diesem, sondern auch in den beiden Nebengebäuden mit der Lupe.
> (Poe 1959: 128 f.)

Das angezeigte Vorgehen der Polizei ist dort jedoch zum Scheitern verurteilt, weil das gesuchte Objekt – ein entwendeter Brief – paradoxerweise nicht verborgen, sondern durch eine skandalöse Offenheit geschützt worden ist. Der total quantifizierte Raum aber wird im Netz seiner Koordinaten lückenlos definiert und durch Zugriffe kontrollierbar, Punkt für Punkt, Pixel für Pixel...

»Die Eisenbahn vernichtet Raum und Zeit«, lautet das anfängliche Urteil der Zeitgenossen über die Auswirkungen des neuen Verkehrsmittels. Hervorgerufen wird diese Einstellung zweifellos durch die Möglichkeit der Bahn, jede einmal erschlossene Strecke um ihre vormalige reale Distanz zu bringen, indem die Reisezeit auf ein Bruchteil der früher benötigten Zeit verkürzt wird, und damit die Städte vermittels ihres Anschlusses an das Eisenbahnnetz näher zusammenrücken. Die Rahmenbedingung für das Funktionieren eines technisierten Verkehrsnetzes stellt zum anderen aber die Quantifizierung der Zeit dar, denn die Regelmäßigkeit der Motoren bedarf der Verknüpfung mit dem Schema einer abstrakt meßbaren Zeit, um nach dem »timing« exakt berechenbarer Raum- und Zeitdistanzen die Bewegungsrhythmen ebenso genau determinieren zu können.

Die Herrschaft der Uhr installiert sich in der industrialisierten Stadt: Arbeitsabläufe (siehe Taylor), Arbeitszeiten und Fahrpläne, das gesamte alltägliche Leben wird durch die Uhr als den anerkannten öffentlichen Zeitmesser geregelt und nicht länger mehr durch die natürliche Tageszeit, also durch den Wechsel von Tageshelle und nächtlichem Dunkel. Die modernen Möglichkeiten der Straßen- und Gebäudebeleuchtung entwickeln sich schnell mit der Einführung der Gaslaterne in den Großstädten des vergangenen Jahrhunderts – erst ab der Jahrhundertwende wird das elektrische Licht stärker in Erscheinung treten.

Mit dem Auftauchen dieser neuen Massen-Verkehrsmittel (die Eisenbahn wird wie kein Transportmittel vorher auch von breiteren Kreisen der unteren Bevölkerungsschichten benutzt) fällt ein Ereignis in der Entwicklung der abendländischen Architektur zusammen, dessen Bedeutung für eine veränderte Sinnlichkeit und Wahrnehmung des Raumes wir wohl heute – im Betonzeitalter – erst richtig ermessen können: die Verbundbauweise mit den künstlichen Materialien Eisen und Glas tritt auf. Eine Revolution in der Architektur bereitet sich durch diese neuen Baustoffe vor, die einen weitaus großzügigeren Umgang mit Räumlichkeiten gestatten. Probleme der Überspannung oder Überbrückung größter Distanzen lassen sich nun lösen, und gleichzeitig ermöglicht die Glasbedeckung eine Lichtdurchlässigkeit, die für einen kurzen Zeitraum – vor allem im industriellen Bereich (Fabrikhallen, Ausstellungspavillions...) – zur höchsten Wirkung und Entfaltung gelangen kann.

Und wieder spielt die Eisenbahn eine entscheidende Rolle, denn in den Bahnhöfen, den Vermittlungsstationen zwischen der Stadtarchitektur und der Strecke ins Land, kommt die Eisen-Glas-Verknüpfung das erste Mal zum Tragen, also in einem Gebäude, das von Massen benutzt und rezipiert wird. Daß sich auch die Kaufhäuser als Lokalitäten des massenweisen Warenumschlags (als Orte, wo die Zirkulation der Waren mit dem Konsum der Massen vermittelt werden muß) dieser Architektur bedienen – freilich in stilistisch künstlerischer Überhöhung, wie bei den früheren Bahnhofsbauten auch -, spricht eine deutliche Sprache für den technischen Zusammenschluß sämtlicher öffentlichen Alltagsbereiche. Die Kathedralen des 19. Jahrhunderts sind die großen Bahnhöfe und die glänzenden Warenpaläste.

III. Der Innenraum – außen. Symbolische Aufladung des Raumes und der Gegenstände / Projektion und Traum

> Paris wird anders, aber die bleibt gleich
> Melancholie. Die neue Stadt die alte
> Mir wirds ein allegorischer Bereich
> Und mein Erinnern wuchtet wie Basalte.
>
> *Baudelaire*, Der Schwan

Die Bandbreite der möglichen Reaktionen auf die Veränderungen der Umwelt im Horizont der Technisierung ist jedoch bei weitem größer, als es nach der obigen Skizze scheinen könnte: Neben der genauen Beobachtung und Beschreibung der neuen Erfahrungen und Wahrnehmungen im Umgang mit den motorisierten Verkehrsmitteln und deren Vergleich mit den älteren

Reisemöglichkeiten zeigt Marcel Prousts Roman »Auf der Suche nach der verlorenen Zeit« in beispielhafter Weise, wie ein technisches Phänomen bei seinem Auftreten in ein komplexes Feld menschlichen Vorstellens und Verhaltens eingebettet ist. Das noch unbekannte Objekt, in diesem Text das Telephon, ist umgeben von einer Aura des Geheimnisvollen, ja seine Benutzung trägt wegen des noch fremden Rituals beinahe magische Züge; und so erscheinen auch die Leistungen dieses toten und zugleich lebendigen Gegenstandes im Licht einer fast mystischen Interpretation: Zauber der Technik!

Und abgründiger Schrecken zugleich, wenn wir an die ersten Reaktionen der nordamerikanischen Indianer angesichts der Begegnung mit der Lokomotive denken. Was Turner malt, ist durchaus vorstellbar als übernatürliches Wesen, der riesige, dampfspeiende Koloß, das Maschinenmonster.

Während sich jedoch bereits im frühen Umgang des Städters mit den neuen Objekten Irritationen und mitunter »leichtes Erschrecken« einstellen, obwohl die Grundhaltung dieser Rezeption der Technik von einem positiven Erstaunen geprägt ist, bildet sich im Laufe des 19. Jahrhunderts eine gegenläufige Strömung heraus, innerhalb derer wenn nicht gar radikale Ablehnung, so doch zumindest eine klare Abwendung von der technischen Entwicklung zu verzeichnen ist. Zwangsläufig führt ein derartiges Verhalten zu einer »Wiederentdeckung der Natur« – von der Romantik bis zum Jugendstil -, ohne daß allerdings der Einbruch der Technik in die Lebenswelt des Menschen spurlos an dieser »Rückwendung« vorübergegangen wäre.

Wie die Technik in einem bestimmten Sinne als materielle Projektion der organisierten Gattung in die Natur hineinragt, um die Bedürfnisse der kollektiven Selbsterhaltung befriedigen zu können (die Natur wird dabei auf ihr Dasein als Material und Lebensmittel reduziert), so transformiert auch das künstlerische Subjekt seine Organisationsschemata in die Beschreibung und Darstellung des »Außen-Raumes«. Natur wird zur »Landschaft«, in der jeweils nur der Ausdruck von Stimmungen oder Gefühlen des Subjektes als projiziertes Interpretationsraster anzutreffen ist. Dafür stehen die frühen Landschaftsschilderungen aus Goethes »Werther« geradeso wie die in Büchners »Lenz«.

Die Reise durch eine Landschaft entwickelt sich in gleichem Maße zur Fahrt nach »innen«, zum (Traum-) Weg in eine räumlich entfaltete psychische Landschaft. Andererseits sind die äußere Räumlichkeit und die Welt der Gegenstände voller Symbolgehalt, angefüllt mit den Ereignissen des Innenlebens und mit Verweisen, Verkündungen oder Offenbarungen für das Individuum, für das vorstellende Subjekt. Caspar David Friedrich hat viele derartige Situationen gemalt, im Roman »Heinrich von Ofterdingen« zeigt Novalis eine Traumlandschaft als Außenraum. Allegorien.

> Die Umfunktionierung der Allegorie in der Warenwirtschaft ist darzustellen. Es war das Unternehmen von Baudelaire, an der Ware die ihr eigentümliche Aura zur Erscheinung zu bringen. Er suchte die Ware auf heroische Weise zu humanisieren. Dieser Versuch hat sein Gegenstück in dem gleichzeitigen bürgerlichen, die Ware auf sentimentale Art zu vermenschlichen: der Ware, wie dem Menschen, ein Haus zu geben. Das versprach man sich damals von den Etuis, den Überzügen und Futteralen, mit denen der bürgerliche Hausrat der Zeit überzogen wurde.
> (Benjamin 1974: 671)

Die Welt der Ware ein allegorischer Bereich? Der nüchterne Blick des Literaturanalytikers entdeckt im Dichter der Metropole den um seine Marktchance wissenden Produzenten, und konsequent sieht er dessen Poesie weniger als eine lyrische Feier der Stadt denn als ein Produkt im Kampf um die Gunst des Marktes. Konkurrenz der Produzenten in jedem Bereich! Was Walter Benjamin in der Haltung und im Werke Baudelaires entziffert hat, nämlich die Signatur einer sich dramatisch beschleunigenden Warenwirtschaft, genau das kann uns als Leitfaden dienen, wollen wir nun das herausragende Phänomen der industriellen Kultur des 19. Jahrhunderts betrachten.

IV. Die Weltausstellung: Eine barocke Idee

> Weltausstellungen sind Wallfahrtsstätten zum Fetisch Ware. [...] Die Weltausstellungen verklären den Tauschwert der Ware. Sie schaffen einen Rahmen, in dem ihr Tauschwert zurücktritt. Sie eröffnen eine Phantasmagorie, in die der Mensch eintritt, um sich zerstreuen zu lassen. [...] Die Weltausstellungen bauen das Universum der Waren auf. *Walter Benjamin*

Welch seltsame Machina Mundi wird uns präsentiert: in gleichsam theologischer Konnotation eröffnet sich eine Perspektive, wie sie die klassische Philosophie des 19. Jahrhunderts in jeder Prägung gestaltet hat: Im Zentrum der Begriff der Totalität, hier die Totalität der expandierenden Warenwelt, alle Produkte an einem Ort zu einer Zeit. Was als Fest des zunehmend internationaler organisierten Warenverkehrs gefeiert werden soll, ist streng genommen das Ereignis universeller Vermittlung, Kult des universellen Tausches. Solche Präsenz aber, die Zurschaustellung der Waren in der Präsentationsform von Kunstobjekten, ist mehr als eine bloße Versammlung von verklärten Tauschwerten. Die hier kristallisierte Vermittlungsbewegung zeigt – auch wenn der Konsument als Masse des Publikums, als der potentielle Käufer die Ausstellung dominiert – den Standpunkt der Produktion.

Es ist der Blick des Ingenieurs, der hier den Sachverhalt erhellt: In der Begegnung der Waren mit ihren Konsumenten ist nur die eine Seite erfasst. Vom Konsumenten zum Produzenten jedoch wechselt mit dem Standpunkt auch das Interesse. Die einzelnen Weltausstellungen fördern nicht nur die wachsende Rolle der technischen Intelligenz im gesellschaftlichen Getriebe, sie fördern entscheidend auch den weitgefächerten Zusammenhang der industriellen Produktion selbst. Neue Maschinen und neue Methoden! Das Pathos einer jeden Ausstellung ist unüberhörbar: es geht immer ums Ganze, denn die »Welt« ist eingeladen, die Welt des Neuen.

Daß aber eine derartige Unternehmung kein spätes Kind des klassischen Zeitalters ist, zeigt uns der folgende Text. Sein Autor – der Philosoph, Mathematiker und Ingenieur Gottfried Wilhelm Leibniz – weist der Moderne den Weg. Ein barockes

Abb. 18 Drehbank aus der Werkstatt von Charles Babbage. Science Museum, London

Konzept, wie es im 19. Jahrhundert aktueller kaum gedacht werden konnte. Keine Allegorie:

Exkurs I

Gottfried Wilhelm Leibniz: Ausgefallener Gedanke zu einer neuen Art von Ausstellungen Paris, Academie des Sciences, 1675

Die Ausstellung, die im September 1675 in Paris auf der Seine stattfindet, und in der eine Maschine gezeigt wird, welche sich auf dem Wasser bewegt, hat mich auf die folgende Idee gebracht, die, so ausgefallen sie erscheinen mag, von großer Wichtigkeit wäre, wenn sie ausgeführt würde.

Stellen wir uns vor, daß einige Personen der Wissenschaften, den schönen Neuheiten zugewandt und vor allem den Maschinen, sich dazu verständigen würden, gemeinsame öffentliche Ausstellungen zu veranstalten.

Für dieses Projekt müssen sie einen Fond haben, um die erforderlichen Ausgaben bestreiten zu können; dies dürfte nicht sehr schwierig sein, wenn einige solcher Personen mit gutem Beispiel voran gehen würden. [...] Es wäre wünschenswert, daß einige wichtige Herren und auch mächtige Männer des Hofes dabei sein würden, und es dürfte ausreichend sein, wenn man mit ihrer Hilfe in der Lage wäre, die notwendigen Kosten aufzubringen. Denn mit einem mächtigen Herrn an der Spitze der ganzen Unternehmung würde man den Erfolg ansteuern können. Die Sachen entwickeln sich vorteilhaft, wenn man jederzeit die Unterstützung des Hofes genießt.

Weitere Personen braucht man auch, die noch für die laufenden Kosten in Frage kommen und die immer wieder mit neuen Ideen aufwarten können. Aber eine zu große Anzahl läßt Unordnung entstehen; ich glaube, es wäre das Beste, wenn man nicht mehr als zwei oder drei Assoziierte hätte, privilegierte Meister ihres Faches, und daß die anderen entlohnt würden oder unter Vertrag kämen für bestimmte Ausstellungen oder für eine kürzere wie auch längere Zeit, sofern es den Meistern gefällt, oder bis man eine bestimmte Summe an Geld ausgegeben hat, die sie zur Verfügung stellen konnten.

Die Personen, die man in Lohn haben sollte, sind Maler, Bildhauer, Zimmerleute, Uhrmacher und ähnliche Handwerker. Man kann hinzunehmen Mathematiker, Ingenieure, Architekten, Gaukler, Marktschreier, Musiker, Dichter, Buchhändler, Drukker, Kupferstecher und andere, alle nach und nach, im Laufe der Zeit.

In den Ausstellungen könnten gezeigt werden die Laterna Magica (damit könnte man beginnen), Flüge, herausragende Himmelserscheinungen, alle Arten optischer Wunderleistungen; eine Darstellung des Himmels und der Sterne; Kometen; Globen wie die von Gottorp aus Jena; Feuerwerk; Wasserspiele; seltsam gestaltete Schiffe; Mandragoren und andere seltene Pflanzen. Ausgefallene und rare Tiere. Königliche Gesellschaften. Bewegte Figuren. Königliche Hofmaschinen und künstliche Pferde. Preise für Schießübungen. Darstellungen von militärischen Operationen. Errichtete Befestigungsanlagen, Hebevorrichtungen, Gestelle. Auf dem Theater: Nächstenliebe, Grausamkeit, usw. Alles von Künstlern nachgemacht, so wie ich gesehen habe, daß ein Meister der Befestigungsanlagen ihren Gebrauch erklärt und den ganzen ungeliebten Krieg. Übungen der Infanterie von Martinet. Übungen der Kavallerie. Kleine Seemanöver auf dem Kanal. Ausgefallene Konzerte. Seltene Musikinstrumente. Sprechende Trompeten. Kronleuchter und besonders gestaltetes Gestein. Die Ausstellung könnte immer begleitet sein von Dramen oder Komödien. Natürliches Theater und künstliches. Spiele. Schwimmen. Besondere Seiltänzer. Salto mortale. Zeigen, wie ein Kind ein großes Gewicht mit einem Faden hebt. Anatomisches Theater. Kräutergärten, danach Laboratorien. Und neben den öffentlichen Ausstellungen wird es besondere geben, wie die der Rechenmaschinen, und dann Gemälde, Medaillen, Bibliotheken. Neue Experimente mit dem Wasser, der Luft und dem Unterdruck, für die große Ausstellung auch die Maschine des Herrn Guericke: 24 Pferde usw. für die kleinen starken Kugeln. [...] Man könnte gewisse Kostbarkeiten verteilen [...] Man zeigt eine Transfusion und eine Infusion. Auch soll man den Besuchern einen Urlaub gewähren, damit sie nach Belieben am folgenden Tag zurückkehren können [...] Den Engländer kann man einladen, der das Feuer schluckt, falls er noch lebt. Abends sollte man den Mond und die Sterne durch ein Teleskop betrachten können [...] Man könnte Maschinen erproben, die auf einen beliebig gegebenen Punkt schiessen. Eine Ausstellung der Muskeln, Nerven, des Skelettes, die Maschine des menschlichen Körpers. Die Insekten des Herrn Swammerdam [...] Unterhaltsame Vorträge und Diskussionen. Die Kamera Obscura. [...] Volksbelustigungen. [...] Gemälde auf durchsichtigem Papier und vor brennenden Lampen. Man könnte (Papier-) Figuren haben, die sich bewegen, von innen erleuchtet, damit man ihre Bemalung erkennen würde. Für die Laterna Magica sollte man nicht allein einfache Gemälde auf Transparent benutzen, sondern aufgeteilt auch ausgefallene und groteske Bewegungen zeigen, wie sie die Künstler zu machen verstehen. Pferdeballett. [...] Maschinen der Künste, wie ich sie in Deutschland gesehen habe. Starke Brennspiegel für Feuer [...] Schachspiel [...] Aufzüge, wie sie in Deutschland Mode sind. Man könnte andere Spiele vorbereiten und in großem Stile durchführen. Eine Komödie sollte aufgeführt werden parallel zu den Spielvergnügen aller Länder. Die Menschen üben sich darin, einander zu imitieren, dies könnte im Haus Jeu de Paume stattfinden oder in anderen, und man könnte dafür vielleicht eine neue Art von nützlichen Spielen erfinden. Am Ende könnte man eine

Akademie der Gymnastik gründen und Schulen für die Jugend, vielleicht könnten sie sich verbinden mit den Schulen der vier Bereiche. Spiele der Moden, ein Wettbewerb aller Länder. Eine indische Komödie, eine türkische, eine persische, usw. Komödien der Handwerker, eine für jedes Gewerbe, in denen sie ihren Wohnsitz, besondere Einfälle, Scherze, Meisterwerke, Vorschriften und ausgefallene Moden präsentieren könnten. Und neben den italienischen Possenreissern sollte man französische suchen, deren Clownerien um ein vielfaches lustiger sind. Fliegende und feuerspeiende Drachen, aus durchsichtigem Papier, erleuchtet. Windmühlen in vollem Wind, [...] Wagen mit Segeln aus Holland oder besser noch aus China. Instrumente, die von selbst musizieren. Edelsteine. Die Maschine von Hauz: eine Kavallerie und dagegen eine Abteilung Infanterie, die sich bekämpfen. Das Experiment, in dem man ein Glas durch Töne zerspringen läßt. Petter sollte kommen. Die Erfindungen von Herrn Weigel. Die Gleichförmigkeit der Pendelschwingungen sollte gezeigt werden. Dann die Kugeln des Herrn Guericke. Jagdgesellschaften. Kartenkunststücke. Dies könnte man in den Komödien machen. Das Spiel eines Gauklers. Am Ende könnte die Oper sich damit verbinden und mit vielen anderen Dingen. Handlungen in den Komödien nach italienischer und deutscher Mode [...] Den Vorhang zu schließen, wäre keine schlechte Idee während der Pause. Man könnte dann irgendetwas im Dämmerlicht zeigen, und die Laterna Magica könnte dazu dienen. Ein Spiel von transparenten Marionetten liesse sich aufführen, begleitet von Versen und Liedern. Man könnte eine Präsentation antiker Veduten aus Rom und anderen Städten geben. Und von berühmten Persönlichkeiten. Am Ende noch von allen möglichen Dingen.

Der Nutzen dieser Unternehmung wäre viel größer als man sich das vorstellen kann, im allgemeinen wie im besonderen. Im Allgemeinen würde man dem Volk die Augen öffnen, es dann für die Erfindungen begeistern, ihm schöne Ausblicke gewähren, die Welt unterrichten von ungezählten nützlichen und kunstvollen Neuigkeiten. Alle diejenigen, welche eine neue Erfindung oder einen kunstvollen Plan vorstellen wollen, können kommen und sich hier treffen, um an ihrer Arbeit zu verdienen, indem sie sie bekannt machen und dann daraus Profit ziehen; die Ausstellung würde ein allgemeines Vermittlungsbüro für Erfindungen sein. Dazu hätte man auch noch ein Theater mit allen nur vorstellbaren

> Dingen. Einen Tierpark. Einfache Maschinen. Ein Observatorium, ein anatomisches Theater. Raritäten-Kabinette. Alle Neugierigen würden kommen. Dies wäre das Mittel, um die Sachen zu finanzieren. Man würde die Akademien hier zusammenbringen, die Schulen, das Jeu de Paume und die anderen, Konzerte, Galerien mit Gemälden. Gespräche und Vorlesungen. Der Nutzen im Besonderen wäre offenbar gewaltig. Die optischen Kuriositäten würden kaum etwas kosten und wären doch ein großer Teil der Erfindungen. Alle Angehörigen der Gesellschaft würden diese Kuriositäten sehen wollen, um darüber reden zu können. Selbst die großen Damen würden dorthin ausgeführt werden wollen, und dies mehr als einmal. Man wäre dadurch ermuntert, die Sache weiter voranzutreiben, und es wäre gut, wenn diejenigen, die sie unternähmen, sich in aller Stille zusammenfinden würden in den anderen großen Städten oder wichtigen Höfen wie Rom, Venedig, Wien, Amsterdam, Hamburg; durch die Beziehungen dieser Leute erhielte man Privilegien der Könige und der Republiken. Dies würde auch noch dazu dienen, daß sich eine Versammlung der Akademien der Wissenschaften etablieren könnte, die sich selbst unterhalten und nicht nachlassen würde, schöne Sachen zu produzieren. Vielleicht würden auch die neugierigen Prinzen und die berühmten Persönlichkeiten aus ihren Mitteln zum öffentlichen Wohl und Wachstum der Wissenschaften beitragen. Am Ende wäre die ganze Welt alarmiert und aufgeweckt, und das Unternehmen hätte die schönsten und wichtigsten Fortsetzungen, die man sich nur vorstellen könnte und die eines Tages vielleicht von der Nachwelt bewundert würden.
> (Leibniz 1906; aus dem Französischen übersetzt von Werner Künzel)

Was Leibniz uns hier präsentiert, ist mehr als ein Theater der Welt, mehr als ein universeller Jahrmarkt: Dies Festival der Erfindungen und Erfinder par excellence funktioniert wie eine internationale Messe. Nichts zeitgenössisch Aufregendes wurde von Leibniz übersehen, der gesamte Kanon der Wissenschaften und Künste wird integriert. Von den anatomischen Revolutionen der neuen Medizin bis zur experimentellen Physik, vom allgemeinen Maschinenbau über spezielle optische Instrumente bis zum philosophischen Disput, alles soll an einem Ort versammelt werden. Paris, Zentrum der Wissenschaften im Barock.

Und das Ganze zu einer besonderen Zeit: Inmitten der schönen Künste, zwischen Theaterspielen und Gemäldegalerien plant Leibniz die Totalität der Welt mit aller nur denkbaren Wucht. Denn die Geräte und Apparaturen des modernen Krieges fehlen auf der geplanten Ausstellung so wenig wie die des alltäglichen Handwerks, und Rechenmaschinen begegnen Spielautomaten. Keine barocke Invention, die er hier nicht erwähnt hätte. Eine einzige Hymne auf die Vielfalt und den Reichtum des herrschenden Geistes, Zeit des absolutistischen Glanzes in Paris.

Aber Leibniz ist ein realistischer Planer, er weiß um die Notwendigkeit und die Schwierigkeit eines Konzeptes, solch eine Weltausstellung zu finanzieren. Er sieht die organisatorischen Probleme und die Chancen, die Fragen der Protektion und die Möglichkeiten der Erfinder, sich und all ihre Erfindungen zu präsentieren. Die ganze Veranstaltung ist dabei jedoch zweifellos auch eine Medieninszenierung: keine Kunst oder Wissenschaft, keinerlei Erfindung, die sich nicht im Stil der neuen Medien präsentieren würde. Wo aber solch ein brisanter Markt geöffnet werden soll, da darf die Versammlung der wissenschaftlichen Akademien Europas nicht fehlen. Denn dieser Markt ist die Mutter der Inventionen. Für Leibniz ist es bereits der erstarkende Weltmarkt, und in der Planung des Philosophen begegnet er sich selbst in einer fiktiven Ausstellung in Paris, schon 1675.

V. Paris – London, die große Konkurrenz

»Paris, die Hauptstadt des 19. Jahrhunderts«? Walter Benjamins berühmter Essay präsentiert in seinem Titel bereits die zentrale Fragestellung: Und es ist sicherlich der besondere Blick des Theoretikers, der diese Formulierung nahelegte. Der Techniker aber, für den die französische Revolution und das Auftreten Napoleons mit all seinen Folgen gleichsam nur den Hintergrund der industriellen Entwicklung markiert, dieser Techniker liest eine andere Geschichte, die Geschichte der Maschinen.

Da es hier nicht darum gehen kann, Benjamins beinahe romantische Vorliebe für das von ihm – gerade als Exil – geliebte Paris zu kritisieren, kommen wir gleich auf den entscheidenden

Punkt: Das Thema der Weltausstellungen im 19. Jahrhundert muß nämlich aus der Konkurrenz zwischen den beiden bedeutenden Metropolen London und Paris begriffen werden. Die Entwicklung wie die Präsentation der europäischen Maschinenkultur ist von diesen Städten nicht zu trennen. Was die Eisenbahnen verbinden, sind die Zentren der Produktion und Konsumtion. Rechenmaschinen werden in den Städten erfunden und gebraucht – an den Orten, wo der Handel floriert, wächst der Bedarf an Rechenoperationen aller Art. Die in beiden Städten stattfindenden konkurrierenden Weltausstellungen aber beschleunigen den Kreislauf der industriellen Entwicklung auf besondere Weise, sie präsentieren das Neue in jeder Produktion.

Wenn Charles Babbage im Jahre 1832 seine Lobeshymne auf das organisatorische Prinzip der Arbeitsteilung anstimmt, nimmt er seinen Ausgang in Paris: Dort wurde nämlich, wie er begeistert schildert, innerhalb der Produktion eines großen mathematischen Tafelwerkes dieses Prinzip in den Prozeß der geistigen Tätigkeit hineingetragen. Der gesamte Rechenvorgang wurde zerlegt, und Gruppen von »Arbeitern« führten die einzelnen Operationen aus, deren Zwischenresultate dann zu einem Ganzen montiert werden mußten. In der Erfindung seiner beiden Rechenmaschinen ist die explizit arbeitsteilige Organisation die notwendige Bedingung ihres Funktionierens, und Babbage sieht darin die Krönung des Prinzips. Für ihn ist die Rechenmaschine der Triumph des Geistes mit den Mitteln der Ökonomie: die Entfaltung des ungehinderten weltweiten Warentausches bleibt verschränkt mit einer freizügigen Entwicklung und Planung von mechanischen Experimenten. Methoden und Produktionsweisen sind dabei die Waren der Kommunikation, auf den Weltausstellungen finden sie ihre Kristallisation.

Exkurs II

Charles Babbage: Die Ausstellung von 1851 oder Einblicke in die Industrie, die Wissenschaften und das Staatswesen Englands

Vorwort zur ersten Ausgabe

England hat die zivilisierte Welt eingeladen, damit sie in seinem großen kommerziellen Zentrum zusammentreffen kann. Und dabei hat es in friedlicher Rivalität aufgefordert, zum allgemeinen Vorteil Aller die Güter zu zeigen, die jede Nation als Geschenk der Natur erhalten hat und mit denen sie als Rohstoffe durch eine industrielle Bearbeitung weiteren Nutzen hervorbringen.

Diese allgemein akzeptierte Einladung wird aus jedem Erdteil mehr an Menschen zusammenbringen, als dies jemals in einer Stadt des Westens geschehen ist: und die willkommenen Besucher werden mehr Zeit und Gelegenheit zur Beobachtung haben, als das bisher je erforderlich war zu einer anderen Begebenheit. Der Politiker und der Philosoph, der Industrielle und der Händler, sowie alle aufgeklärten Beobachter der menschlichen Natur sollten die Möglichkeiten ihres Besuches dieser Darstellung der friedlichen Künste nutzen, um einen genaueren Einblick in den Stand der Industrie, der Wissenschaften, Institutionen und der Regierung dieses Staates zu erhalten. [...]

Der Triumph der industriellen Produktion wird den Fortschritt in der Zivilisierung schneller vorantreiben, als das ihre größten Befürworter gehofft hatten, und er wird einen weitaus wichtigeren Beitrag leisten zum permanenten Wachstum und zur Stärke der Nation als es der glänzendste Sieg eines erfolgreichen Krieges könnte. Die damit hervorgerufenen Einflüsse wie die entwickelten Wissenschaften werden auf lange Sicht ihre positiven Effekte in den Ländern stärker verbreiten als diejenigen, welche das Zepter Englands regiert.

Kapitel 2: Ein Irrtum über den Austausch von Waren

[...]

Das allgemeine Ergebnis der Untersuchungen, von denen ich nur die Grundzüge skizziert habe, ist zunächst einmal, daß der freie und unbegrenzte Austausch von Waren zwischen Nationen zum Vorteil und Reichtum aller beiträgt; dann aber, daß dieser Nutzen nicht als ein Opfer einer Nation zugunsten des Profits einer anderen erwächst; sondern daß die Summe der produktiven Kräfte der Menschheit durch dieses Mittel ohne ansteigende Arbeit in der ganzen Welt beträchtlich zunimmt; und daß dieser Zuwachs einerseits gewonnen wird durch die Bekämpfung der Unwissenheit und des Betrugs, andererseits jedoch durch die vereinigten Kräfte von Industrie, Handwerk und Wissenschaften, welche die Natur zwingen, dem Menschen zu dienen.

Alle, welche der Wahrheit dieser Prinzipien zustimmen, müssen ein tiefes Bedürfnis fühlen, ihre Verbreitung unter den Bevölkerungen der Nationen nach Kräften zu unterstützen. Schulbildung ist die früheste und wirkungsvollste Hilfe dabei; aber es muß eine weltlich ausgerichtete sein. Es soll die Bildung der Fähigkeiten eines jeden Kindes sein, die das respektiert, was das Kind im späteren Laufe seines Lebens an Bedürfnissen entwikkeln mag. Die Religion eines ungebildeten und nicht aufgeklärten Menschen, selbst wenn es eine wahre ist, hat ihren Teil an der Natur des Aberglaubens, und die Unterweisung in religiöser Wahrheit allein wird niemals ausreichen: sein Bewußtsein muß geöffnet werden und er braucht die Kenntnis anderer Bereiche. [...]

Kapitel 13: Rechenmaschinen

Es ist keine schlechte Definition des Menschen, wenn man ihn als das werkzeugproduzierende Lebewesen begreift. Seine frühesten Erfindungen, mit denen er sein unzivilisiertes Leben erträglicher gestaltet hat, waren Werkzeuge der einfachsten und gröbsten Konstruktion. Seine letzten Errungenschaften dagegen im Einsatz von Maschinen, nicht allein zur Entlastung der menschlichen Hand, sondern auch für die Bereiche des menschlichen Verstandes, finden ihre Grundlagen im Gebrauch von Werkzeugen einer noch höheren Ordnung.

Die erfolgreiche Konstruktion jeder Art von Maschine aber hängt ab von der Perfektion der eingesetzten Werkzeuge, und wer auch immer ein Meister ist in der Kunst der Werkzeugfertigung, der besitzt den Schlüssel zum Bau sämtlicher Maschinentypen.

Der Kristallpalast und all sein wunderbarer Inhalt verdanken ihre Existenz den Werkzeugen als physikalischen Mitteln – und dem Intellekt als der führenden Kraft, gleichmäßig entwickelt durch die Arbeiten der Industrie oder die Objekte des Geschmacks. Deshalb muß die Erfindung und die Konstruktion von Werkzeugen immer oben stehen in der Rangfolge industrieller Künste.

Die nächste Stufe im Fortschritt jener Künste ist gleichfalls notwendig für das Voranschreiten beider. Es ist die Kunst der Zeichnung. Hier jedoch beginnt eine Abweichung: Die Zeichnungen des Künstlers sind grundsätzlich verschieden von denen eines Mechanikers. Die graphischen Arbeiten des letzteren sind geometrische Projektionen und daher in allen Bereichen der Mechanik von größter Bedeutung. Die Mittel dieser mechanischen Zeichnung sind längst noch nicht ausreichend erkundet: mit dem großen Fortschritt, den die Maschinenkultur jetzt aber macht, wird es notwendig werden, ihre Möglichkeiten zu erweitern durch praktische wie philosophische Regeln, damit die stummen Beziehungen zwischen den einzelnen Teilen einer Maschine mit der Hilfe von Zeichen und Buchstaben deutlicher ausgedrückt werden können.

In dem Maße, wie wir fortschreiten zum Bau von Maschinen für immer komplexere Objekte, genau in dem Maße entstehen Anforderungen, welche die ganze weitere Entwicklung stoppen würden, könnten wir sie nicht erfüllen. Es wird notwendig sein, daß wir mit einem einzigen Blick nicht nur jede einzelne aufeinanderfolgende Bewegung eines beliebigen von tausend verschiedenen Teilen sehen, sondern daß wir auch alle ihre simultanen Aktionen prüfen können. Diese Anforderungen ließen die Mechanische Notation entstehen, eine Sprache von Zeichen, die, erfunden für ein Projekt, so umfassend ist in ihrer Natur, daß sie für viele weitere anwendbar bleibt. Falls die Gesamtheit aller Fakten einer See- oder Landschlacht gegeben wäre, die Mechanische Notation würde ihre Beschreibung ermöglichen geradeso wie die Konstruktion einer beliebigen komplexen Maschine.

Diese kleine Skizze habe ich angefertigt, um die Aufmerksamkeit gezielt auf einen wichtigen Punkt zu richten, an dem England alle anderen Nationen übertrifft – auf die Art und Weise nämlich, Werkzeuge zu erfinden und herzustellen. Eine Kunst, die meiner Beobachtung nach kontinuierlich intensiviert worden ist bei der Erfindung und Konstruktion der Rechenmaschinen.

Als ich die erste Idee hatte, mechanische Mittel zu erfinden, um Berechnungen aller Arten von astronomischen und arithmetischen Tabellen durchzuführen, war ich zunächst damit zufrieden, einfache Zeichnungen anzufertigen und kleine Modelle einzelner Teile zu bilden. [...]

Nachdem ich alle Hilfsmittel der bestehenden Werkstätten geprüft hatte, kam ich zu der Überzeugung, daß es, wenn ich Erfolg haben wollte, notwendig sein würde, die Methode der Konstruktion selbst voranzutreiben. Ich glaubte fest daran, daß jene Studien, mit deren Hilfe ich in der Lage war, mechanische Lösungen für neue Anforderungen zu erfinden, ebenfalls nützlich sein würden bei der Erfindung neuer Werkzeuge oder bei neuen Methoden, um die alten anzuwenden.

In der ganzen Zeit, in der die Konstruktion der Differenzmaschine ausgeführt wurde, machte ich mir die folgende Arbeitsweise zu eigen. Jedesmal, wenn eine Zeichnung angefertigt war, gab es eine neue Untersuchung, um festzustellen, mit welchen mechanischen Mitteln die einzelnen Teile geformt werden könnten. Gelegentliche Skizzen oder neue Zeichnungen wurden zu dem Zweck gemacht, Werkzeuge oder neue mechanische Arrangements zu konstruieren. Dieser Prozeß brachte häufig eine einfachere Weise der Konstruktion hervor, und somit wurden die ursprünglichen Erfindungen verbessert. In der gleichen Zeit waren Arbeiter mit den besten handwerklichen Fähigkeiten fortwährend beschäftigt, die benötigten Werkzeuge zu produzieren und gleich danach die selben Werkzeuge bei der Konstruktion von Teilen der Maschine einzusetzen. Das Wissen, das sich diese Arbeiter dabei aneigneten, in vielen Fällen gereift durch eigene Erfahrung und oft vielleicht geprüft durch eigenen Scharfsinn, wurde damit aber gleichzeitig weit verteilt auf andere Werkstätten. [...]

Da eine kleine Übersicht über den Zustand der Zeichnungen der Analytischen Maschine für manche meiner Leser interessant sein dürfte, werde ich von einigen der großen Abteilungen der Maschine berichten.

Arithmetische Addition. – Etwa ein Dutzend Pläne der unterschiedlichsten mechanischen Bewegungen sind gezeichnet worden. [...]

Übertragung der Zehnerstellen. – Eine größere Menge an Zeichnungen stellen die Arten der Zehnerübertragung dar. Es gibt dabei zwei Klassen, in der einen geschieht die Übertragung aufeinanderfolgend, in der anderen gleichzeitig [...]

Multiplikation mit der Zehn. – Dies ist ein sehr wichtiger

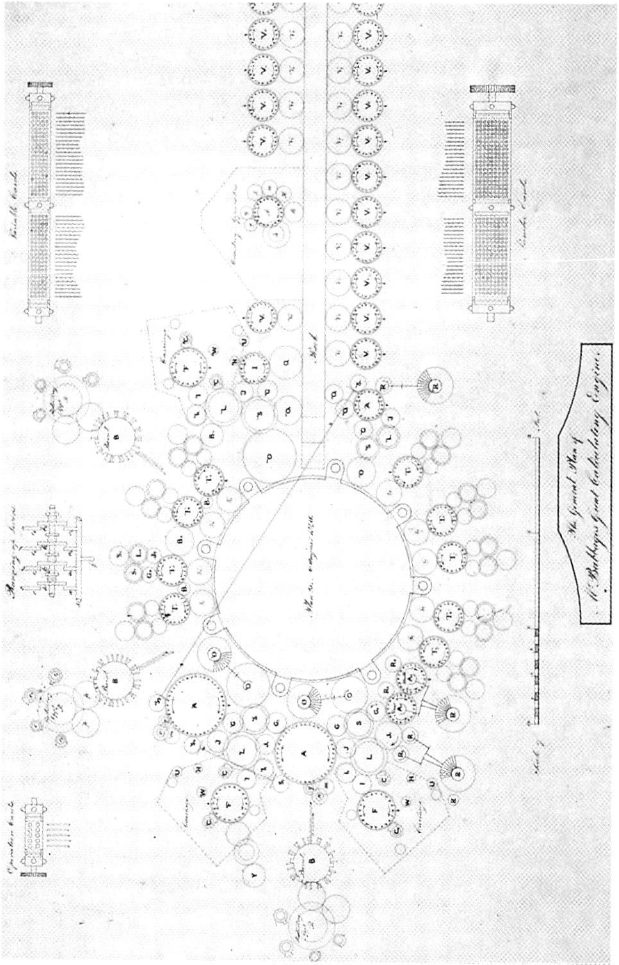

Abb. 19 Generalplan der Analytical Engine von 1840. Science Museum, London

Prozeß, der aber leicht geplant werden kann. Drei Arten sind gezeichnet worden, Probleme gab es hauptsächlich bei der Konstruktion [...]

Stellenzählerapparat. – Es ist notwendig, daß die Maschine die Ziffern der Zahlen zählt, welche sie multipliziert und dividiert, und daß sie dies Ergebnis korrekt mit der Anzahl der gebrauchten Dezimalstellen verbindet. [...]

Rechenwerk. – Das ist eine Apparatur einer allgemeineren Ordnung, sie behandelt die Indizes der Funktionen und die Entscheidung über Wiederholungen und Bewegungen der Jacquard-Karten, von deren Eingaben die algebraischen Entwicklungen und Funktionen abhängig sind. [...]

Auswahlmechanismus. – Das so benannte Objekt eines Systems von Erfindungen hat die Aufgabe, für die Operation der arithmetischen Division den passenden Wert auszuwählen, der dann fortwährend subtrahiert werden muß. Dies ist eines der schwierigsten Teile der Maschine und dazu sind viele verschiedene Pläne erstellt worden. [...]

Registrierapparatur. – Sie ist notwendig, um den entstehenden Quotienten aufzuschreiben. [...]

Algebraische Zeichen. – Die Mittel, solche Zeichen zu kombinieren, sind sehr einfach und wurden graphisch dargestellt.

Durchgang durch Null und Unendlich. – Dies ist einer der wichtigsten Teile der Maschine, da er zu einer vollkommen anderen Aktion führen kann, als sie die eingegebene Aufgabe vorsah.

Walzen und Trommeln. – Das sind Erfindungen, mit denen oft benötigte mechanische Aktionen gruppiert werden können. Manchmal werden sie von Karten aus gesteuert, mitunter steuern sie sich selbst, und gelegentlich wird ihre Steuerung durch den Null-Apparat unterbrochen. [...]

Allgemeine Pläne. – Zeichnungen aller notwendigen Teile der Analytischen Maschine sind in verschiedener Form angefertigt worden. Nicht weniger als dreißig unterschiedliche allgemeine Pläne wurden ersonnen und gezeichnet, um die einzelnen Teile miteinander zu verbinden. Ein oder zwei Pläne sind sehr weit fortgeschritten. Nummer 25 wurde lithographiert im Jahre 1840 in Paris.

(Babbage 1851; aus dem Englischen übersetzt von Werner Künzel)

VI. Der Maschinenraum: Vom Dampfkessel zur Rechenmaschine

Der Raum ist erobert und besetzt. Die ganze Maschine in allen Teilen kartographiert. Was bleibt, sind präzise bestimmbare Funktionen und Fragen nach technischen Bedingungen. In diesem Sinne unterscheidet sich die Produktion einer Lokomotive von der einer Rechenmaschine nur unwesentlich. Das Fundament dieser Produktion liegt in der Aufschreibbarkeit der Maschine als einer differenzierbaren Einheit: jeder Zustand, jede Funktion und jede Kopplung wird schriftlich fixiert.

Babbage erfindet neue Methoden der technischen Zeichnungen und der Erstellung von Konstruktionsplänen zur Verfeinerung der Produktionsweise von Werkzeugen und Maschinen. Seine eigene Bezeichnungsweise, die »Mechanische Notation«, ermöglicht die Beschreibung einer Maschine wie einen Zusammenhang von Formeln. Eine mechanische Rechenmaschine jedoch – nicht anders ein elektronischer Computer – ist immer als komplexe aber endliche Formelverknüpfung aufschreibbar, in all seinen Hardware-Teilen und in all den Funktionszuständen seiner Software.

Eisen, Glas und Feuer: Als echtes Kind seiner Zeit plante Babbage Rechenmaschinen, angetrieben von »steam-power«. In den Bahnhöfen sahen wir die wahren Kathedralen des 19. Jahrhunderts – der Londoner Kristallpalast als architektonisches Schmuckstück der Weltausstellung von 1851 wurde zum Tempel der neuen Maschinengattung.

> [...] so müssen wir doch noch an eine andere und höhere Wissenschaft erinnern, welche, selbst noch unerschöpflicher, mit Riesenschritten voreilt und, nachdem sie die mächtigen Massen des Universums erfaßt und ihrer Bahnen Gesetze aufgefunden, uns in ihrer concisen Sprache Ausdrücke gegeben hat, die als Geschichte der Vergangenheit, wie als Verkündigung der Zukunft gelten. Dieselbe Wissenschaft breitet gegenwärtig ihre Gesetze auf die kleinsten Atome aus, welche die Natur erschuf; schon hat sie den Aether sich fast unterworfen und alle die verwickelten und glänzenden Erscheinungen des Lichtes zu einem harmonischen Systeme verbunden. Es ist die Wissenschaft

des Calculs, die bei jeder Sprosse unseres Fortschreitens immer notwendiger wird, und welche zuletzt alle Anwendungen der Wissenschaft auf die Gewerbe des Lebens beherrschen wird. (Babbage 1833: 414f.)

Erinnerungen aus der Zukunft. Zur Grammatik der Zeitmaschinen

TOBIES. Wie stehts denn am politischen Himmel, Herr Schulmeister? Was sagen die neuen Zeitungen? Hat der Grieche gewonnen? Ist der Erbfeind verjagt?
SCHULMEISTER. Die Aspekten sind nicht ungünstig. Der hamburgische Unparteiische hat schon wieder 30 000 Türken totgeschlagen, und der nürnberger Korrespondent fährt unermüdlich fort, die griechischen Jungfrauen der edelsten Geschlechter zu notzüchtigen; auch flüstert man sich aus zuverlässigen Quellen in die Ohren, daß das auseinandergelaufene Heer des Ypsilanti am 25sten künftigen Monats in einer großen Bataille gesiegt hat.
TOBIES (Nase und Maul aufsperrend). Am 25sten künftigen –?
SCHULMEISTER. Wundern Sie sich nicht, Herr Tobies! Die Kuriere gehen rasch! Verbesserte Poststraßen, verbesserte Poststraßen!
TOBIES. Jesus Christus! so'ne Poststraße, worauf der Kurier einen Monat vorausläuft, möchte ich vor meinem Tode wohl 'mal sehen!

Christian Dietrich Grabbe

Dem Manne kann geholfen werden. Denn bei Gott ist kein Ding unmöglich, schon gar nicht, wenn er Richard heißt. Der Astrophysiker Richard Gott hat kürzlich mit den Mitteln der Relativitätstheorie vorgerechnet, unter welchen kosmologischen Voraussetzungen die Zeit nicht mehr als eine Gerade, sondern als gekrümmte Kurve verlaufen würde (vgl. Science vol. 256). In einer solchen Zeitkurve bräuchte man bloß die Abkürzung zu nehmen, so wäre man auf einer entscheidend verbesserten Poststraße und steuerte auf direktem Wege in die Vergangenheit oder aber in die Zukunft, je nachdem.

Allerdings wären damit die Probleme von Grabbes Postkurier noch nicht erledigt. Nehmen wir an, er würde diese von Stephen W. Hawking zwar demontierte, aber jeden Verkehrsteilnehmer völlig überzeugende Idee aufgreifen und eine Abkürzung durch die Zeitkurve fahren. Er wäre beispielsweise dem 19. Mai 1821 um einen Monat voraus und wüßte bereits von der Schlacht des griechischen Generals Alexander Hypsilantis am 19. Juni 1821 zu berichten. Für diese Berichterstattung müßte er aus der Zukunft in die Gegenwart zurückkehren, also gegen den Strom der Zeit. Nehmen wir an, diese Reise wäre möglich, so bliebe immer noch ein fundamentales Problem nachrichtentechnischer Art, über welches der Begründer der Kybernetik Norbert Wiener meditiert hat. Dieses Problem liegt in der Gerichtetheit der Zeit. Während nämlich die normalen Sterblichen sich vom Gestern durch das Heute auf das Morgen hin voranbewegen, hätte dieser Bote mitsamt seiner Botschaft die umgekehrte Zeitrichtung. Er käme vom Übermorgen durch das Morgen zurück zum Heute. Bei dieser Zeitreise würden ihm merkwürdige Dinge begegnen: Er würde sehen, wie die toten Soldaten des Generals Hypsilantis ins Leben zurückkehren und wie eine leere Schnapsflasche am Mund von Grabbes Schulmeister sich füllt. Darüber hinaus aber würde diese umgekehrte Zeitrichtung sich auf zwei Ebenen völlig fatal auswirken. Erstens verliefe die zeitliche Abfolge seiner Sprachzeichen gegensinnig. Er müßte also ständig Palindrome schreiben, um zumindest eine theoretische Chance zur Verständigung zu haben –

.ein negeR mi tgaz ellezaG tim regeN niE:

Doch wäre damit nichts gewonnen, denn bis zum Ausdruck dieser Zeichenkette würde es erst gar nicht kommen. Auch die Reihenfolge von Ursache und Wirkung erschiene nämlich umgekehrt. Der Bote würde den Mund nur öffnen, um das Wort zu verschlucken, den Stift nur über das Blatt führen, um den Text zu löschen. Und die Mitteilungsbedürfnisse der anderen, der Zurückgebliebenen hätten aus seiner Perspektive die nämliche Fatalität an sich. Jeder Kommunikationsversuch wäre auf der Stelle die Vernichtung seiner selbst. Systeme mit gegensinniger Zeitrichtung können niemals miteinander kommunizieren – so lautet der Beweis des Kybernetikers (Wiener, N. 1968: 58). Jeder kann ihn leicht begreifen, doch keiner hält sich dran. Wir werden sehen, warum.

I. Transitwege

Die naheliegende Vermutung, Science sei die beste Sciencefiction, trifft nicht immer zu. Doch erweisen sich im Gegenzug manche Phantasien der Dichter als die nüchternsten Bestandsaufnahmen. Grabbes absurder Text ist in gewisser Hinsicht blanker Realismus. Das von ihm skizzierte Dreieck aus Krieg, Medien und Beschleunigung sollte im 20. Jahrhundert auf das Grausigste bestätigt werden. Der totale Krieg ist ein Informationskrieg geworden und geht mit der totalen Beschleunigung in Lichtgeschwindigkeit einher. Gewiß – der Wettlauf mit der Zeit, den das 19. Jahrhundert eröffnete, ist nicht in dem Sinne gewonnen worden, daß wir sie überholen und in Gegenrichtung zurückkehren könnten. Bislang stehen die toten Soldaten nicht wieder auf. Das Leben menschlicher Körper gleicht keinem Pendel, das vor- und zurückschwingt, sondern es folgt dem einsinnigen Zeitpfeil. Der Tod wurde also nicht Leben, doch etwas gänzlich anderes ist mit ihm geschehen: er wurde live.

Tertium datur! Die entscheidende Beschleunigung hat gar nicht bei den energetischen Antriebsmaschinen stattgefunden, sondern bei den Informationsmaschinen. Dort gibt es ein Drittes, das weder Tod noch Leben ist, weil es beide überholt. Der Live-Bericht vom Schlachtfeld, der live gesendete Mord im Reality TV sind in dieser Sphäre angesiedelt, einem transitorischen Zwischenreich, einem Raum der Trans-Mission und der Trans-Lation. An der »translation«, dem Übersetzungsverhältnis der beiden Wörter »Leben« und »live«, zeigt sich eine fundamentale Differenz, eine Falte des Diskurses, die es zu entfalten gilt. In ihr verbirgt sich eine Zeitmaschine, von der Naturwissenschaftler nichts wissen.

Plötzlich existiert ein Mensch verdoppelt: Einmal in Fleisch und Blut und wie jeder andere zu 70% aus Wasser bestehend; das andere Mal als Medienereignis, digitalisiert und 100%

elektronisch. Lebendig ist er hier, live dort im Kanal. Lebendig ist er einfach so, live aber erst in elektronische Impulse übersetzt, in Speichern festgehalten und auf Monitoren realisiert. Ein Band läuft mit und speichert jeden Vorgang parallel. Mithin ist beides da: Gedächtnisspeicherung sowie paralleles Bild. Und in der Überlagerung der beiden steckt der ganze Unterschied von lebendigem Dasein und Live-Dasein. Das Live-Dasein steht immer schon unter der Form der Erinnerung ans bloße Leben. Hier ist in jedem Augenblick der Rückblick auf die Gegenwart bereits vorweggenommen: Erinnerungen aus der Zukunft in nuce.

Was lebt, ist einfach präsent. Was aber live ist, wird präsentiert, d. h.: in antizipierter Nachträglichkeit vorgestellt. Es steckt insgeheim eine Gedächtnisschleife durch die Zukunft darin. Die Dinge verrutschen entlang einer Achse, dessen Zeitindex die pure Science-fiction ist. So verschieben sich ihre Verhältnisse auf einen transitorischen Weg, einen Transitweg, den Soziologen als Modernisierung bezeichnen. Es ist der Kreuzweg der Moderne, der in einer ständigen Transaktion alles in das Trans seines Ursprungs transferiert, transkribiert, transformiert, transplantiert etc. In einer Philosophie der Relationen, wie Michel Serres sie vorgeschlagen hat, wird die Silbe »trans-« zum Grundwort des 20. Jahrhunderts.

Irgendwo in Ecuador, an einer einsamen und ungeteerten Straße in den Bergen, findet sich ein Holzschild mit der Aufschrift »Museo«. Folgt man ihm, so kommt man irgendwann zu der Ausstellung: es ist ein für die Gegend typisches Indianerhaus, mit allen Konstruktionsdetails, mit der Inneneinrichtung, mit Küchengeräten wie Mörsern, Töpfen oder was es sei. Und an jedem Ding klebt ein Etikett mit Namen und Erläuterungen wie in Museen üblich, wo man bekanntlich nichts mehr mit der Hand begreifen darf. Auf der anderen Seite der Straße wohnt der Wächter des Museums – in einem spiegelbildlich gleichen Haus, nur die Etiketten fehlen. Das Haus ist also zweimal da: einmal mit Beschriftungen für jedes Ding und einmal ohne Beschriftungen, im normalen Alltagsgebrauch nämlich. Und doch ist durch diese Verdoppelung auch in dem scheinbar normalen Alltag nichts mehr so ganz normal. Alles steht schon auf der Schwelle zur Musealisierung, wo es nicht mehr einfach präsent ist, sondern unter der Form von Erinnerung präsentiert wird. Kierkegaard hat also recht: Die Wiederholung wiederholt gar nicht. So gerät die sowieso schon verfallende Indianerkultur in den entleerenden Sog des »Trans« von Transformation, von Translation. Den Indianer auf der Schwelle des Museums ereilt die Trostlosigkeit des Transitreisenden, und als Menetekel an der Wand erscheint der Satz: »Das wird Indianerkultur gewesen sein!«

So bricht das Futur 2 ins Präsens ein und spaltet es. Der Mörser ist auf einmal nicht mehr der selbstverständlich benutzte Gebrauchsgegenstand, sondern er gerät auf die Schwelle des Museums, wo er sich verdoppelt: in das sinnlos gewordene Gerät einerseits, in das Bedeutung trans-portierende Etikett andererseits. Dieser Transport an Bedeutung ist entscheidend. Denn bezogen auf den Ursprung ist jedes Etikett ein Etikettenschwindel. Seine bloße Existenz beweist, daß das Leben des Indianers nunmehr unter der Form von Erinnerung auftritt: Erinnerung an die Gegenwart.

»Das wird's gewesen sein« – die Entfaltung dieser Satzstruktur wird uns auf eine Zeitreise schicken.

II. Zeitpfeil, doppelsinnig

In den ausufernden Debatten zum Thema »Zeit«, welche momentan geführt werden, geht es immer wieder um die Frage, ob die Zeit reversibel sei oder nicht. Diese Problemstellung kommt aus der Naturwissenschaft; an ihr zeigt sich die prägende Kraft naturwissenschaftlichen Denkens auf einem Terrain, das lange von der Philosophie und den Geisteswissenschaften dominiert wurde. Wegweisend ist dabei der Terminus »Zeitpfeil«. Arthur Eddington hat ihn 1928 eingeführt, durch die Medienwirksamkeit der Chaostheorie ist er neuerdings populär geworden. Im Kern geht es dabei um ein Skandalon der klassischen Naturgesetze: daß es für sie keinen Unterschied zwischen Vergangenheit und Zukunft gibt. Die Ursache A hat eine Wirkung B, aus welcher die Bewegung wiederum zurücklaufen kann nach A. Die hinabrollende Kugel auf der schiefen Ebene gewinnt so viel an Bewegungsenergie, daß sie im Idealfall eine gleich schiefe Ebene auch wieder hinaufrollen könnte. Bewegungsgesetze gelten in beide Zeitrichtungen: »Die Sphärenmusik ist ein Palindrom, und das Buch der Astronomie liest sich in gleicher Weise vorwärts wie rückwärts. Zwischen der Bewegung eines Planetariums, das vorwärts, und einem, das rückwärts läuft, besteht außer in den Anfangspositionen und -richtungen kein Unterschied.« (Wiener, N. 1968: 54) Man filme dagegen ein naturwüchsiges Ereignis wie das Sprießen einer Pflanze und lasse den Film rückwärts laufen, um auf drastische Weise von der Unmöglichkeit einer solchen Zeitrichtung dieses Geschehens überzeugt zu werden. Hier ist die Zeit nicht reversibel, sondern irreversibel. Hier gilt der Zeitpfeil, der 1928 von Eddington zur Interpretation des zweiten Hauptsatzes der Thermodynamik eingeführt wurde. Denn jeder Zuwachs an Entropie ist ebenso irreversibel wie der Ablauf eines chaotischen Systems unvorhersagbar ist. Beide sind nicht zeitlich umkehrbar. Thermodynamik und Chaostheorie schreiben keine Palindrome.

Ich benenne diese Dinge in aller Kürze und lediglich um anzudeuten, welchen Diskurs ich keinesfalls führen werde. Denn hier geht es um etwas anderes. Wer sich über die verwickelten Zusammenhänge von Zeitpfeil, Entropie, Quantenmechanik und Chaostheorie orientieren möchte, mag das aus berufenem Munde bei Prigogine/Stengers 1993 tun. Ich entnehme dieser Schrift nur einen Hinweis. Die Autoren hoffen nämlich, Lebenszeit und naturwissenschaftliche Weltzeit qua Zeitpfeil versöhnen und die Physik erneut in einen kulturellen Gesamtzusammenhang einbetten zu können. Die Intention mag sympathisch sein, jedoch verkennt sie ein Problem. Denn kulturelle Zeiterfahrung ist über diesen Gegensatz immer schon hinausgewesen, sie erschöpft sich nicht in der Alternative von reversibel oder irreversibel. Gewiß leben die Menschen von der Geburt zum Tod, nicht aber, ohne das Ende rituell vorwegzunehmen. Grabbauten sind (nach Lacans Bemerkung) der Anfang von Kulturen. Sie bauen sich vom Ende her auf dieses zu, um die Sterblichkeit des Lebens lebend zu bedenken. Die zeitliche Doppelstruktur dieser Wendung ist nicht mit der oben skizzierten naturwissenschaftlichen Alternative beschreibbar. Hier bricht die Grammatik des Futur 2 furios in die Verhältnisse hinein und reißt eine Kluft auf,

Abb. 20 Gustave Doré: The New Zealander, 1872

die kein Zeitpfeil überbrückt. Denn hier herrscht das prekärste Verhältnis zur Zeitlichkeit und zur Geschichtlichkeit: Grammatik eines eschatologischen Denkens, das alle Gegenwart vom Ende her bedenkt und die Einsinnigkeit der Zeit durch ihren Gegenpol erfaßt.

»Das Wesen der Zeit liegt in ihrer Einsinnigkeit beschlossen. Geometrisch betrachtet, verläuft die Gerade der Zeit einsinnig.

Die Richtung der Zeitgeraden ist unumkehrbar. Diese Einsinnigkeit teilt die Zeit mit dem Leben. In der Einsinnigkeit und Nichtumkehrbarkeit gründet der Sinn der Zeit wie der Sinn des Lebens. Der Sinn der Einsinnigkeit liegt in der Richtung. Die Richtung ist immer auf ein Ende gerichtet, sonst wäre sie richtungslos. Das Ende aber ist wesentlich Eschaton. So erhellt der Zusammenhang zwischen der Ordnung der Zeit und der eschatologischen Ordnung der Welt.« (Taubes 1947: 3)

Der Satz »Das wird's gewesen sein«, ruht nicht in sich. Unter dem Grammatikbeispiel öffnet sich ein Abgrund, der bislang noch jedes künstliche Gedächtnis in sich verschlingt.

III. Time Bomb Town

Was damit gemeint ist, sei an einem Bild von Gustave Doré entworfen. Es ist die Schlußillustration zu einer Londonreportage aus dem Jahre 1872. Den letzten Blick auf die britische Hauptstadt läßt Doré tausend Jahre später einen Neuseeländer tun. Als ein zukünftiger Historiker der Jetztzeit kommt er von der anderen Seite der Welt. Schwarz hebt sich seine Gestalt von der blendenden Erscheinung eines ruinierten Hier und Jetzt. St. Paul's Cathedral ist zerbrochen; ein kastrierter Stumpf nur ragt als zweiter Turm von Babylon über dieses Trümmerfeld von Babylondon. Towerbridge ist eingestürzt, der Commercial Yard am rechten Bildrand zeigt sich überwuchert. Die Stadt ist am Ende. Sie ist an dem Ende ihrer Geschichte angekommen, von wo aus sich zurückblicken läßt. Die Zeit der Schlachten ist vorbei, der Krieg perfekt. Was nun folgt, ist die Zeit der Geschichtsschreibung, die im epischen Perfekt sprechen würde, wäre sie nicht schon in der Zukunft angesiedelt.

Unter welcher Zeitform also steht der New Zealander Gustave Dorés? Er kommt von der anderen Seite der Welt und aus einer anderen Zeit, der Zeit nach der Katastrophe. Aus dieser Zukunft blickt er zurück auf die blendend ruinöse Gegenwart des Weltmachtzentrums London, wie Gustave Doré sie 1872 im Durchgang durch ihn imaginiert: »looking towards Wren's grand dome, shaping Macaulay's dream of the far future, with the tourist New Zealander upon the broken parapets, contemplating something matching – ›The glory that was Greece – The grandeur that was Rome.‹« (Doré/Jerrold 1872: 190) Es ist der zwischengeschaltete Chronist aus der Zukunft, der den Rückblick auf das Präsens eröffnet. Auf seiner Tafel zeichnet er das Bild der Stadt, das seine zukünftige Gegenwart erst produziert. Er ist der schwarze Projektor für das Lichtbild der Ruinen, welches Doré durch ihn in den Hintergund projiziert. So fliegt die Eule der Minerva schon am hellen Tage, und unter ihrem Flügelschlag zeigt die Gegenwart den Totenschädel. Das Bild vor unseren Augen hat eine Zeitschleife durchlaufen, bevor es aufscheint. Seine Zeit ist die einer antizipierten Nachträglichkeit, der vollendeten Zukunft, des Futur 2. Sein Klartext heißt: »Das wird's gewesen sein!«

Das Futur 2 ist ein antizipierender Gedächtnisspeicher für die Katastrophe der Gegenwart.

IV. Präsens/Präsenz

Science-fiction-Filme verheißen uns technisch hergestellte Erinnerungen aus der Zukunft. Ja, wie denn – sollte es denkbar sein, ein künstliches Gedächtnis zu konstruieren, das in der Zeitform Futur 2 arbeitet? Eine ansatzweise Überlegung dazu findet sich in Paul Valerys »Monsieur Teste«. Es ist der Entwurf eines mechanischen Gedächtnisses, das die Vergangenheit hinter sich verbrennt und einzig durch die Zukunft auf die Gegenwart gerichtet ist. – Es heißt von diesem Monsieur Teste:

»Sein Gedächtnis gab mir viel zu denken. Die Einzelzüge, nach denen ich es beurteilen konnte, ließen mich eine beispiellose geistige Gymnastik vermuten. Es war bei ihm nicht eine Gabe ohnegleichen – es war eine anerzogene oder umgewandelte Begabung. Dies seine eigenen Worte: ›Seit zwanzig Jahren habe ich keine Bücher mehr. Auch meine Papiere verbrannte ich. Ich streiche das Lebendige durch ... Ich behalte, was ich will. Aber das Schwierige liegt nicht hierin. *Das ist's: zu behalten, wessen ich morgen bedürfen werde!* ... Ich habe nach einem mechanischen Sieb gesucht ...‹« (Valery 1927: 18)

Man kennt das Sieb des Eratosthenes von Kyrene (284/274-202/194 v. Chr.): es gibt einen Algorithmus zur Auffindung von Primzahlen an die Hand. Monsieur Teste scheint der Ansicht zu sein, daß es in ähnlicher Weise ein Programm geben müsse, um zu entscheiden, wessen ich morgen bedürfen werde. Dieses müßte im jeweiligen Augenblick die Entscheidung fällen können: »Das wird's gewesen sein, dessen ich morgen bedürfen werde« – was eine schier unmögliche Entscheidung ist! Denn wie soll heute definitiv festgelegt werden, was im Gedächtnis zu behalten ist, weil ich dieses Wissen morgen vielleicht brauchen werde? Diese Frage scheint der Entscheidbarkeit entzogen zu sein, und zwar unter anderem deshalb, weil sich in ihrer Spannung das erst herstellt, was zu ihrer Entscheidung schon vorausgesetzt ist: das morgige Ich. Allein ein Bewußtsein vom Umfang Gottes, das sowohl den Anfang als auch das Ende in sich hätte, könnte sagen, »was ich für das werde gewesen sein, was zu werden ich im Begriff stehe« (Lacan 1973: 143).

Ein Gedächtnis wie ein Sieb, das Monsieur Teste zur Problemlösung sucht, müßte ein Sieb vom Umfang Gottes sein und Seinen Algorithmus ebenso präzise angeben, wie der nervenkranke Daniel Paul Schreber seine hingewunderten Götter beschrieb. In dem vorweggenommenen Blick des Über-Ichs ereilt den Psychotiker die Wahrheit seines heutigen Symptoms, die sich erst morgen hergestellt haben wird. Darum hat der Psychoanalytiker Lacan das Futur 2 die eigentliche Zeit des Unbewußten genannt. Die Wiederkehr des Verdrängten kommt gar nicht aus der Vergangenheit, sondern es kehrt aus der Zukunft wieder. Dieser Blankoscheck ist nicht präsent, er wird uns im Namen des Vaters präsentiert. Mit Seinem Algorithmus zu rechnen und zurück in die Zukunft zu fahren, ist der Normalfall der symbolischen Ordnung.

Solange wir jedoch den Algorithmus Gottvaters nicht real besitzen, zerreißt das Futur 2 die Gegenwart. Es spaltet sie in ihr Material und dessen uneinholbaren, weil erst zukünftigen Bedeutungswert. In den Abgrund dieser Spaltung stürzt die Vergangenheit mit allem, was gewesen ist. Es zählt nicht mehr, was sie einmal war, sondern nur noch, was sie gewesen sein wird für die späteren Totalisierungen. So spielt das Futur 2 als sprachlich vollendete Zukunft Jüngstes Gericht. In seinem Namen verfällt die Macht des Ursprungs dem Sog des Endes und zerreißt dabei die Identität von Präsens und Präsenz. In der immer schon vergangenen Gegenwart ist nur ein Unzeitgemäßes aus der Zukunft noch präsent. Wie eine Furie des Verschwindens löscht der Lesezugriff der vollendeten Zukunft die Speicherungen der Vergangenheit: die Archive brennen lichterloh; London steht vernichtet da; vor zwanzig Jahren schon hat Monsieur Teste die Bücher abgeschafft, seine Papiere zerstört. Seitdem schreibt er sich dadurch fort, daß er »das Lebendige« durchstreicht, als sei es ein Text und als fiele sein Ich-Sagen nicht in diesen Text hinein.

Madame Emilie Teste weiß anderes zu berichten. »Er fällt auf mich zurück, als wäre ich die Erde selber,« schreibt sie einem Freund. »Sein Haupt liegt schwer auf meinem Antlitz, und ich bin Beute der ganzen Gewalt seiner Nerven. Er hat eine Kraft und eine erschreckende Gegenwärtigkeit in den Händen.« (Valery 1927: 57) Der Schrecken, der in dieser Gegenwart präsent ist, entspringt einem medialen Effekt: »Vermittels einer ganz unaussprechlichen Umschaltung fließen seine inneren Willenskräfte in seine harten und entschiedenen Hände über und entladen sich dort.« (Valery 1927: 58)

Zur Fortsetzung des Programms schalten wir um – so legt der Wille zum Futur 2 als impotentes Begehren der Vater-Position masturbatorisch Hand an das Lebendige, das er vorher durchgestrichen hat: Grammatik der Sexualität mit »erschreckender Gegenwärtigkeit«. Welcher Schrecken jedoch in diesem Präsens präsent sei, das ist bei Jean Paul zu erfahren, der im Alter von 35 Jahren eine Biographie seiner noch ausstehenden Lebenshälfte verfaßte: wie er des weiteren gelebt haben wird. Es ist seine Konjektural-Biographie.

V. Eva der Zukunft

In dieser Schrift unternimmt Jean Paul es, die Autobiographie seines Lebensabends zu verfassen. Die Anregung dazu gibt Klopstocks 1747 verfaßte Ode »Die künftige Geliebte«. Das empfindsame Modell des Rückblicks auf die Zukunft nutzt Jean

Paul, um sich den eigenen Lebensabend als ehemaliger Bräutigam zu beschreiben. »Sieh! ich will meine Lebensgeschichte, die mir noch bevorsteht, treu in poetischen Episteln aufsetzen.« (Jean Paul 1798: 80) In dieser Biographie der Zukunft ermahnt er die künftige Braut im voraus, auf den heutigen Tag der vorgreifenden Niederschrift zurückzublicken: »Künftig wirst du dich darauf besinnen müssen, was du gerade heute am Michaelistage jetzt unter der Nachmittagssonne vorgenommen.« (Jean Paul 1798: 94f.) Die jetzige Sonne aber wird zugleich immer schon überblendet worden sein von dem Kopf des Freund Heins, des Todes also, der am Horizont als Sonne aufsteigt.

In jeder Struktur sind die unbesetzten Felder die wichtigsten. Der Horizont aber ist qua Definitionem nicht nur unbesetzt, sondern unbesetzbar. Was dort erscheint, ist übersubjektiv, ist »Phallus« im präzisen Doppelsinn von Lust und Tod. In diesem Licht vollziehen sich Jean Pauls Beschreibungen der zukünftigen Ehefrau. Sie liegen sozusagen in den Windeln der humoristisch formulierten Frage »Wie oft pack ich noch ein, eh' ich eingepackt werde?« (Jean Paul 1798: 80).

Der rückgespiegelte Blick vom Horizont erteilt der Gegenwart den Schock, der sie verdoppelt für die melancholische Meditation von Erinnerungen an sie. Die Kinder verstehen gar nicht, was die Eltern daran finden, weinend beim Andreasfest zu sitzen – sie weinen, weil sie den unmittelbaren Augenblick verloren haben und nur noch unter der Form antizipierter Nachträglichkeit erleben. Diese aber setzt die Gegenwart einer zerreißenden Spannung aus, indem sie sie mit dem letztmöglichen Endpunkt von Erinnerungen aus der Zukunft verknüpft, mit dem Zusammenbruch der symbolischen Ordnung in Lust und Tod. Das Futur 2 präsentiert dem Präsens die Vernichtung seiner Präsenz.

So vollziehen sich Jean Pauls Erinnerungen aus der Zukunft an die Gegenwart, die er auf die prägnante Formel gebracht hat: »Ich sehe mich unaufhörlich um nach der Gegenwart der Lieben.« (Jean Paul 1798: 107) Dieser ständige Rückblick auf die Gegenwart macht alles Gegenwärtige zu Vergangenem. In ihm ist symbolisch durchgespielt, was die heutige Computer-

Industrie real zu machen sucht: die Gedächtnisverarbeitung der Gegenwart in Echtzeit. Wir werden uns daher noch einmal fragen müssen, ob es ein künstliches Gedächtnis geben kann, das im Futur 2 arbeiten würde. Denn in keiner anderen Zeitform sind Erinnerungen an die Gegenwart möglich. Bleiben wir jedoch noch einen Moment bei Jean Paul, wie er sich unaufhörlich umsieht nach der Gegenwart.

Mit großer Innigkeit blickt er zurück darauf, wie er seiner Braut eine elektrische Liebeserklärung unter Strom gemacht haben wird; wie er geheiratet haben wird; wie er mit Weib und Kindern und weinend vor Rührung beim Andreasfest gesessen haben wird; und darüber hinaus: wie er all das schon aufgeschrieben haben wird. Als Transitreisender in der Zeit baut er sich eine Bilderwelt der Zukunft, die an künstliche Ruinen in romantischen Parkanlagen denken läßt. Denn künstliche Ruinen sind gebautes Futur 2. In ihnen läßt sich von Anfang an vom Ende her auf den Anfang zurückblicken. Diese Zeitschleife ist ihnen eingebaut und gibt als Aufbau durch Abbau ein Modell für die paradoxe Bewegung der »Konjektural-Biographie«. Konjekturen im philologischen Sinne meinen ja die Verbesserung eines verderbten Textes im Hinblick auf einen vermutlichen Sinn. Jean Pauls »Konjektural-Biographie« nimmt Konjekturen vor am Text des Lebens im Hinblick auf zukünftige Notwendigkeiten, die der Gegenwart erst ihren Sinn verleihen. Das allerletzte Ende aber ist der Tod, und darum besteht die eigentliche Konjektur darin, den Untergang ins Leben einzutragen und also humoristisch schreiben zu können. Denn für Jean Paul ist der Humor als das umgekehrte Erhabene allemal Galgenhumor. Aus dieser abgründig-humoristischen Doppelung von Leben und Tod, von Lust und Unlust speist sich die Energie, die bei Jean Paul das Futur 2 als symbolische Form hervortreibt.

VI. Phantasie an die Macht

Die Katastrophenbilder der Science-fiction entspringen ihrer Zeitstruktur. Das Futur 2 hat etwas Ruinöses. Es schlägt die Zeit im wahrsten Sinne tot, indem es sie antizipierend zu Ende bringt. Ruinen dienen ihm daher als Zeit-Zeichen.

1748 ließ Friedrich der Große gegenüber von Schloß Sanssouci Ruinenprospekte aufstellen, die ihm die Aussicht zugleich verbauen und eröffnen sollten – Aussichten im übertragenen Sinne. Nach Knobelsdorffschen Plänen entstanden ein Stück der Rundwand eines alten Amphitheaters und ein kleiner runder, nett ruinierter Tempel mit sechzehn dorischen Säulen. Die weitere Ruinenbauleitung übernahm sodann Innozens Bellavita – bezeichnenderweise Dekorationsmaler an der italienischen Oper Berlin. In der Tat hat die Anlage etwas Kulissenhaftes. Bellavita fügte drei Säulen im ionischen Stil hinzu: zwei ganze und eine zerbrochene. Als altes Vergänglichkeitssymbol spricht die zerbrochene Säule recht deutlich die Kastrationsdrohung aus, unter welcher Mann bekanntlich erst zum Subjekt wird.

Die Brechung der Gegenwart durch das Futur 2 spricht sich doppelzüngig aus: Begierde dämpfend und ihre Organisation erst zentrierend. Als Memento mori steht dieser Bruch in der Melancholietradition und hat zugleich seine aggressive Seite als Zerbrechen des Präsens durch die Präsenz der Zukunft. In diesem Zugriff kann eine Drohgebärde stecken, die den hypothetischen Charakter des Futur 2 leugnet und mit Gewalt in apodiktische Gewißheit ummünzt, indem sie von der Gegenwart beständig nur das gleiche zu erinnern weiß: daß sie sterblich ist und also wert zugrunde zu gehen, vernichtungsreif. So die zentrale Message des Totenkopfes als Emblem der Waffen-SS. Alles Gegenwärtige ist dann immer schon verschwunden in einem Time-Tunnel, von dessen obsessiv imaginiertem Ende her der Blick zurückfällt auf das Hier und Jetzt – wie der Blick Kaiser Neros auf das von ihm selbst in Brand gesteckte Rom.

Das Futur 2 schlägt die Zeit tot; und wo es besessen ist vom Phantasma des Todes, tut es dies eventuell mitsamt Insassen, den Zeit-Genossen. Diese unterschwellige Drohgebärde ist wahrlich verheerend durchgeschlagen bei dem größten Ruinenarchitekten unseres Jahrhunderts: Albert Speer, des Führers Baumeister. Albert Speer ist ein Ruinenarchitekt nicht nur in dem Sinne, daß er die Ruinierung der Städte im 2. Weltkrieg mit vorbereitet hat, sondern in einem noch viel genaueren Sinne: die Ruine ist das innere Formgesetz seiner Einschüchterungsarchitektur von Anfang an. Er selbst hat das in einem sogenannten »Ruinengesetz« formuliert, das er anhand der Bauten zum Reichsparteitagsgelände/Nürnberg entwickelte. Es war ihm nämlich aufgefallen, daß die rostenden Trümmerhaufen zerbrochener Stahlbetonbauten keinen heroischen Anblick bieten:

»Diesem Dilemma sollte meine ›Theorie‹ entgegenwirken: Die Verwendung besonderer Materialien sowie die Berücksichtigung besonderer statischer Überlegungen sollten Bauten ermöglichen, die im Verfallszustand, nach Hunderten oder (so rechneten wir) Tausenden von Jahren etwa den römischen Vorbildern gleichen würden.

Zur Veranschaulichung meiner Gedanken ließ ich eine romantische Zeichnung anfertigen: sie stellte dar, wie die Tribüne des Zeppelinfeldes nach Generationen der Vernachlässigung aussehen würde, überwuchert von Efeu, mit eingestürzten Pfeilern, das Mauerwerk hie und da zusammengefallen, aber in den großen Umrissen noch deutlich erkennbar. In Hitlers Umgebung wurde diese Zeichnung als ›Blasphemie‹ angesehen. Allein die Vorstellung, daß ich für das soeben gegründete tausendjährige Reich eine Periode des Niedergangs einkalkuliert hatte, schien vielen unerhört. Hitler jedoch fand die Überlegung einleuchtend und logisch; er ordnete an, daß in Zukunft die wichtigsten Bauten seines Reiches nach diesem ›Ruinengesetz‹ zu errichten seien.« (Speer 1969, 68 f.)

Solche Kulturpolitik ist nicht rückwärtsgewandt, wie oft behauptet worden ist. Ganz im Gegenteil! Es ist »Futurismo e fascismo« (Marinetti 1924) in der deutsch-romantischen Form des Futur 2.

Das Speer/Hitlersche Ruinengesetz läßt sich als Verstaatlichung von Gustave Dorés New Zealander beschreiben: als Transformierung des Zeichenblattes ins Gesetzblatt. Albert trägt eine romantische Zeichenphantasie zu Adolf, und dieser erläßt sie als Verordnung. So kommt Phantasie an die Macht – in

Vorwegnahme der Parole des Mai '68 und in umwertender Nachfolge Dorés. Aus seinem melancholischen Historiographen ruinöser Gegenwart ist deren staatlich approbierter Architekt und Stadtplaner geworden. Man sehe sich das Bild Gustave Dorés daraufhin noch einmal an. Was eigentlich tut dieser New Zealander: Zeichnet er Ruinen nach? Schreibt er sie vor? Wartet auch schon diese Phantasie darauf, an die Macht zu kommen?

VII. Wettervorhersage für Übermenschen

Wenn das Reale gewaltsam symbolisch werden soll, gibt es Trümmer. Dann ist das Schlachtfeld nicht weit. Soll jedoch umgekehrt das Symbolische real werden, kommt etwas anderes dabei heraus, nämlich Maschinen. Genau darin besteht das Projekt von Gedächtnisverarbeitung der Gegenwart in Echtzeit. Der Lesezugriff aus der Zukunft auf die Geistesgegenwart ist philosophisch relevant. Doch bis dato haben die Philosophen die Maschinen nur verschieden interpretiert, es kömmt drauf an, sie zu verändern ...

Am 21. August 1881 schreibt Friedrich Nietzsche in Sils-Maria drei Briefe. Alle handeln von Maschinen. An Overbeck und seine Schwester schreibt er von dem Wunsch, sich eine von Malling-Hansen in Kopenhagen erfundene Schreibmaschine zu kaufen. Diese Maschinierung des Schriftstellers macht auch vor ihm selbst nicht halt, wie sich im dritten Brief an Köselitz erweist. Nietzsche ist auf Draht: »In Paris ist eine Ausstellung für Elektrizität: ich sollte eigentlich dort sein, als Ausstellungsgegenstand, vielleicht bin ich in diesem Punkte empfänglicher als irgend ein Mensch, zu meinem Unglücke.« (Nietzsche: KSB 6, 119)

Eine wahrlich elektrisierende Idee – Friedrich Nietzsche als Exponat auf einer von Charles Babbage organisierten Maschinenausstellung! Nach dem bekannten Lenin-Wort sollte Elektrizität plus Sowjetmacht den Kommunismus bringen. Elektrizität plus Zarathustra aber bringt den Willen zur Macht. Von nun an steht Philosophie unter Strom. Sie wird zum Signalverstärker für unzeitgemäße Wellenlängen.

Nichts ist unzeitgemäßer als das noch Ausstehende. Die Empfangsstation mit Namen Friedrich Nietzsche empfängt aus diesem Grunde keine »heute«-Sendung. Völker hört die Signale – sie kommen von übermorgen! Das Modell dafür ergibt sich aus der Wettervorhersage. O-Ton Nietzsche, drei Monate später am 14. 11. 1881: »Ich hätte in Paris bei der Elektrizitäts-Ausstellung sein sollen, theils um das Neueste zu lernen, theils als Gegenstand der Ausstellung: denn als Witterer von elektrischen Veränderungen und sogenannter Wetter-Prophet nehme ich es mit den Affen auf und bin wahrscheinlich eine Spezialität.« (Nietzsche KSB: 6, 140) Selbstredend bleibt ein Philosoph weder beim Nachäffen, noch bei der bloßen Wettervorhersage stehen, sondern überschreitet sie zu noch ganz anderen Vorhersagen: am Ende seines Transitwegs steht der Prototyp des Zeitreisenden, der Über-Mensch.

Auf dem Baume Zukunft habe er sein Nest gebaut, behauptete schon Zarathustra von sich (Nietzsche 1883: 126). In diesem Zukunftsnest funkt es philosophisch, von Zeit zu Zeit. Erinnerungen aus der Zukunft lassen sich nicht nur biographisch versuchen, sondern auch historiographisch. Wie Jean Paul seinen privaten Lebensabend erzählt, so hat Friedrich Nietzsche den Rückblick auf die Dämmerung des gesamten Abendlandes im voraus zu erzählen sich angeschickt. Und es herrscht die erstaunlichste Parallelität zwischen diesen beiden Projekten, zwischen der Konjektural-Biographie und der Konjektural-Historiographie, wie man sie nennen könnte. Beide zerbrechen den Zeitpfeil. Während ein Jean Paul sagt, daß er sich unaufhörlich nach der Gegenwart umsehe, bezeichnet Friedrich Nietzsche sich »als ein Wahrsagevogel-Geist, der zurückblickt, wenn er erzählt, was kommen wird« (Nietzsche 1887-89: 190).

Mit dem Bild des »Wahrsagevogels« reklamiert der elektrische Wetterprophet Friedrich Nietzsche die antike Orakelfunktion der Vogelschau für sich, und zwar mit einer bemerkenswerten Verschiebung. Der Philosoph identifiziert sich nicht etwa mit dem Seher, der die Zukunft aus dem Vogelflug entnehmen würde, sondern mit dem Vogel selbst, der schon in der Zukunft sei. Nietzsche beansprucht nicht, in die Zukunft hinein zu blicken, sondern aus ihr heraus zurück auf das Heute. »Der

Philosoph als ein nothwendiger Mensch des Morgens und Übermorgens« (Nietzsche 1886: 145) erscheint im Bild des Vogels als ein Zeitreisender – und wir wissen, daß nur wenig später diese Reisephantasie zur allgemeinen Obsession der Science-Fiction werden sollte. Philosophie wird zum Real-time-processing der Gegenwart durch die Zeitschleife der Zukunft. Zarathustra tritt aus seiner Höhle als aus einem Time-tunnel, um auf eine Gegenwart zurückzublicken, deren Katastrophe Nietzsche »Nihilismus« nannte. Von dieser noch ausstehenden Katastrophe spricht Nietzsche unter der Form einer antizipierten Nachträglichkeit, in der Vorstellung eines Rückblicks auf das, was kommen wird. Nur im Futur 2 ist man jenseits von Gut und Böse. Dieses Vorspiel einer Philosophie der Zukunft, sein »Zukunfts-Evangelium« (Nietzsche 1887-89: 191), ist im vollendeten Futur geschrieben. Es ist nachträgliche Vor-Schrift für die Gegenwart.

»Was ich erzähle ist die Geschichte der nächsten zwei Jahrhunderte« – diesen Satz hat Nietzsche sich im Winter 1887/88 gleich zweifach notiert (Nietzsche 1887–89: 57 + 189). Nun haftet allerdings der Zeitform des vollendeten Futur stets eine Unbestimmtheit an, die in der modalen Doppeldeutigkeit von »werden« liegt. »Er wird Nietzsche gelesen haben«, sagt man von jemandem, dem man solche Lektüre zutraut, ohne genau davon zu wissen. Das Hypothetische dieser Zeitform aber hat Nietzsche leugnen müssen, um eherne Notwendigkeiten vorab aufschreiben zu können. »Ich kann hier beschreiben, weil hier etwas Nothwendiges sich begiebt – die Zeichen davon sind überall.« (Nietzsche 1887–89: 56) Ausgerechnet dieser Denker, der immer wieder vor dem gefährlichen Rückschluß von einer Erscheinung auf ihren Grund warnte, ausgerechnet dieser Mann postuliert am Ende »notwendige Zeichen«. Er beraubt sich damit der Freiheit zur Hypothese, zum gedanklichen Probehandeln, die ein Jean Paul in seiner »Konjektural-Biographie« exemplarisch formulierte, indem er schrieb: »Sieh! ich will meine Lebensgeschichte, die mir noch bevorsteht, treu in poetischen Episteln aufsetzen. Sollt' ich sie wider Verhoffen nicht erleben: so hab ich doch die Komödienprobe, die gestikulierende Lufterscheinung, das Panorama davon gehabt und halb Europa die Beschreibung.« (Jean Paul 1798: 80) Der Gestus solchen spiele-

Abb. 21 Die Eva der Zukunft: als ein maschinisierter Engel überflügelt sie die Zeit. Anonyme Fotografie, Sammlung Eickemeyer/Berlin

rischen Probehandelns im Rückblick auf Zukünftiges liegt Nietzsche fern. Der Widersinn aber, im Futur 2 Notwendiges sagen zu wollen, ist die Vorbereitung zu Nietzsches rhetorischer Frage aus dem »Ecce homo«, warum er ein Schicksal sei. Beides impliziert die vorauseilende Projizierung seiner selbst auf das leere Feld des Horizonts. Es ist eine Übertragung im psychoanalytischen Sinne, die sich als Übertragung im radiophonischen Sinne gibt. Nietzsche, »empfänglicher als irgend ein Mensch« (s. o.), empfängt schon heute die Live-Berichte von morgen – ganz so, als sei er der Science-fiction eines Herbert G. Wells entsprungen, in welcher Zeitreisende aus der Zukunft funken.

Die unmögliche Gleichsetzung der beiden Übertragungen, der symbolischen und der realen, bildet das unausrottbare Phantasma der Science-fiction. Von dieser Grundbefindlichkeit nährt sich das schlechteste SF-Groschenheft nicht weniger als die späte Philosophie Friedrich Nietzsches. Und selbst ein Sigmund Freud hat sich ihr nicht entziehen können. Von den Übertragungsneurosen kam er im Alter auf die Gedankenübertragung und damit zur Telepathie. Seitdem läuft ein gedoppelter Diskurs aus Psychoanalyse und Medientheorie, der im Doppelsinn der Wörter nistet, in der jeweils von der einen auf die andere Seite übertragenen Bedeutung von »Übertragung«. Unter dieser Voraussetzung läßt sich das Seelenleben als ein Medienverbund beschreiben, als »Ferngespräch zwischen psychischen Apparaten« (Kittler 1987: 290). Und umgekehrt beseelen Live-Mitschnitte aus Lacan-Seminaren die ihm folgende Analytikerschule. Es handelt sich also um einen doppelten Spiegelsaal, der selbstverständlich so perfekt funktioniert wie der bekannte Wettlauf zwischen dem Hasen und dem Igel. Wohin man sich auch wendet, der Igel namens Übertragung wird immer schon angekommen sein.

Trotzdem bleibt ein Problem, und zwar das des Adressaten. Übertragungen brauchen einen Adressaten, sei dieser auch so fiktiv wie die lieben Hörerinnen und Hörer beim Rundfunk, in deren Ansprache sich die Zarathustra-Widmung wiederholt: "Für Alle und Keinen" – Radio 4 U. Das Verschwinden des Alle meinenden »for you« in der Formel »4 U« bringt den Sachverhalt von Massenkommunikation auf schlagende Weise zum Ausdruck. Wie beim Horoskop sind Alle gemeint und Keiner, d. h. jeder, der sich angesprochen fühlt. Die Klassiker von Erinnerungen aus der Zukunft hatten den unsagbaren Adressaten ihrer Live-Übertragungen stets weiblich beschrieben, als eine künftige Braut oder Eva der Zukunft, welche sie geliebt haben werden. Die libidinöse Triebkraft von Übertragungen, welche Freud in der analytischen Sitzung mit Übertragungsneurotikern bemerkte, wird durch diese Zeitmaschinisten völlig bestätigt. In diesem Punkt sind sich Analytiker und Ingenieure einig: Die Liebe gibt es nur in übertragener Bedeutung.

Preisfrage: Wer oder was war Nietzsches Fräulein vom Amt, seine Eva der Zukunft?

VIII. Souvenirs von Übermorgen

Nietzsches letzte Phase bestand in Kassandrarufen. Für Kassandra aber gilt nicht nur das Schillerwort »Zukunft hast du mir gegeben/Doch du nahmst den Augenblick«. Kassandra verliert nicht allein die Gegenwart, sondern auch die Glaubwürdigkeit, gelten ihre Rufe doch als Inbegriff von Botschaften, denen niemand traut. Ein bloßes Behaupten gilt bekanntlich so viel wie das andere, und von der Zukunft darf zunächst einmal jeder behaupten, was er will. Vielleicht wäre alles anders, wenn Kassandra sich nicht lediglich sprachlich äußern würde, wenn für ihre Erinnerungen aus der Zukunft noch andere Gedächtnisspeicher ins Spiel kämen – irgendein Souvenir von Übermorgen.

Herbert G. Wells scheint sich dieses Problems sehr bewußt gewesen zu sein, als er – noch zu Nietzsches Lebzeiten! – im Jahre 1895 sein berühmtes Buch »The Time Machine« verfaßte. In diesem Klassiker der Science-fiction reist ein Erfinder in das Jahr achthundertzweitausendsiebenhunderteins voraus. War Nietzsche noch als ein Wahrsagevogel in die Zukunft gestartet, so zeigt sich dieser Mann technisch gewiefter: er besitzt eine Zeitreisemaschine. Und mit dieser gerät er in eine zweigeteilte Menschheit, deren eine sanfte Hälfte, die Eloi, von der anderen finsteren Hälfte, den Morlocken, als Schlachtvieh gehalten wird. Am Ende der Zivilisationsgeschichte ist der Kannibalismus zurückgekehrt. Wells nutzt dieses Zukunftsbild, um den Fortschrittsglauben des 19. Jahrhunderts zu karikieren und seinen im Futur 1 formulierten Optimismus durch das Futur 2 zu überbieten: er wird ein Irrtum gewesen sein. Der Held entflieht aus der schrecklichen Zukunft, verfährt sich vor Aufregung und gerät in dem fulminanten 14. Kapitel an das Ende aller Zeiten. Nun ist die Zukunft tatsächlich vollendet, und aus dieser vollendeten Zukunft blickt er zurück darauf, wie das Leben auf Erden erlöschen wird. Der Zeitreisende ist am Ende, entrinnt mit Glück dem Tod und kehrt angeschlagen in die Gegenwart zurück. Dort erstattet er Bericht – und natürlich glaubt kein Mensch ein Wort davon. Die Einschätzungen schwanken zwischen Roman und Lüge, und selbst eine Blume, die er von seiner künftigen Braut namens Weena empfing, beseitigt die Zweifel nicht. Die Freunde des Zeitreisenden sind keine Empfindsamen mehr, die sich von künftigen Geliebten à la Klopstock überzeugen ließen. Schon unterwegs war dem Reisenden eins klar geworden: »Wenn ich wenigstens an eine Kodak gedacht hätte!« (Wells 1895: 87) Ein Foto wäre die Lösung des Problems der Glaubwürdigkeit gewesen – ein Schnappschuß von Übermorgen.

Der hier vollzogene Medienwechsel ist bemerkenswert. Schon im Jahre 1895 war die Beweiskraft für einen Sachverhalt offensichtlich von Sprache an andere Aufzeichnungsmedien übergegangen. Ein Foto aus der Zukunft, wenn es denn möglich sein sollte, das wäre in der Tat der Durchbruch zu ganz anderen Wahrscheinlichkeiten, als sie Erzählungen von Wahrsagevögeln zukommen. Ein Foto aus dem philosophisch reklamierten Übermorgen mit der Bildunterschrift: »Also fotografierte Zarathustra!«

Um eben solches Bildmaterial zu beschaffen, bricht der Held bei Wells noch einmal in die Zukunft auf. »Der Zeitreisende empfing mich im Rauchsalon. Er kam aus dem oberen Stockwerk und hielt in der einen Hand einen Fotoapparat, in der anderen einen Rucksack.« (Wells 1895: 140) Der Rucksack dient als Speicher für die physischen Dinge, die Kodak als Analogspeicher der Bilder von ihnen, denn digitalisierte Speichermedien sind noch nicht gegeben. Solchermaßen ausgerüstet macht der Mann sich auf die nächste Zeitreise, von welcher er bedauerlicherweise nicht zurückgekehrt ist, zumindest nicht nach London. »Über seinen Verbleib gibt es nur Mutmaßungen,« schreibt Wells am Ende seines Romans (Wells 1895: 143). Er konnte 1895 auch nicht ahnen, daß sich der Zeitreisende Jahrzehnte später nochmals melden würde, und zwar in Wien bei Egon Friedell. Und er konnte ebensowenig ahnen, daß dieser mit Karl Kraus und Peter Altenberg befreundete Literat eines der Geheimnisse von Erinnerungen aus der Zukunft verraten würde.

IX. Time-axis-manipulation

Egon Friedell also weiß Neues vom Zeitreisenden zu berichten. Dieser sei aus dem Jahre 1995 heimgekehrt, wo es ganz schrecklich desillusionierend zugehe. Doch selbst abgesehen davon, könne man sich mit Zeitmaschinen sowieso nur blamieren. Ständig sei man in der Position des schlechten Romanlesers, der ans Ende vorblättert und also Mangel an Stil beweise. – Das Ganze zeigt sich Herbert G. Wells erkenntlich im doppelten Sinne: als Hommage und kenntlich machende Überbietung zugleich. Egon Friedell steigert das Potential der Zeitphantasien enorm, bei ihm gibt es auch Zeitkurven und Zeitschatten. Und er überbietet Wells auch durch die Zahl der nicht-sprachlichen Speichermedien. Wells hatte dafür nur den Rucksack und die Kodak; Friedell fügt Grammophon und Film hinzu und verkoppelt sie auf höchst verräterische Weise mit der Zeitmaschine. Da sein Reisender so gerne Carlyles sechs Vorlesungen von 1840 gehört hätte, läßt er ihn sagen: »Weil es damals noch kein Grammophon gab, muß ich zur Zeitmaschine greifen.« (Friedell 1946: 32) Zeitmaschinen, welche Grammophone ersetzen können, funktionieren als simulierte Zeitspeicher. Sollte also das Grammophon eine Zeitmaschine sein? Die Frage kehrt am Ende in modifizierter Weise wieder. Der Reisende berichtet dem Erzähler-Ich von einer Entdeckung, die er bei seiner Zeitreise mit der Kodak gemacht habe: »›Wenn man nämlich mit der Zeitmaschine ganz langsam fährt, so kann man mit der Camera bewegliche Bilder aufnehmen.‹ ›Seien Sie nicht böse,‹ erwiderte ich, ›aber dazu braucht man keine Zeitmaschine. Eine ähnliche Erfindung ist von den Brüdern Lumière schon vor Jahren gemacht worden.‹« (Friedell 1946: 82)

Eben. Solche Zeitreisen sind genuiner Film. Und von hier aus entschlüsseln sich verschiedene Phantasien bei Wells wie von selbst. Nehmen wir z. B. den Bericht von der Landung des Zeitreisenden bei Wells:

»Ich glaube, ich habe Ihnen erzählt, daß im Augenblick meiner Abfahrt, als meine Geschwindigkeit noch ziemlich gering war, Mrs. Watchett durch das Zimmer gegangen war, und zwar, wie mir vorgekommen war, mit der Geschwindigkeit einer

Rakete. Als ich jetzt zurückkehrte, durchlief ich wieder jene Minute, in der sie das Laboratorium durchquert hatte. Diesmal aber sah ich jede ihrer Bewegungen in genau der entgegengesetzten Richtung ablaufen: Es öffnete sich die Ausgangstür, und sie glitt langsam durch das Laboratorium, mit dem Rücken voran, und verschwand dann durch die Tür, durch die sie damals eingetreten war.« (Wells 1895: 134 f.)

Jedes Kind erkennt darin die beiden filmischen Methoden zur Zeitachsenmanipulation: schneller Vorlauf und langsamer Rücklauf. Einem Jean Paul an seinem Schreibtisch wäre es im Traum nicht eingefallen, für seine Erinnerungen aus der Zukunft Szenen vorwärts wie rückwärts zu durchlaufen und gar noch mit verschiedenen Bildgeschwindigkeiten. Denn das Medium Schrift bietet diese Möglichkeiten nicht an. Gewiß sind Palindrome möglich, allein sie ändern nichts am Tempo. Erst Grammophon und Film machen die Geschwindigkeit der Zeitachse im Vor- wie Rücklauf manipulierbar, sie sind in diesem Sinne »Zeitmaschinen«. Alle Sänger haben plötzlich Mickey-Mouse-Stimmen, wenn die LP auf 78 Umdrehungen pro Minute läuft, und Mrs. Watchett schießt mit der Geschwindigkeit einer Rakete durchs Laboratorium des Zeitreisenden. »Watch it!« befiehlt schon ihr Name, denn in ihrer optischen Erscheinung liegt das Neue: der Zeitraffer. Sobald diese Möglichkeiten von Zeitachsenmanipulationen vorstellbar werden, sind andere Parameter zur Behandlung von Zeit gegeben.

X. Post Skriptum

Nur was gespeichert ist, kann manipuliert werden. Solange es keine akustischen Aufzeichnungsmöglichkeiten für Musik gab, war sie die flüchtige Kunst schlechthin, deren Unwiederbringlichkeit ihre Aura steigerte. Unter diesen Bedingungen erklang jeder Ton zum letzten Mal. Er verging mit der Zeit, erhalten allenfalls im Raum der Notenschrift. Die analoge Aufzeichnungsmöglichkeit von Zeitabläufen durch Grammophon und Film beendet diese Verhältnisse. Seitdem sind Musikstücke möglich, die einzig aus Zeitangaben bestehen: 4' 33" (so der Titel eines notenlosen Stückes von John Cage). Aus der Zeitkunst Musik ist eine Kunst der Zeit als solcher geworden. Denn neue, nach-schriftliche Medien machen sie an sich selbst verfügbar. Und eben darum fallen sämtlichen Naturwissenschaftlern, die die Unumkehrbarkeit des Zeitpfeils demonstrieren wollen, immer wieder nur Filmbeispiele ein – womit sie ungewollt das Gegenteil beweisen, nämlich die Manipulierbarkeit von Zeit. Es sind die Zeitspeicher, welche die Zeitmaschinen abgeben.

Woran entscheidet es sich also, ob Erinnerungen aus der Zukunft in Zukunfts-Evangelien oder aber in Science-fiction münden? Die Antwort ist nun deutlich. Diese Frage entscheidet sich anhand der jeweils gegebenen Speichermedien. Im Horizont des Mediums Schrift entstehen unter der Form antizipierter Nachträglichkeit Konjektural-Biographien und Zukunfts-Evangelien. Sobald aber Grammophon, Film oder gar Computer die Parameter zur Zeitbehandlung liefern, mündet die unvermeidbare Doppelsinnigkeit der Einsinnigkeit menschlicher Zeiterfahrung in Science-fiction-Phantasien.

Vom Ende her biegt der Zeitpfeil sich auf Wesen zurück, deren Sein zum Tode ist. Der Tod aber ist das Unwiederbringliche, das sich der Speicherung entzieht. Nicht mehr Übertragung, sondern Übertretung. Der Spiegelsaal zerbricht. Das Futur 2 zerreißt die Gegenwart, so wie der Leib zerrissen werden wird. Und solange die Computer nicht sterben und einander nicht begraben, solange wird ihr Gedächtnis nicht im Futur 2 arbeiten.

Cyberspace als Machina Mundi. Konrad Zuses Rechnender Raum

I. Postkarten/Lochkarten

Ein elektronisches Gedächtnis schreibt keine Memoiren. Binär codierte Rechenfolgen ergeben keine Vita, wie menschliche Subjekte sie ihrem Leben zuschreiben. Maschinen nämlich bespiegeln sich nicht; sie kennen kein Spiegelstadium, sondern nur Rückkoppelungen und Wiederholungsschleifen. Die aber sind nicht in Spiegel-Schrift geschrieben wie Memoiren oder gar Bekenntnisse.

Die Kluft zwischen diesen beiden Gedächtnisformen gewinnt an Schroffheit durch den Ausbau künstlicher Gedächtnisse. Es wächst dabei der Reiz von Formulierungen à la »Der Computer – Mein Lebenswerk«. Da haben wir das verblüffende Paradoxon: die Memoiren eines künstlichen Gedächtnisses, verfaßt von seinem Erbauer Konrad Zuse. Es ist in der Tat die Vita des ersten vollautomatischen, programmgesteuerten und frei programmierbaren Rechners, wie der Bauingenieur Zuse ihn ab 1936 auf eigene Faust und eigenen Kopf als genialer Bastler aufgebaut hat. Man hat ihn darum einen Einzelgänger genannt. Sollte aber dieser Intelligenzverdoppler nicht eigentlich als Doppelgänger anzusprechen sein?

Figuren der Verdoppelung und des Überganges scheinen ihn zeitlebens fasziniert zu haben. Nicht anders ist seine wahrhaft monströse Idee zu erklären, den Kosmos als gigantischen Computer zu betrachten. Wir werden dieser Idee unter zeitgeschichtlichen wie auch geistesgeschichtlichen Aspekten folgen. Sie wird uns Gelegenheit geben, die Entstehung eines Weltbilds aus der Figur der Verdoppelung zu beobachten und also eine semantische Maschine kennenzulernen.

Doch bleiben wir zunächst noch bei der Vita! Der 1910 geborene Sohn Konrad eines preußischen Postbeamten namens Zuse hat eine wunderbare Kindheitsszene erinnert: Auf dem Posthof des Amtes Braunsberg in Ostpreußen spielte er mit seinen Kameraden Zirkus. Und als Kulissen dienten einerseits alte Postkutschen und andererseits im Posthof aufgestellte Kabeltrommeln. – Das ist die Szene, man mag sie symbolisch nehmen. Genau in diesem Bruch, diesem Übergang von der Postkutsche zur elektrifizierten Nachrichtentechnik steht das Kind mit Namen Konrad Zuse und steht auch der nach ihm benannte Automat Z1. Denn für diesen Prototyp des Rechenhirns waren zwei Dinge bezeichnend: erstens, daß er gar nicht elektronisch war; und zweitens, daß sein Erbauer gerade kein Fachmann auf dem Gebiet der Rechenmaschinentechnik war, sondern Nachrichtentechnik nutzte.

Die Geschichte ist oft erzählt worden, sie ist immer wieder verblüffend – den ersten Computer der Welt hat Zuse 1936 mit der Laubsäge im elterlichen Wohnzimmer gebaut. Denn Elektronik ist keine zwingende Notwendigkeit für Rechner im Binärsystem. Die Zustände 0 oder 1 lassen sich auch durch mechanische Schaltglieder darstellen. Genau das hat Zuse getan und dabei ein Monstrum gebastelt, das so merkwürdig im Wohnzimmer gestanden haben muß, wie die Zeitmaschinen in den Salons victorianischer Science-fiction-Romane. Sein Studienfreund Karl Ernst Hoestermann hat seinen ersten Eindruck davon beschrieben:

»Das Haus im Stil der hochherrschaftlichen Wohnhäuser aus der 2. Hälfte des vorigen Jahrhunderts mit Marmortreppe und Stuckdecken stand im krassen Gegensatz zu der nüchternen Atmosphäre, die man von Instituten und Entwicklungslabors gewohnt war. Meine erste Reaktion: Hat sich die Bande einen Ulk mit mir gemacht? Meine Zweifel wurden jedoch bald beseitigt. In einem großen Wohnzimmer, im Jugendstil möbliert, stand ein mechanisches, undefinierbares Etwas, zusammengebaut aus Blech, Stabilbaukasten-Einzelteilen, Glasplatten, Kurbelarmen, Zahnrädern und einer Programmwalze wie bei einem Glockenspiel, in der Größe eines Eßtisches für 8 Personen. Dieses Gebilde wurde mir als erste programmgesteuerte, mechanische Rechenmaschine vorgestellt.« (Czauderna 1979: 95)

Eine Rekonstruktion dieses leider kriegszerstörten »undefinierbaren Etwas« namens Z1 steht mittlerweile unter der definitiven Neonschrift »1. Computer« im Museum für Verkehr und Technik Berlin. Seine mechanischen Speicherblöcke und Re-

Abb. 22 Konrad Zuse vor dem Nachbau seiner Z1, dem 1. Computer der Welt (1936). Man erkennt die Speicherwerke, in denen Metallplättchen je 1 bit darstellen können; links die Antriebskurbel zum Rechenbetrieb. Foto: Museum für Verkehr und Technik Berlin

chenwerke bilden sozusagen die Postkutsche. Erst die Nachfolgemodelle Z2 und Z3 standen unter Strom und arbeiteten mit elektrischen Relais. Freunde beschafften ihm diese Bauteile aus der Abfallkiste im Wählersaal OKW (Oberkommando der Wehrmacht). Mit einer solchen Hardware aus nachrichtentechnischem Abfall hat Zuse sein Rechenhirn gebaut. Von der Postkutsche zur Kabeltrommel – da haben wir den Übergang noch einmal.

II. To be or not to be

Die Stunde des Bastlers ist selten. Doch wenn sie schlägt, geschehen die erstaunlichsten Dinge. Dann entstehen in Garagen Apple-Computer und in Jugendstil-Wohnzimmern »Intelligenzverstärker«, wie Zuse so schön sagt: von der Verstärkung des menschlichen Muskels zur Verstärkung des menschlichen Gehirns. Nun treten Informationsmaschinen an die Stelle von

Energiemaschinen – und durch einen ungeahnten epistemologischen Sprung sind im gleichen Augenblick die vor-industriellen, nicht-energetischen Maschinenlogiken wieder da. Ihr Wort wird Fleisch.

Die Denkmittel waren lange schon entwickelt. Da war erstens die binäre Rechenweise von Leibniz und zweitens die genau darauf passende zweiwertige Logik der Booleschen Algebra. Nur war bislang noch niemand darauf verfallen, seinen Stabilbaukasten damit zu verbinden und die Denkmodelle nachzuschrauben. Jetzt erst gehen die Samen des Neuen endgültig auf, von denen Leibniz auf dem Titelblatt seiner Schrift »De arte combinatoria« (1666) gesprochen hatte. Und es schließt sich der Kreis unserer Betrachtungen, die mit Lullus und Leibniz begannen.

Bisherige Dezimalrechner waren allesamt mit Problemen der Feinmechanik belastet gewesen: »Viel zän in ein klein rad zu bringen«, wie Johannes Kepler beim Bau seiner Machina Mundi bemerkte (s. o.). Zuse aber hat sich nur peripher mit Fragen der Feinmechanik beschäftigt, da er glücklicherweise eben kein Fachmann für Rechenautomatentechnik war. All die vormals dominanten Probleme mit Ziffernrädern und Mechanismen zur Stellenübertragung erledigen sich nämlich von selbst, sobald es nur noch darum geht, die Zustände 0 oder 1 darzustellen, an oder aus, zu oder offen – to be or not to be.

Leibniz hatte diese Möglichkeit sogleich erkannt, als er im Jahre 1679 das binäre Zahlensystem entwarf und dabei en passant eine rechnende Streudose erfand: »Diese Art Kalkül könnte auch mit einer Maschine ausgeführt werden. (...) Eine Büchse soll so mit Löchern versehen sein, daß diese geöffnet und geschlossen werden können. Sie sei offen an den Stellen, die jeweils 1 entsprechen, und bleibe geschlossen an denen, die 0 entsprechen. Durch die offenen Stellen lasse sie kleine Würfel oder Kugeln in Rinnen fallen, durch die anderen nichts. Sie werde so bewegt und von Spalte zu Spalte verschoben, wie die Multiplikation es erfordert. Die Rinnen sollen die Spalten darstellen, und kein Kügelchen soll aus einer Rinne in eine andere gelangen können, es sei denn, nachdem die Maschine in Bewegung gesetzt ist.« (Leibniz 1679: 47)

In diesem Innenraum kann jedes Loch ein Entweder/Oder darstellen, mithin den Informationsgehalt von einem Bit repräsentieren. Seine Wertigkeit wird durch Rinnen und Spalten definiert, so daß wir eine räumliche Struktur erhalten, die automatisch rechnet, so bald wir sie von außen in Bewegung setzen – ganz so wie nach barocker Vorstellung die Machina Mundi durch Gott in Bewegung gesetzt wurde. Halten wir fürs erste nur die Elemente fest: der Raum und das Loch, ein gelochter Raum also, der eine Informationsstruktur impliziert. Mit diesen Dingen werden wir uns noch befassen müssen; sie führen in den Rechnenden Raum.

Zuse hat nach eigenem Bekunden Leibniz' Schriften zum Binärsystem studiert, während er sich Speicherteile sägte und Programmlochstreifen stanzte. Solche Lochstreifen oder Lochkarten aber sind nichts anderes als die Projektion von Leibniz' rechnender Büchse in die Ebene. Stets gilt das Grundprinzip: entweder ein Loch ist da, oder es ist nicht da. Entweder ein Kügelchen kann durchfallen, oder es kann nicht durchfallen. Entweder es kommt zu einem Kontakt, oder es kommt nicht dazu. 1 oder 0 – Gott oder Nichts, wie Leibniz als ein hintersinniger Theologe hinzufügte. Und wir werden noch sehen, daß Zuse nicht nur auf den technischen, sondern auch auf den metaphysischen Gehalt reagiert hat. Dieser Mann will durchaus mehr, als bloße Rechenautomaten bauen. Zum peinlichen Entsetzen vieler Techniker finden sich irritierende Ausdrücke in seinen Texten, die wie Querschläger aus anderen Bereichen des Wissens daherkommen. Man liest bei ihm von einer »Urschaltung« (Zuse 1969: 68); man stößt auf Überlegungen zur »Konstruktion der Keimzelle des künstlichen Supergehirns« (Zuse 1993: 94, 201) und findet sich schließlich im Kosmos als Rechnendem Raum, »the universe as a big computer (Zuse 1981: 589). Hier ist so einiges im Busche, was über geniale Bastelei hinausgeht.

Wir werden uns im Folgenden – wie überhaupt im ganzen Buch – auf einem doppelbödigen Terrain aus Philosophie und Technik bewegen. Die Überlagerung dieser beiden Sphären zu philosophischen Techniken und technischen Philosophien findet sich zuerst bei Leibniz bündig ausgesprochen. In unseren Tagen hat sie institutionelle Gestalt durch die Sektion Philosophie in der Gesellschaft für Informatik (GI) gewonnen. Zuse ist Ehrenmitglied dieser Gesellschaft, die seit 1987 auch eine Konrad-Zuse-Medaille für hervorragende Verdienste um die Informatik verleiht. In dem genannten Spannungsfeld von Philosophie und Technik sind seine Überlegungen zu verorten.

Bleiben wir jedoch noch einen Moment bei der technischen Seite. Denn hierin lag zunächst einmal die wahrhaft revolutionäre Besonderheit der Z1 gegenüber den bis dato erfolgreichsten Lochkartenautomaten, den Hollerith-Maschinen.

Exkurs DEHOMAG

Am Anfang war das Zeichen, hat Hilbert gesagt. Für binäre Systeme ließe sich ebenso gut sagen: Am Anfang war das Loch. Lochkarten haben 1890 die USA vor einem statistischen Desaster bewahrt. Die Daten der letzten Volkszählung von 1880 waren nämlich noch nicht einmal gänzlich aufbereitet, als man bereits die nächste Zählung vorzubereiten hatte. Bis dato waren sogenannte »Zählblättchen« verwandt worden, in welche die einzelnen statistischen Merkmale auf Grund der Erhebungsbögen eingetragen wurden. Diese Zählblättchen hatte man sodann per Hand nach den verschiedenen Kriterien wie Alter, Beruf, Nationalität etc. sortieren und auszählen müssen. Als diese Arbeit nach 7 Jahren noch nicht abgeschlossen war, stand endgültig fest, daß die Informationsfluten einer modernen Massengesellschaft mit solchen Mitteln nicht mehr zu bewältigen sind.

In dieser Situation hatte ein Volkszähler namens Hermann Hollerith die rettende Idee, alle Fragen in Ja/Nein-Werte aufzulösen, für jedes Ja ein Loch zu machen und für jedes Nein eben keins. Legt man eine entsprechend präparierte und normierte Lochkarte zwischen elektrische Fühler, so kann überall dort Strom fließen, wo die Karte ein Loch hat und an anderen Stellen nicht. An die einzelnen Stromkreise lassen sich Zählwerke an-

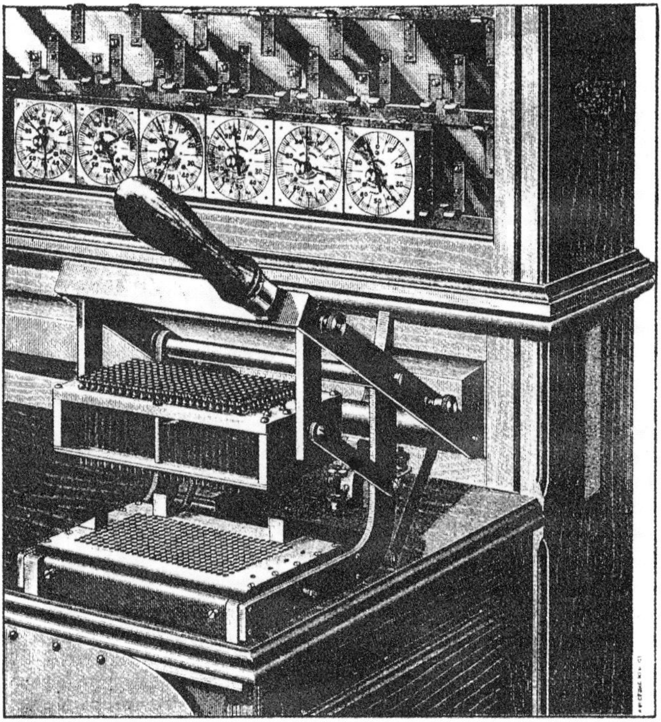

Abb. 23 Detail des sogenannten »statistischen Klaviers« von Hollerith: Kontaktpresse mit Zählwerken

schließen, welche für den Fall eines Kontaktes jeweils eine Zähleinheit weiterspringen. Das ist, in aller Schlichtheit, die Grundidee der Hollerith-Maschinen, welche sich beliebig verfeinern, raffinieren und automatisieren läßt. Sie führte 1896 zur Gründung der Tabulating Machine Company, aus welcher 1924 eine bis heute wohlbekannte Firma hervorging: die International Business Machines Corporation IBM.

Zur Gründung einer Deutschen Hollerith Maschinen Gesellschaft (DEHOMAG) kam es am 30. 11. 1910. Und schon kurz darauf ließ sich die Bedeutung von Datenverarbeitung für Stahlgewitter erproben. Die junge Firma wurde 1914 zum kriegswichtigen Betrieb erklärt; ihre 44 in Deutschland installierten Hollerith-Maschinen entzog man den weniger kriegswichtigen Betrieben und teilte sie sogenannten Kriegsgesellschaften zu, etwa der Kriegswollbedarf A. G. Berlin, dem k. u. k. Waffenbeschaffungsamt Wien etc. Die Tendenz moderner Kriege, mit Informationsmitteln geführt zu werden, ist darin deutlichst ausgesprochen. Gewiß, die damaligen Informationsmaschinen waren noch nicht integraler Bestandteil der Kriegsmaschinen (wie etwa die Bordcomputer einer Cruise Missile), sondern nur periphere Planungsmittel. Namentlich die englische Seeblockade erzwang eine zentrale Verteilungsplanung kriegswichtiger Materialien, und dafür waren Hollerith-Maschinen brauchbar. Kriege sind allemal ein Boom für die Statistik.

Nach einer längeren Durststrecke in den Zeiten der Inflation und der Weltwirtschaftskrise wurde am 8. 1. 1934 ein neues Hollerith-Werk in Berlin-Lichterfelde eingeweiht. »Unter Mitwirkung hoher Stellen der Bewegung und des Staates« (wie die Firma wissen ließ) gab es eine Eröffnungsfeier, in welcher Direktor Rottke den Mut zu der Investition mit folgenden Worten begründete: »Heute durften wir diesen Mut aufbringen, heute müssen wir ihn aufbringen, denn wir wissen nach dem Programm, den Zielen und vor allem nach den Taten unserer nationalsozialistischen Regierung, dass es wieder aufwärts geht.« (Hollerith 1936: 0.13) Aufwärts ging es unter anderem mit der statistischen Durchleuchtung des Volkskörpers. Stolz berichtete die Firma über die Bedeutung der Lochkarte im neuen Staatsapparat: »Nach der Machtübernahme durch den Nationalsozialismus fiel dem Hollerith-Verfahren die Aufgabe zu, die Volks-, Berufs- und Betriebszählung (für das preussische Gebiet ca. 41 Millionen Einwohner) in einem Zeitraum von wenigen Monaten aufzubereiten und so der Staatsführung Unterlagen zu schaffen für wirkungsvolle wirtschafts- und sozialpolitische Massnahmen. (...) Ein weiteres gigantisches Anwendungsgebiet der Lochkarte erschliessen die Rahmenbedingungen unseres Volkskörpers: die Deutsche Arbeitsfront, der Reichsnährstand, die Organisation der gewerblichen Wirtschaft, der Reichsbund deutscher Beamte, die Reichskulturkammer und der Bund nationalsozialistischer deutscher Juristen, die alle erwerbstätigen Personen und Betriebe des deutschen Staates umschließen. Ebenso wird die NSDAP in ihrem grossen Verwaltungapparat weitgehende Beobachtungen vornehmen.« (Hollerith 1936: 3.8 f.)

Diese Beobachtungen betrafen auch die jüdischen Staatsbürger. Formale Mechanismen wie Zählwerke können von einer grausigen Indifferenz gegen die zu bloßen Daten verarbeitete Realität sein. Trotz alledem aber sollten die logistischen Fähigkeiten der Nazis nicht überschätzt werden. Pogrome haben in Deutschland sowieso noch niemals einer zentralen Planung bedurft. So etwas funktioniert in diesem Lande wie von selbst, ganz spontan, auch ohne Hollerith-Maschinen. Die 1936 herausgegebene »Verkaufsschule 36« der Deutschen Hollerith bemerkt denn auch in Lektion 19, daß die Einführung des Lochkartenverfahrens bei den neuen Behörden von Bewegung und Staat noch immer höchst vorsichtig und tastend sei. Das Reichsluftfahrtministerium etwa verwende Lochkarten nur für den Wetterdienst.

Während Zuse also in Berlin-Kreuzberg die Z1 aufbaute, erschien gleichzeitig in Berlin-Lichterfelde die »Verkaufsschule 36«. Auf 958 Seiten und im Format von »Zettels Traum« belehrte sie die Firmenvertreter über alle technischen Fragen beim Kundendienst. Zur ideologischen Einführung enthielt sie die Geschichte der Hollerith, eine kurze Geschichte der Rechenmaschinen sowie psychologische Anweisungen für den erfolgreichen Verkäufer. Der Ton war siegessicher – Dank vieler neuer Patente sei die Stellung der Firma unanfechtbar: »So kann angenommen werden, daß auf dem Gebiet der Tabelliermaschinen für die nächste Zukunft (von Einzelheiten abgesehen) die Entwicklung einen gewissen Abschluss erfahren wird, weil alle von der Praxis an uns herangetragenen Wünsche ihre Erfüllung gefunden haben.« (Hollerith 1936: 0.9)

Die Herren ahnten nicht, daß in einem unweit gelegenen Wohnzimmer soeben ihre gesamte Branche überflüssig gemacht wurde. Und glücklicherweise waren auch noch andere zu dumm, die Bedeutung dieser Entdeckung zu erkennen. Erst nach dem Ende der Nazi-Herrschaft schlug die Stunde der kleinen Firma mit dem altmodischen Namen »Zuse Ingenieurbüro und Apparatebau«.

III. In rechnenden Räumen

In der Geschichte der Technik hat es mehr als einmal das merkwürdige Phänomen gegeben, daß große Entdeckungen an verschiedenen Stellen des Globus gleichzeitig gemacht wurden. Unabhängig voneinander haben in den 30er Jahren John V. Atanasoff in den USA, Alan Turing in England und Konrad Zuse in Deutschland an der Entwicklung des Computers gearbeitet. Im Rückblick auf diese Pioniertage hat man Mühe, sich die schieren Materialprobleme klarzumachen, die beim Bau eines Rechners ohne Chip entstehen. Ausgestattet mit mechanischen Speichern, Relais oder (ganz avanciert!) Röhren wurden die Geräte riesig groß; sie füllten ganze Säle. Zwischen 1939 und 1944 entwikkelte Howard H. Aiken mit Unterstützung der IBM an der Harvard University einen Automatic Sequence Controlled Calculator mit dem Namen »Mark I«. Dieser war 16m lang, fast 3m hoch und wog 35t. Der etwas später in den USA für die Luftüberwachung gebaute Computer »Whirlwind« nahm sogar mehrere Stockwerke ein. Schon allein die Kühlvorrichtung war gigantisch; ständig drohte irgendetwas heiß zu laufen. Aus diesen Tagen stammt im übrigen der Ausdruck »debugging«, wie Fehlersuchprogramme z.B. bei MS-DOS heißen. Ursprünglich war damit ganz wörtlich das Entfernen von »bugs«, also Motten oder Käfern gemeint. Die krabbelten nämlich in die Relais und mußten immer wieder herausgebürstet werden. Auf Fotos von Alan Turings Colossus-Maschine in Bletchley Park (1. Probelauf: Dezember 1943) sieht man auch noch andere Lebewesen in den Rechenwerken, nämlich programmierende Frauen zwischen deckenhohen Schalttafeln und raumfüllenden Relaisschränken. Wie Chaplin in »Modern Times« stecken sie tatsächlich in der Maschine, die den gesamten Raum einnimmt. Den Prototyp für diese Dinge kennen wir bereits: Das Wohnzimmer der Familie Zuse war der erste rechnende Raum.

Vielleicht tragen die US-Streitkräfte Mitschuld am Zustandekommen dieser Idee. Als sie nämlich nach 1945 im Rahmen der Aktion Paperclip weite Teile der technischen Intelligenz Deutschlands in amerikanische Think-Tanks holten, da ließen sie Konrad Zuse unbeachtet. Den Mann kannte niemand, und der Computer galt als amerikanische Erfindung. So blieb Zuse unbeachtet in dem Dörfchen Hinterstein im Allgäu, wohin er aus den Berliner Bombennächten geflüchtet war. Das Modell Z4 hatte er unter abenteuerlichen Umständen mitgebracht und in einem alten Stall aufgestellt. Indem Zuse nun in der unfreiwilligen Ruhe dieser Zwischenphase über den elektromechanischen Relais seiner Z4 ins Grübeln geriet, kam ihm eine überraschende Idee. Sie hat ihn Zeit seines Lebens nicht mehr losgelassen:

»Es geschah bei den Betrachtungen über die Kausalität, daß mir plötzlich der Gedanke auftauchte, den Kosmos als eine gigantische Rechenmaschine aufzufassen. Ich dachte dabei an die Relaisrechner: Relaisrechner enthalten Relaisketten. Stößt man ein Relais an, so pflanzt sich dieser Impuls durch die ganze Kette fort. So müßte sich auch ein Lichtquant fortpflanzen, ging es mir durch den Kopf. Der Gedanke setzte sich fest; ich habe ihn im Laufe der Jahre zur Idee des ›Rechnenden Raumes‹ ausgebaut.« (Zuse 1993: 93)

IV. Das Rechnen

Nur Übertreibungen sind wahr. In diesem Sinne gibt es nur einen einzigen Rechner, der in Wahrheit noch universaler wäre als die Universal Turing Machine – das ist das Universum selber. In dieser Machina Mundi würden die Menschen wie die Motten in den alten Rechnern stecken. Gewisse Unterdateien wären ihren Leibern in Form des genetischen Codes eingeschrieben, und am Ende aller Tage könnte der Herrgott ein Debugging-Progamm als Jüngstes Gericht durchlaufen lassen – so mögen Spötter sagen. Doch gilt für solch verrückte Überlegungen, daß man sie noch einmal verrücken muß, um durch eine zweite Verrückung die erste Verrücktheit wettzumachen. In diesem Fall reicht sogar eine bloße Übersetzung. Man verrücke den Terminus »Rechnender Raum« aus dem Deutschen ins Englische. Was dabei herauskommt, ist der Ausdruck »Cyberspace«. ...

Wir werden für das Folgende jedoch den altertümlichen Ausdruck beibehalten. Er hat den Vorteil einer größeren Deutlichkeit der sprachlichen Elemente. In der Verschmelzung von »cybernetics« und »space« ist dagegen die Unterscheidung von Rechnen und Raum immer schon verschwunden. Gewiß, auch dies mag seinerseits bezeichnend sein, wir aber gehen hier zunächst einmal back to the roots. Dabei sei eines nicht vergessen: Der Ingenieur Konrad Zuse ist ein genuiner Leibnizianer. Nirgends wird dies deutlicher als in seiner Idee vom Rechnenden Raum.

Merkwürdiges Wort: wie kommen diese zwei zusammen, das Rechnen und der Raum? Beide meinen offensichtlich etwas Weitergehendes, als man sich normalerweise darunter vorstellen mag. In der Grundschule hat man uns noch gelehrt, Rechnen und Schreiben zu unterscheiden. Seitdem aber auch Schriftsteller vor Rechnern sitzen, dämmert manchem ein Versäumnis. In der Tat ist die Universalisierung des Wortes »Rechnen« eines der bezeichnendsten Indizien für gewisse Veränderungen im 20. Jahrhundert. Die Rechner sind mittlerweile fast überall. Nur Ignoranten glauben noch ein »A« zu schreiben, wenn sie auf die entsprechende Taste ihres PC's drücken und anschließend ein »A« auf dem Bildschirm sehen. Denn zwischen Tastatur und Monitor gibt es ebensowenig ein »A« wie zwischen Hirn und Hand. Was es dort auf abgestuften Übersetzungsniveaus gibt, sind Codes, beispielsweise den ASCII-Code aus 7 Bits und dem binären Rechenwert 1000001 für »A«. Schreiben ist auf diesem Weg zu Textverarbeitung geworden und also Rechnen.

Wenn aber Schreiben Rechnen wird und Schreibmaschinen sich in Rechenmaschinen verwandeln, so kann das nicht ohne Konsequenzen für eine alte Schriftkultur bleiben. Mit großem Aufwand suchen täuschende Benutzeroberflächen diese Einsicht zu verhindern. Demgegenüber sei ermunternd an die Direktheit des Umgangs mit den Maschinen in ihren Pioniertagen erinnert. Zuses Rede vom Rechnenden Raum ist dann weniger mysteriös, als sie zunächst wohl scheinen mag. Denn das Modell dafür beansprucht mittlerweile auf fast jedem Schreibtisch Raum für sich – Rechenraum.

Was aber heißt nunmehr »rechnen«? Zuse hat sich diese Frage unter den Bedingungen des 2. Weltkrieges gestellt. Sein damals gewähltes Beispiel für eine erweiterte Vorstellung von Rechnen zeigt sich nicht unberührt von der Entstehungszeit: »Man sagt z. B. ›Ich rechne damit, daß der Gegner sich zurückziehen wird, wenn seine Zufuhr abgeschnitten ist und ein Durchbruch mit Erfolg verhindert werden kann.‹ Hier kombiniert man aus den Umständen ›die Zufuhr ist abgeschnitten‹ und ›ein Durchbruch kann mit Erfolg verhindert werden‹ das Resultat: ›der Gegner zieht sich zurück‹. Dieser volkstümliche Gebrauch des Wortes Rechnen deutet bereits die Möglichkeit einer allgemeinen Kombinationsrechnung an.« (Zuse 1993: 74)

Daß dieses Beispiel volkstümlich gewesen sei, muß man befürchten. Doch zeigt es auf die anschaulichste Weise, wie Schrift in Rechnung zu stellen ist: man klammert einzelne Segmente ein, um sie anschließend en bloc und nach Maßgabe einer formalen Kombinatorik zu verknüpfen. Schrift wird zur Flaschenpost in einem Meer aus Operanden. Es mag an dieser Stelle an die »Ars Magna« des Raimundus Lullus (1235–1315) erinnert werden. In dieser wurden ausgewählte Variablen eines lullistischen Alphabetes formalen Operationen unterworfen (– wir haben an anderer Stelle ausführlicher davon gehandelt). Es ist eine Kombinatorik, die durchaus »Rechnen« zu nennen wäre. Denn in einem erweiterten Sinne meint dieses Wort jede logische Verknüpfung von Informationen. So betrachtet ist das Einmaleins nur noch ein Spezialfall von der umfassenden Bestimmung: »Aus gegebenen Angaben nach einer Vorschrift neue Angaben bilden«.

So lautet Zuses Formel für den Begriff des Rechnens. Sie zeigt bemerkenswerte Ähnlichkeit mit neueren Definitionen dessen, was eine Maschine sei. Der KybernEthiker Heinz von Foerster hat es kurz und knapp gesagt: »Eine ›Maschine‹ ist eine Anordnung von Regeln und Gesetzen, durch die gewisse Tatbestände in andere transformiert werden.« (Foerster 1993: 135) Regelgeleitete Transformationsprozesse sind das Herzstück der neuen Maschinen, genauer gesagt: Sie selber sind die eigentliche Maschine. Man sieht sogleich, daß sich auf dieser Ebene eine strukturelle Gleichheit mit dem erweiterten Rechenbegriff ergibt. In dieser ihrer abstraktesten Bestimmung kommen die Maschinen und das Rechnen überein, darin sind sie identisch. Transformationen sind für beide der Dreh- und Angelpunkt. Die erste und entscheidende Transformation aber betrifft die Vorstellungen von Rechnen und Maschinenbau selbst. Im Begriff des Algorithmus verschmelzen beide zur Ununterscheidbarkeit. Der Algorithmus ist die neue abstrakte Maschine und das neue abstrakte Rechnen gleichzeitig. Diese neuen RechenMaschinen sind universelle Bit-Transformatoren. Eben darin unterschied sich Konrad Zuses Ansatz auf das radikalste von den Hollerith-Maschinen.

Damit ist eine wichtige Zwischenstufe auf dem Weg in den Rechnenden Raum erreicht. Die Verschmelzung von ›Der Maschine‹ mit ›Dem Rechnen‹ stellt ein epochales Ereignis dar, dessen unmittelbarster Ausdruck die Materialisierung abstrakter Logiken ist. Eben deshalb nannte Zuse seine Rechner »Fleisch gewordene Mathematik«. Die Boolesche Algebra gerät in den Stabilbaukasten, und was dabei herauskommt, zeigt uns den Januskopf einer Realabstraktion: sinnlich-übersinnliches Ding.

»Die Automatentheorie kann als abstraktes mathematisches Gebäude benutzt werden, jedoch können diesen gedanklichen Gebilden auch technische Modelle zugeordnet werden, bzw. die Automatentheorie kann zur Beschreibung von Automaten, insbesondere solchen, die der Informationsverarbeitung dienen, benutzt werden. Bei der heutigen erweiterten Auffassung ist der Begriff ›Rechnen‹ mit ›Informationsverarbeitung‹ identisch.« (Zuse 1969: 6)

Wenn dem so ist, dann gibt es nur noch Rechner. Und damit greift das Rechnen Raum im wörtlichsten Sinne, es greift Maschinenraum. Auf dem Schnittpunkt von mathematischer Abstraktion und technischer Konstruktion entsteht das doppelsinnige Gebilde, das heute »die Maschine« heißt. Deren eigentümlicher Charakter findet seinen deutlichsten Ausdruck in einer rapiden Tendenz zum Verschwinden des Materials in den Logos, den es doch materialisieren soll. Nicht nur die Chips werden immer kleiner, sondern zukünftige Rechner werden vermutlich ganz auf solches Material verzichten und optisch mit Lichtimpulsen arbeiten. Schon Zuse dachte 1945 an die Fortschaltung von Licht, als er die Relais seiner Z4 betrachtete. Es mag eigentümlich klingen, doch die Technik scheint La

Mettries Idee von »machines éclairés«, von erleuchteten Maschinen beim Wort nehmen zu wollen. Als Lichtgestalten nehmen die abstrakt-konkreten Gebilde ihre symbolische Erscheinung an.

V. Der Raum

Schon die von Leibniz konstruierte Rechenmaschine wäre Fleisch gewordene Mathematik zu nennen. Nicht von ungefähr war sie von räumlichen Phantasien des Philosophen begleitet: »Denkt man sich etwa eine Maschine, die so beschaffen wäre, daß sie denken, empfinden und perzipieren könnte, so kann man sie sich derart proportional vergrößert vorstellen, daß man in sie wie in eine Mühle eintreten könnte.« (Leibniz 1714: 33) Man mag bei diesem Eintritt in die Rechenmühle an die Ingenieure im Inneren der riesigen Relais-Rechner denken. Wären aber diese Innenräume der Rechner bereits als rechnende Räume anzusprechen? Was soll hier »Raum« bedeuten?

Die Frage nach dem Raum war einer der zentralen Punkte in dem epochalen Schlagabtausch zwischen Leibniz und Newton, der dabei seinen Schüler Samuel Clarke vorschob. Von diesem Briefwechsel Leibniz-Clarke hat Max Jammer gesagt, daß er für die klassische Naturwissenschaft eine ähnliche Bedeutung habe wie die Kontroverse zwischen Albert Einstein und Niels Bohr für die moderne Physik. Schon der Newtonianer Voltaire nannte ihn »peut-être le plus beau monument que nous ayons des combats littéraires«. In einer eigentümlichen Mischung aus Physik und Metaphysik, aus Theologie und Technik betraf die Auseinandersetzung Grundprobleme von Raum und Zeit, des Gedächtnisses, der Maschine, des Wunders etc. Insgesamt haben Leibniz und Clarke einander jeweils nur fünf Briefe geschickt. Doch nach anfänglichen Kurzgeplänkeln wuchsen diese sich recht schnell zu wütenden Traktaten von enormer Länge aus, in denen sich die Kontrahenten nicht mehr schonten. Was Clarke zum Raum zu sagen hatte, kommentierte Leibniz mit der vernichtenden Bemerkung: »Das sind idola tribus, bloße Hirngespinste und oberflächliche Vorstellungen.« (Leibniz 1717: 54)

Wenn solche Töne angeschlagen werden, geht es um die

Fundamente. In der Tat ging es zwischen beiden u. a. um die grundsätzliche Klärung dessen, was »Raum« sei: eine leere Form, wie Newton behauptete; oder aber eine interne Struktur, eine Ordnung des Nebeneinanderbestehens, wie Leibniz sagte. Die Entscheidung für das Eine oder Andere ist eine Grundsatzentscheidung mit enormen Konsequenzen. Hier ist ein Grundmuster gegeben, in dem noch Zuses Idee vom Rechnenden Raum sich verorten läßt. Man kann im übrigen sogleich hinzufügen, daß die gesamte Physik sich zunächst einmal auf seiten Newtons geschlagen hat. Doch scheint Leibniz neuerdings wiederum an Boden zu gewinnen gegen seinen Kontrahenten.

Die Debatte Leibniz-Clarke um den Raum entwickelte sich entlang einer Fragestellung, die heute merkwürdig erscheinen mag. Sie läßt sich etwa so zusammenfassen: Nehmen wir an, Gott hätte bei der Erschaffung der Welt das gesamte Planetensystem in all seinen Relationen genau so gemacht, wie er es nun tatsächlich gemacht hat. Er hätte jedoch alles en bloc um hundert Meter weiter nach rechts gerückt. Frage: Wäre dann alles am selben Ort oder wäre es an einem anderen Ort? Darauf erwidert Clarke, wenn Gott alles einhundert Meter weiter nach rechts rückt, dann ist tatsächlich alles um einhundert Meter weiter rechts. – Die Antwort klingt nach gesundem Menschenverstand, jedoch mit so etwas kommt man bei einem Leibniz nicht durch. Er ist dagegen und kontert sowohl theologisch als auch vermessungstechnisch.

Sein erstes Argument arbeitet mit dem Satz vom zureichenden Grunde: Wenn der Raum, wie Newton sagt, leer und homogen sei, dann biete er auch kein Entscheidungskriterium dafür, ob die Welt an diesen oder jenen Ort zu setzen sei. In dem Begriff Gottes als der höchsten Weisheit aber liege, daß er nichts ohne hinreichenden Grund tue. In einem leeren Raum jedoch wäre es ihm ergangen wie Buridans Esel, der aus Mangel eines Entscheidungskriteriums zwischen zwei Heuhaufen verhungern mußte. Will sagen: Gott hätte die Welt entweder gar nicht erschaffen können, oder er hätte willkürlich vorgehen müssen. Beide Behauptungen sind blasphemisch.

Das zweite Argument benutzt den Satz von der Identität: Gott mag die Welt dahin verrücken, wo er will, für diese Verschiebung fehlt jeder äußere Maßstab. Wie sollte sie also gemessen werden können? Wenn die internen Relationen unverändert bleiben und kein äußerer Maßstab da ist, so ist überhaupt kein Unterschied gegeben und also keine Unterscheidungsmöglichkeit vorhanden. Was man aber nicht unterscheiden kann, das ist dasselbe. Mit anderen Worten: Clarke sagt zweimal dasselbe und glaubt, etwas Verschiedenes zu sagen. So etwas nennt man Hirngespinste.

Die Konsequenz aus diesen Argumenten ist für Leibniz, daß der Raum kein leeres Gefäß sein könne, sondern daß er eine Ordnungsstruktur sei: »Was meine eigene Meinung anbetrifft, so habe ich mehr als einmal gesagt, daß ich den Raum ebenso wie die Zeit für etwas rein Relatives halte, nämlich für eine Ordnung des Nebeneinanderbestehens.« (Leibniz 1717: 37 f.) Ein solcher Satz, 200 Jahre vor Einstein, wirkt sensationell. Es scheint in dieser Definition fast so etwas wie eine barocke Relativitätstheorie zu stecken. Daß Raum und Zeit relativ seien, gilt immerhin als die bestürzende Entdeckung des 20. Jahrhunderts. Zur Differenzierung sei daher gesagt, daß Leibniz mit »relativ« nicht die Relativität eines Betrachters meint, der aus einer Bewegung heraus eine andere Bewegung beobachtet, sondern Leibniz meint die festen Relationen der Körper untereinander. »Relativ« bedeutet »relational«: wechselseitige Verhältnisse konstituieren Raum, den es ansonsten gar nicht gibt außerhalb dieser Strukturen. Leibniz ist ein Strukturalist. Nicht von ungefähr kommt einer seiner bedeutendsten zeitgenössischen Leser, nämlich Michel Serres, aus dem französischen Strukturalismus. Beide teilen die Überzeugung, daß der Raum eine Ordnungsstruktur sei. Und diese Grundanschauung teilt auch Konrad Zuse mit seiner Idee vom Rechnenden Raum.

VI. Rechnender Raum

Zuse hat in vielen Dingen das Unglück des Tüchtigen gehabt. Der Mann war ein Genie und offenbar für deutsche Verhältnisse immer ein wenig zu früh. Seine wesentlichen Entdeckungen sind allesamt nur im Rückblick »gewürdigt« worden. Die Maschinen

Z1 bis Z3 gingen im Krieg unter, wurden erst später bekannt. Für die Z3 hat er 1941 einen Patentantrag eingereicht. 26 Jahre später, Mitte 1967, erhielt er einen ablehnenden Bescheid: »wegen mangelnder Erfindungshöhe« (vgl. Zuse 1993: 98 f.). Denn inzwischen waren die Maschinen natürlich weiter, u. a. dank Zuse. Dieser hatte 1945 auch den sog. »Plankalkül« entwickelt, die erste höhere Programmiersprache der Welt. Man hat sie erst nach der Einführung von FORTRAN etc. als entscheidenden Durchbruch erkannt.

Seine Firma hatte zeitweilig durchaus Erfolge. Anfang 1965, als PCs noch nicht erfunden waren, gab es in der BRD 1657 Computer. Davon stammten zwar nur 199 aus deutscher Produktion, doch 135 Zuse-Maschinen hatten daran zumindest den Löwenanteil; Siemens-Anlagen gab es dagegen nur 41. Explodierende Software-Kosten überstiegen allerdings am Ende die Möglichkeiten seines Betriebs, der im Unterschied zu amerikanischen Unternehmen weniger mit der Rüstungsindustrie zusammenarbeitete als mit Hochschulen; 1966 übernahm Siemens die Zuse KG. Der endlich wieder freigesetzte Erfinder hatte nichts Eiligeres zu tun, als seine Intuition aus letzten Kriegstagen wieder vorzunehmen: »den Kosmos als eine gigantische Rechenmaschine aufzufassen« (Zuse 1993: 93). Während also die APO Vietnamkongresse organisierte und die NATO nicht minder folgenreiche Konferenzen zur Software-Krise abhielt, bewegte Zuse sich im Cyberspace, oder um es weiterhin deutsch zu sagen: im Rechnenden Raum.

»Als einfachste Form des Rechnenden Raumes ergibt sich ein orthogonales Gitter« (Zuse 1993: 158) – so lesen wir in seiner Vita. Das Umschlagbild der 1993er Ausgabe des Buches bietet eine Anschauung dazu: Es zeigt ein dreidimensionales Raumgitter, das in die Tiefe fluchtet. Die Darstellung erinnert an Perspektivkonstruktionen der Renaissancemaler, wo es erstmals ein rechengestütztes Generieren von Räumen gab. Leon Battista Albertis wegweisender Traktat »Della Pittura« hatte 1436 den abendländischen Bildraum konsequent auf Mathematik begründet; die daran orientierten Architekturbilder der Renaissance zeigen errechnete Räume, deren Grundstruktur Zuses Cover ähnelt. Denn hier gab es erstmals die präzise Konstruktion eines

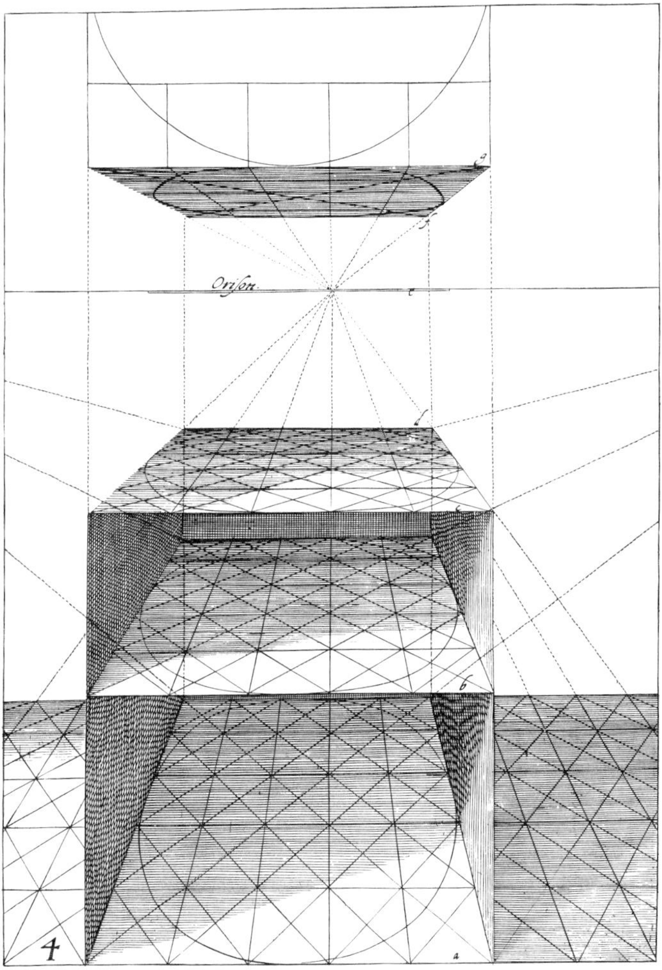

Abb. 24 Jan Vredeman de Vries: Perspective (1599). – Der Rechnende Raum ist die Animation gerechneter Räume. Die Perspektive kehrt sich um: Res extensa wird intelligent.

jeden Punktes. Es entstand mithin ein gerasterter Raum, beliebig oft zentriert um das, was materialiter gar nicht existieren kann, weil es per definitionem ausdehnungslos ist – der Punkt.

Raumgitter bringen den Raum auf den Punkt. Der Punkt aber ist imaginär, eher Monade denn Atom, und nur als Ergebnis definiert: als Schnittpunkt zweier Geraden nämlich. Jeder Punkt ist also Durchgangspunkt und setzt eine relationale Raumstruktur voraus. Dies gilt auch für Zuses orthogonales Gitter, und insofern ist er Leibnizianer. Man stelle sich nun vor, daß an jedem Durchgangspunkt dieses Gitters eine minimale Entscheidung fallen könnte: rechts/links, oben/unten, ja/nein. Wir hätten also eine Punktmenge von Minimalstrechnern, die parallel geschaltet wären. Gebilde dieser Art spielen mittlerweile in der Forschung zur Künstlichen Intelligenz (KI) eine große Rolle. Man spricht dort von Neuronalen Netzen. Zuse sagt in einer etwas älteren Redeweise an Stelle von KI »angewandte Logistik«, und Neuronale Netze nennt er »zellulare Automaten«. Diese beschreibt er als Spezialform eines Automaten, der aus periodisch wiederkehrenden Zellen aufgebaut sei, die miteinander in Verbindung stehen. »Bei den Beispielen haben wir es im wesentlichen mit Punktgittern zu tun. Der einzelne zellulare Automat besteht also aus einem Gitterpunkt, der mit den Nachbarpunkten durch Informationsaustausch in Verbindung steht.« (Zuse 1969: 48) Entscheidend ist dabei, daß die Einzelpunkte nicht etwa Energie austauschen, sondern Information.

In diesem Zusammenhang bringt Zuse das beinah schon verdächtig anschauliche Beispiel einer Wanderschriftanlage, wie man sie in den 60er Jahren erstmals auf Werbetafeln sah. Ein Schriftzeichen kann darin quer über das ganze Rasterfeld laufen. Der Vorgang läßt sich auch auf einem Blatt Papier simulieren. Man nehme beispielsweise die Zeichengruppe 101 als gegebene Angabe und behandele sie nach einer Rechenvorschrift. Diese Vorschrift könnte z. B. besagen: Multipiliziere jedes Ergebnis immer wieder mit der Basis des jeweils angenommenen Zahlensystems. Im Dezimalsystem wäre dies die Zehn, im Binärsystem die Zwei. Das Ergebnis sieht dann aus, wie folgt; Multiplikationen mit der Basis bedeuten nämlich nur die Verschiebung eines gedachten Kommas nach rechts:

0000000000000101
0000000000001010
0000000000010100
0000000000101000
0000000001010000
0000000010100000
0000000101000000
0000001010000000
0000010100000000
0000101000000000
0001010000000000
0010100000000000
0101000000000000
1010000000000000

Der Vorgang läßt sich als Linksverschiebung in einem Register von der Größe 2 Byte (= 16 bit) betrachten. Ungefähr auf diese Weise, als Muster nämlich, könnte eine Datenkonfiguration durch das Raumgitter laufen. Zuse nennt diese Muster »Digitalteilchen«, und zwar in deutlicher Analogie zu den Elementarteilchen der Physik. So wie dort Elementarteilchen sich in Feldern bewegen, so müßten Digitalteilchen das Punktgitter durchlaufen. Und was dort der Satz von der Energieerhaltung ist, wäre hier ein Informationserhaltungssatz. 101 bleibt 101 (wobei sich der Stellenwert natürlich ändert). Insgeheim denkt Zuse an Quantenmechanik. Auf subatomarer Ebene müßte der Raum kein Kontinuum mehr sein, sondern gequantelt, in diskreten Zuständen bestehend. Diese allerfeinste Raumstruktur hätte den Charakter eines Gitters, zwischen dessen einzelnen Punkten nicht Energie fließt, sondern Informationen fortgeschaltet werden. Dieser Austausch aber wäre nach den oben genannten Begriffen nichts anderes als Rechnen. In einem gerasterten Kosmos, dessen Punkte Information statt Energie tauschen, würde das Licht sich wie der Impuls in einer Relaiskette fortpflanzen. Es würde in der Tat gerechnet, und damit hätten wir den gesuchten Rechnenden Raum: »the universe as a big computer«.

Wer aber rechnet hier in diesem riesigen Computer? Gibt es noch ein Subjekt dafür, etwa einen Deus Calculans? Ehemals waren intelligente Leistungen an ein Ich gebunden, das sich selbst in Zweifel zog und eben damit seine Existenz bewies: Cogito ergo sum. Diesem Cogito stand eine in sich zweifellose, nämlich nur durch Länge, Breite, Höhe definierte Res extensa gegenüber. Wenn aber bloße Extensionen intelligent werden, so gerät alles durcheinander. Was Subjekt und was Objekt sei, ist nicht mehr recht zu sagen. Nun rechnet uns der Kosmos etwas vor. Bleibt zu hoffen, daß er sich nicht in uns verrechnet hat, denn auch diese Möglichkeit schließt Zuse nicht aus (Zuse 1969: 51).

Vielleicht ergibt sich all dies aus der Grundannahme, das Buch der Natur sei maschinenlesbar. Maschinen nämlich sind nur Maschinensprachen zugänglich, sie kommunizieren deshalb immer wieder nur mit anderen Maschinen. Alles Periphere muß erst über Schnittstellen und verschiedene Übersetzungen auf Maschinenniveau gebracht werden, sonst geschieht gar nichts. Maschinen kennen nur Maschinen. Daraus ergibt sich eine merkwürdige interne Logik, die sich in Figuren der Verdoppelung bewegt. Aus dem soeben Gesagten folgt nämlich: Was maschinenlesbar ist, das muß eben deshalb wiederum eine Maschine sein. Wenn physikalisch-technische Apparate die naturwissenschaftlichen Daten erschließen, wenn also Natur den Informationsmaschinen zugänglich wird, dann muß sie selber eine sein. Oder um es mit einem genialen Ausdruck Martin Heideggers zu sagen: Natur wird »als ein System von Informationen bestellbar«. Der Philosoph hat damit die bündigste Formulierung für Zuses Rechnenden Raum geprägt: Natur als Informationssystem ...

Die Grundidee ist faszinierend. Wer die Naturwissenschaft auf Informatik begründen will, wird nicht an ihr vorbeikommen. Und wir wissen immerhin, daß dieser Prozeß in gewissen Teilbereichen wie Biologie und Botanik bereits läuft. Dort ist Informatik durch die Entdeckung des genetischen Codes zur Basiswissenschaft geworden. Gentechnologen betrachten die Natur in der Tat als ein System von Informationen. Vielleicht hätte Zuse hier seine Ansprechpartner suchen sollen und nicht bei den Physikern. Denn die sind allesamt dagegen, und zwar aus verschiedenen Gründen. Einer dieser Gründe ist, daß es in der

Physik den Begriff Information gar nicht gibt, sondern nur Masse (m) und Energie (E), neben der letzten absoluten Größe des 20. Jahrhunderts, der Lichtgeschwindigkeit (c). In Einsteins berühmter Formel $E = mc^2$ kommt Information nicht vor. Daß diese Gleichung jedoch an sich selbst sehr wohl eine Information ist, steht auf einem andern Blatt. Dieses andere Blatt trägt den Titel »Kybernetik«, und darunter steht deren erstes Gebot: »Information ist Information, weder Materie noch Energie.« (Norbert Wiener) Die Theorie des Rechnenden Raumes unternimmt den Versuch, den Skandal dieser disparaten Situation in einem Gedankenspiel zu überwinden und die getrennten Blätter zu vereinen.

VII. Die semantische Maschine

Zuse spielt mit offenen Karten und der Heiterkeit eines Spielers, welcher sich bei aller Faszination des Spiels bewußt bleibt, daß er spielt. Freimütig läßt er sich in seine Karten sehen, will sagen: Er legt die Scharnierstellen seiner Theorie offen. Nichts treibt ihn dazu, Prophet eines neuen Weltbildes zu werden. Vielmehr zeigt er en passant, wie man es machen müßte, wenn man eben dieses vorhätte. Seine Schrift »Rechnender Raum« zeigt eine Verfahrensweise, die man zur Generierung von Weltbildern benutzen kann. Am Ende bedarf es nur noch der Lüge, daß man gar nicht spiele – schon ist man ein Prophet. Weil aber heutzutage große Nachfrage nach diesen Dingen besteht, sei das Verfahren bekannt gemacht.

Die Grundsituation besteht darin, ein Verhältnis zu haben, ein Verhältnis zweier verschiedener Dinge zueinander. Bei Zuse sieht das folgendermaßen aus: Auf der Seite A gibt es z. B. ein physikalisches Modell aus der Strömungslehre. Man kann damit die Ausbreitung einer Druckwelle berechnen. Dafür gibt es Formeln; einzelne Rechenschritte folgen aufeinander; es entsteht eine in sich logische Kette, die wir A nennen wollen. Auf der Seite B gibt es ebenfalls Formeln und Rechenschritte, allerdings aus einer anderen Sphäre, nämlich der Datenverarbeitung. Nun hat man also zwei logische Strukturen, deren interne Stimmigkeit hier kein Problem sein soll. Wir wollen sie nicht jeweils nachrechnen, sondern nur auf die Wörter achten, die nach Abschluß der beiden getrennten Rechnungen zwischen sie treten. Man könnte sie Scharnierwörter nennen, sie lauten: »Entsprechung von«, »Rückschluß auf«, »Erinnerung an«, »Modellbau von«, »Analogie zu«. Eben diese Wörter organisieren Zuses Text und machen den ersten Schritt des Verfahrens klar. A wird auf B projiziert und B auf A. Dabei entstehen interessante neue Sätze vom Typus »A bedeutet B« und »B bedeutet A«. Vorher gab es nur interne Verknüpfungen, jetzt gibt es plötzlich Bedeutungen. Ein prinzipieller Ebenenwechsel hat stattgefunden: ein Sprung aus der Syntax in die Semantik. Die Sache ist bemerkenswert, denn den Computern ist so etwas völlig fremd. Computersprachen kennen einzig Wörterbuch und Syntax, Semantik kommt nicht vor. Mit seinem Buch »Rechnender Raum« jedoch hat der Computerbauer Zuse eine semantische Maschine konstruiert, deren Algorithmus in den oben genannten Scharnierwörten steckt. Sein Buch ist diese Maschine. Und vermutlich gibt es keine menschliche Kultur, die auf Sätze von dem Typus »A bedeutet B« verzichten könnte. Durch sie entsteht ein Spiel der Korrespondenzen, das zunächst einmal völlig legitim sein mag. Im Idealfall würden dabei A und B einander wechselseitig lesbar machen.[4] Auch wir haben uns dieses Verfahrens verschiedentlich bedient, um barocke Texte mit modernen Theoremen zu lesen und moderne Texte mit barocken Theoremen.

Man kann allerdings noch einen Schritt weitergehen – und eben diesen Schritt empfehlen wir den Weltbildmalern. Zuse hat ihn mit heiterer Ironie vorexerziert: Seine monströse Behauptung, der Kosmos sei ein Computer, hat ja eine unverhohlen komische Seite. Diese Komik aber ist Teilergebnis des erweiterten Verfahrens. Im nächsten Schritt wird nämlich nicht nur von

4 Nebenbei: Es gibt seit längerem eine Debatte unter dem Titel »Psychoanalyse und Medientheorie«. Sie folgt exakt dem Grundmuster einer wechselseitigen Lesbarmachung zweier logisch-syntaktischer Ketten und bewegt sich also in einem semantischen Feld. Die dabei ständig wiederholte Behauptung aber ist die, daß es wie in den Computersprachen überhaupt nur Syntax gebe. Der Widerspruch ist merkwürdig. Hier stimmt etwas nicht.

A auf B geschlossen, sondern darüber hinaus auf das, was in B repräsentiert sein soll. Es ist der Kurzschluß auf Natur, aufs große Ganze, kurz: »die Welt«. Der dabei generierte Taumel der Semantik läßt das syntaktische Korsett weit hinter sich und löst entsprechende Begeisterung aus. Eben darin liegt der Erfolg von Weltbildern, deren Bauanweisung wir nun kennen: Man nehme eine in sich stimmige Zeichenkette und projiziere sie auf »die Welt«... Dies ist der allgemeinste Begriff der semantischen Machina Mundi. Sie läßt uns ahnen, welcher tiefere Sinn in Nonsense-Ausdrucken wie »die Welt des Kinos« steckt.

VIII. Cyberspace

Zuse hat für sein Gedankenspiel kaum Mitspieler gefunden. Das ist bedauerlich und auch ein Ausdruck von der Provinzialität Deutschlands, die ihn zeitlebens eingeengt hat. Im Rückblick läßt sich ahnen, welcher Diskussionszusammenhang ihm gut angestanden hätte. Man mag z. B. an die legendären 10 Konferenzen denken, welche die Macy Foundation in den USA zwischen 1946 und 1953 organisierte. Allein die Namen der Teilnehmer besagen schon viel über die dortige Wissensvernetzung. Es waren u. a. die Ethnologen Margaret Mead und Gregory Bateson, der Mathematiker John von Neumann, der Kybernetiker Norbert Wiener und nicht zuletzt der Neurologe Warren McCulloch. Hier wurde der Terminus »Kybernetik« geprägt und interdisziplinär an dem neuen Paradigma Selbstorganisation von Systemen gearbeitet. Heinz von Foersters »Biological Computer Laboratory« ging daraus hervor, wie überhaupt die Einbeziehung von Biologie und Medizin eine entscheidende Rolle spielte. Norbert Wieners Kybernetik ist zu weiten Teilen eine Theorie des Nervensystems. Spätere Theorien neuronaler Netze waren ohne diese Vorläufer unmöglich gewesen.

Daß Zuse von »zellularen Automaten« statt von neuronalen Netzen spricht, macht die Differenzen sprachlich klar. In der BRD der 50er Jahre haben Diskussionen zwischen Informatik und Medizin offenbar gefehlt. Zuse berichtet davon in seiner Vita:

»Schon 1958 wollte der Berliner Geologie- und Anthropologieprofessor Helmcke eines unserer Geräte – es war die Z22 – dazu verwenden, mathematische Modelle für biologische Strukturen und Merkmalsanalysen des menschlichen Gesichts während der individuellen Entwicklung vom Kleinkind zum Erwachsenen zu errechnen. Heute, nach der Entschlüsselung der Erbinformatik durch Watson und Crick, erscheint uns dieses Vorhaben selbstverständlich. Damals war es das nicht. Noch eine 1962 von meiner Firma veranstaltete Tagung über das Thema ›Der Computer in der Medizin‹ erwies sich letzten Endes als verfrüht. Etwa achtzig Ärzte aus der Bundesrepublik nahmen daran teil. Man war interessiert, aber zurückhaltend. Nennenswerte Folgen hatte die Tagung nicht.« (Zuse 1993: 116)

Man sieht die Differenzen: 1962 galt in der BRD noch als verfrüht, was in den USA schon 10 Jahre vorher auf den Macy-Konferenzen diskutiert worden war. Innerhalb dieser Verhältnisse aber war Zuse wieder einmal die einsame Spitze der Bewegung. Ohne verrückte Ideen ist so etwas nicht auszuhalten. Die Idee vom Rechnenden Raum war wunderbar verrückt und hat sich zugleich als hyperrealistisch korrekt erwiesen. Wer heute einen Data-Helm aufsetzt, um in virtuelle Welten abzutauchen, der befindet sich nirgends anders als in rechnenden Räumen.

Konrad Zuse und Martin Heidegger.
Zur Metaphysik der Maschine

> Überall bleiben wir unfrei an die Technik gekettet, ob wir sie leidenschaftlich bejahen oder verneinen. Am ärgsten sind wir jedoch der Technik ausgeliefert, wenn wir sie als etwas Neutrales betrachten; denn diese Vorstellung, der man heute besonders gern huldigt, macht uns vollends blind gegen das Wesen der Technik.
>
> *Martin Heidegger*

> Das zwingt zu einer neuen Geisteshaltung und zu einer strengen Disziplin in der Verwendung von Ideen und Mitteln. Jedes Zeichen, jede Aktion, jede Anweisung muß gut durchdacht sein, und es ist kein Platz für Schwärmerei mit unausgegorenen Ideen.
>
> *Konrad Zuse*

Einleitung

Heidegger und Zuse, der Philosoph und der Maschinenerfinder. Wenn der folgende Essay von der Spannung zwischen diesen beiden Autoren und Denkertypen getragen wird, dann könnte dessen Spannweite auf den ersten Blick nicht größer sein: der Ingenieur und der Kritiker aller abendländischen Metaphysik. Sehen wir jedoch genauer hin, läßt sich anhand ihrer so unterschiedlichen Werke eine explizit gemeinsame, zentrale Thematik bestimmen. Im Zentrum beider Werke nämlich steht die Frage nach der Technik.

Was jedoch für Konrad Zuse als durchaus normaler Arbeitszusammenhang gelten mag, das muß für Martin Heidegger und seine Arbeit zunächst als provokante Behauptung vorausgeschickt werden: Es geht auch bei ihm mit der gleichen Intensität und Entschiedenheit um die Technik – um die Technik in Gestalt der Maschine. Allein, der Begriff der Maschine, den beide benutzen, ist so verschieden wie der Begriff der Technik, der ihm zugrunde liegt. In einer vorläufigen Grenzziehung markieren wir den Gegenstand für unsere Untersuchung: Technik verstehen wir hier als Informationstechnik, und entsprechend betrachten wir als Maschine vordringlich die informationsverarbeitende Maschine.

Zwei im strengen Sinne diametral entgegengesetzte, aber exemplarische Perspektiven werden wir hinsichtlich dieser besonderen Maschine also verfolgen: Einmal die philosophisch relevanten Aspekte, wie sie in der Tradition der Techniker formuliert und herausgearbeitet worden sind; und in diesem Zusammenhang ist Zuse durchaus als ein Erbe von Leibniz und Charles Babbage zu sehen. Andererseits müssen wir dabei prüfen, inwieweit Heideggers ausgewiesene Stellungnahmen in Sachen Technik nicht auch in einen bestimmten Diskurs jener Maschinenbauer eingebettet sind.

Blicken wir nur kurz auf die eingangs zitierten Bemerkungen, so scheint zwischen den beiden Autoren eine seltsame, unterirdische Verwandtschaft zu bestehen. Es ist das Ende und die Verabschiedung einer jeden Art von Romantik, das Verschwinden des letzten Funkens Pathos in Sachen Maschine, welches hier den Ton angibt: Heideggers Diktum stammt aus seinem berühmten Aufsatz »Die Frage nach der Technik«, ein Text, der wie kein zweiter das tertium non datur dieses Zeitalters verkündet. Nüchtern klingt die programmatische Forderung Zuses, allerdings betrifft sein Postulat nicht die Technik als Ganzes, sondern – überspitzt gesagt – ihre derzeit brisanteste Domäne, die Programmierung der Computer!

Daß jede noch so ausgefallene metaphysische Problematik in der Sprache Assembler formuliert und codiert werden könnte, hat ein Martin Heidegger nicht wissen müssen, seine Kritik des rechnenden Denkens kam, wie wir sehen werden, noch ohne eine detaillierte Kenntnis vom Wesen der Programmiersprachen aus. Anders dagegen ist unsere Situation: Selbst ein wie immer auch gearteter »Griff zur Notbremse«, Walter Benjamin erwägt einen solchen in seinen geschichtsphilosophischen Thesen, ist nur noch als programmierte Anweisung an eine Maschine durchführbar. Und die wunde Stelle dieser Maschine ist ihre Software, ihre Sprache. Nicht aber ihre Hardware, ihr Trägersystem. Deshalb folgen wir der Geschichte der Software in der Geschichte der Hardware, – ein Projekt, dessen Nähe zu manchen Fragestellungen Heideggers sich zeigen wird. Ohne Zuses Maschinenentwürfe jedoch wäre der Ariadnefaden, der die Inventionen von Hard- und Software historisch verknüpft, nur schwer zu finden.

Während die neuen Romantiker sich (mit Data-Glove und Eye-Phone bewaffnet) bereits in den Gefilden der virtuellen Realität, im Cyberspace, zu tummeln wähnen, lautet unsere Parole also: Es gibt nur eine Wissenschaft, die von der Geschichte der Maschinen. In Abwandlung der berühmten programmatischen Forderung der Phänomenologie heißt es deshalb: Zu den Maschinen selbst!

Zuse und die Tradition der Maschinenerfinder

Was wir hier zu klären haben, sind Fragen, die den Hintergrund einer Geschichte der Rechenmaschinen an entscheidenden Punkten erhellen können: Es gilt dabei zu zeigen, daß Zuses Maschinen im besten Sinne des Wortes in einen exklusiven Zusammenhang der europäischen Theorie- und Ingenieurgeschichte eingebettet sind. Die Ideen der Stammväter dieser Geschichte aber, in der Hauptsache Gottfried Wilhelm Leibniz und Charles Babbage, lassen sich nicht einfach von den Bauplänen der Apparaturen ablesen, wie Konrad Zuse sie entworfen hat. Eine Spurensuche der besonderen Art steht also auf der Tagesordnung. Wir beginnen sie mit einer richtungsweisenden Äußerung zur Funktion der Analytical Engine.

> Ist es möglich, die Analytische Maschine so zu konstruieren, daß sie, wenn die Karten mit den Formeln und den Zahlen eingegeben worden sind, und der Rechenvorgang gestartet ist, die folgende Bedingung erfüllt?
>
> Der Maschinenbediener soll die Maschine mitten in ihrer Arbeit stoppen, wann immer er will und so oft er mag. Bei jeder Unterbre-

> chung soll er die Zahlenräder prüfen, und wenn es ihm gelingt, ohne die Mechanismen zu beschädigen, soll er die Zahlen verstellen, ganz nach seinem Belieben. Derart kann er von Zeit zu Zeit so viele Zahlenwerte verfälschen, wie er möchte. Aber trotzdem sollen das Endergebnis und alle Zwischenresultate vollkommen fehlerfrei sein. Es ist mir gelungen, diese Bedingung durch das Hilfsmittel eines sehr einfachen Prinzips zu erfüllen.
> (Babbage 1851: 188; übersetzt von W. K.)

Der hier vorgestellte Fall ist keinesfalls ein Ausnahmezustand der Maschine. Babbage präsentiert uns den Fehlerverursacher zwar wie einen bösen Dämonen, aber in der skizzierten Situation verbirgt sich ein durchaus normales technisches Problem: der jederzeit mögliche Ausfall eines Teils der Hardware. Mit den Augen des Ingenieurs betrachtet, muß ein beliebig gravierender Fehler im System durch technische Hilfsmittel verhindert und abgefangen werden. Und genau in dieser Betrachtungsweise der Maschine gleichen sich die Maschinenerfinder aller Zeiten bis zur Unkenntlichkeit: Ob Leibniz, Babbage oder Zuse, der Standpunkt des Technikers verlangt den antizipierenden Blick ins Innere der jeweiligen Konstruktion.

Staffelwalze, Zahnräder, Gestänge und Relais, der Bruch eines Metallstücks wie der Ausfall eines Relais oder einer Röhre, alle Bestandteile der Hardware einer Rechenmaschine gehören zu ihrer kritischen Masse, für die jeder Ingenieur ein sensibles Gespür entwickeln muß. Die Texte der genannten Maschinenerfinder sprechen, was die Fehlermöglichkeiten winziger Details anbetrifft, eine deutliche Sprache.

Und doch ist die Ausgangssituation bei der Hardware-Entwicklung eine je verschiedene: Die mechanischen Hilfsmittel, die Leibniz, Babbage und auch Zuse einsetzen, unterscheiden sich allein schon dadurch, daß ihre besondere Antriebskraft, ihre Energiequelle, eine jeweils andere war. Manueller Betrieb mit der Handkurbel, der geplante Einsatz von steam-power und die erkannte Bedeutung der Elektrizität als der alles integrierenden Energieform, das sind die Stufen einer Entwicklung der Hardware, wie sie die Erfinder der Maschinen im speziellen Einzelfall konzipiert und realisiert haben. Die Lösungen bestimmter Detailprobleme mögen sich dabei berühren, es entstehen keine

Abb. 25 Analytical Engine, realisiert von Henry Prevost Babbage, 1910. Science Museum, London

fertigen Kopien, sondern eher Metamorphosen der Problembehandlung. Das Erbe liegt nicht in der abgekupferten Variante, im Blick auf das jeweilige zu lösende Problem finden wir die Verwandtschaft.

Eine offenkundige Erbschaft allerdings übernimmt Konrad Zuse von den Maschinenentwürfen, die Leibniz uns in Briefen, Traktaten und Fragmenten hinterlassen hat. Bereits 1936 ist endgültig für ihn entschieden, daß die Rechenmaschine des Ingenieurs nur in einem einzigen Zahlensystem arbeiten wird:

> Da die Maschine längere Rechnungen selbsttätig ausführt, kann man menschliche Gewohnheit übergehen und das einfachste Zahlensystem wählen. Bereits Leibniz hat als einfachstes System die Dyadik, das System mit der Basis 2 erkannt. Diese Erkenntnis gilt selbstverständlich auch für die Rechenmaschine. Der Gedanke, Zählwerke u. dergl. im Zweiersystem zu bauen, ist nicht neu. (Zuse 1936 B: 6 f.)

Mit dieser grundsätzlichen Entscheidung zugunsten des binären Zahlensystems hat Zuse auf einen Schlag eine Vielzahl technischer Probleme gelöst: Denn die Achillesferse der bis dahin gebauten Rechenmaschinen war die mechanische Repräsentation der Zahlensysteme mit einer höheren Basis, vorzüglich der des Zehnersystems. Alle Übertragungen, rechnende Behandlungen und Speicherungen von Zahlen solcher Systeme erfordern die komplizierteste Mechanik: Zahnräder, Federn, Walzen oder Stangenbündel und Hebel, deren gestörtes Zusammenwirken oftmals einen Rechenvorgang zum Abbruch brachte, weil ein winziges Detail in einer langen Verkettung von mechanischen Operationen versagte.

Bereits Leibniz hatte diese Einsicht in die Zerbrechlichkeit der benötigten Feinmechanik zweifellos besessen, aber in seinen realisierten Rechenmaschinen bleibt er dem Zehnersystem treu. Es mag dies auch der entscheidende Fehler gewesen sein, der alle Entwürfe der Maschinen von Charles Babbage schon von Anfang an zum Scheitern verurteilte, auch wenn spätere Rekonstruktionen seinen Maschinen ein fehlerfreies mechanisches Arbeiten nachweisen konnten. Die Wunde dieser Maschinen blieb ihre Mechanik!

Aber Zuse entscheidet sich nicht allein für das »richtige«, das einzig »wahre« Zahlensystem der Maschine selbst, er erkennt mit dem nüchternen Blick des Ingenieurs neben den großen Vorteilen auch etwaige Nachteile dieses Systems:

> Jedoch hat es keinen Sinn, Rechenmaschinen, die der dauernden Wertung bedürfen, im Zweiersystem zu bauen, da die Veranschaulichung der Zahlen ihre dauernde Übersetzung in das Dezimalsystem bedingt, wodurch der Vorteil der einfacheren Operationen des Zweiersystems wieder aufgehoben wird. Die Kombination des oben beschriebenen Verfahrens mit dem Zweiersystem bedeutet jedoch einen wesentlichen Fortschritt, eine Arbeitsgemeinschaft, die gegenseitig die praktische Durchführung beider Methoden ermöglicht. Die Zahlen sind ›unter sich‹; es können Resultate über Tausende von Zwischenwerten abgeleitet werden, ohne daß eine einzige Zahl in das Dezimalsystem übersetzt zu werden braucht. (Zuse, 1936 B: 7)

Die problemlose Maschinenlesbarkeit der binären Zahlen hat weitreichende Folgen, wenn sie radikal genutzt wird: Nicht nur der enorme Gewinn an Geschwindigkeit der Rechenprozesse selber und die einfachere Speicherung und Behandlung aller Werte sind ein ungeheurer Fortschritt in dieser Technologie, sondern die konsequente Ausnutzung der beiden Werte 0 und 1 für »wahr« und »falsch« in logischen Schaltungsfolgen ermöglichen den zentralen Durchbruch in Sachen Denkmaschine. Denn mit der Realisierung der Aussagenlogik durch eine binär organisierte Logik der Schaltungen hält eine bestimmte Ausprägung der Metaphysik ihren triumphalen Einzug in diesem Terrain. Ausgestattet mit einer unvorstellbar hohen Geschwindigkeit, erobert die zweiwertige Schaltungslogik in der Folge sämtliche durch Software abbildbare Anwendungsbereiche in der Domäne der Rechenmaschinen und besetzt sie mit verschiedenen Titeln, deren Ansprüche offen proklamiert werden. Artificial Intelligence/Künstliche Intelligenz ist nur einer davon, neuronale Netze ein anderer ...

Doch kehren wir noch einmal zurück in die Diskussion des mitunter umstrittenen Zusammenhangs der Tradition, in den die Maschinen Zuses eingebettet sind. Er selbst legt seine Karten offen, wenn er im Kommentar zu seinem Buch über das von ihm entwickelte »Plankalkül«, das wir später noch behandeln werden, seine Kenntnisse der Historie und der zeitgenössischen Arbeiten summiert:

> Knowledge of Other Developments [...]
>
> I only became acquainted with the fundamental work of Babbage in 1938, when I was applying for a patent in the USA. Moreover, I had no knowledge of the very important works of Turing (»On computable numbers«), and the Switching Algebra of Shannon. Only by accident in 1944 did I learn of the Aiken computer, USA. However, the picture of the MARK I computer supplied by the German secret service could give us only a general impression. (Zuse 1989: 24)

Wir verzichten an dieser Stelle explizit darauf, Fragen zu verfolgen, deren Beantwortung für eine historische Bewertung von Zuses Werk absolut gleichgültig wäre. Daß Leibniz eine binär arbeitende Rechenmaschine in Briefen skizziert und Babbage einen mit Hilfe von Lochkarten programmierbaren Rechenautomaten entworfen hat, macht Zuse nicht zum bloßen Epigonen, er bleibt der Erbe als der geniale Erfinder, ausgestattet mit dem souveränen Urteil des Technikers und des Theoretikers in einer Person.

Frühe Texte und Entwürfe: »Die Rechenmaschine des Ingenieurs«

Im Vergleich der Ausgangssituationen von Babbage und Zuse zeigt sich die jeweilige Signatur des Zeitalters. Die ziemlich genau hundert Jahre, die zwischen dem Entwurf der Difference Engine und der Beschreibung einer »Rechenmaschine des Ingenieurs« liegen, trennen ganze Welten voneinander: Charles Babbage, Einwohner der industriellen Hauptstadt und Handelsmetropole des 19. Jahrhunderts, nimmt eine mehrfache Herausforderung an. Seine Maschinen sollen nicht allein dabei helfen, neue und korrektere Tabellenwerke und mathematische Tafeln zu erstellen. Bei seiner Difference Engine denkt er zugleich an deren nützliche Anwendung in den internationalen Bereichen von Schiffahrt und Handel: Eine Unterstützung der Navigation und ein vielseitiges Werkzeug der industriellen Revolution, eine

Maschine also für die Sicherung und die Expansion der englischen Macht wie der englischen Märkte. Babbage läßt keinen Zweifel daran aufkommen, daß seine geplanten Rechenmaschinen in dieser Perspektive gesehen und bewertet werden müssen – Britannia rules the waves...

Ganz anders Konrad Zuse: Denn seine Ausgangsprobleme sind die von Experten der verschiedenen Ingenieurbereiche.

> Die Anforderungen, die an die ideale Rechenmaschine des Ingenieurs gestellt werden müssen, gehen aus folgenden Überlegungen hervor: Der Ingenieur hat viel mit festen Formeln zu arbeiten, die immer wiederkehren. Man hat gewisse Ausgangswerte, und die Arbeit besteht nun darin, durch eine bestimmte, für eine Formel immer gleiche Aufeinanderfolge von Grundrechnungsarten zwischen bestimmten Zahlen das Resultat zu berechnen.
> (Zuse 1936 A: 2)

Häufig zu wiederholende Berechnungen aller Art, mathematische Problemstellungen der Statik und bald schon einer besonderen Art von Dynamik (Thomas Pynchon läßt grüßen!), Zuses Rechenaufgaben für seine geplante Maschine sind um ein Vielfaches konkreter und spezieller, auf bestimmte technische Arbeitsbereiche zugeschnitten. Was hier im Einzelfall berechnet werden soll, entspricht einer jeweiligen Nutzung der Maschine als ein universelles mathematisches Werkzeug in den streng begrenzten Bereichen von technischer Produktion und Konstruktion. Diese universelle Rechenmaschine des Ingenieurs ist selbstverständlich ein Automat im besonderen Sinne des Wortes, sie ist vollkommen programmgesteuert: Der Anwender als Experte muß die Aufgaben im vorhinein definieren, und die Maschine führt sie für ihn aus.

> In dieser Art lässt sich für jede beliebig lange Rechnung ein »Rechnungsplan« aufstellen, indem im voraus die aufeinanderfolgenden Rechenoperationen dem Charakter und der Reihe nach aufgezeichnet werden, und die im Verlauf der Rechnung auftretenden Zahlen fortlaufend numeriert, oder nach einem andern Schema geordnet werden, ohne sie zunächst der Größe nach zu bestimmen. ...
>
> Der Ingenieur braucht Rechenmaschinen, die diese Rechenoperationen automatisch ausführen, indem der Rechenplan auf einem

Lochstreifen festgehalten wird, der die Befehle für die einzelnen Rechenoperationen selbsttätig und nacheinander an die Maschine gibt.

Die Maschine muß auf Befehl des Lochstreifens jede verlangte Grundrechnung vollautomatisch ausführen können.
(Zuse 1936 A: 3f.)

Was Zuse hier beschreibt, ist der Analytical Engine von Charles Babbage unmittelbar verwandt. Anstelle einer Steuerung durch Lochkarten tritt zwar der Lochstreifen auf, aber das entscheidende Charakteristikum einer maschinenlesbaren Befehlseingabe zeigen beide Geräte. Und beide Erfinder statten ihre Maschinen mit Speicherwerken aus, in denen zunächst einmal alle benötigten Zahlen (Konstanten und Variablen) und später auch Befehlsfolgen von Programmen aufbewahrt werden können. Ein wahlfreier Zugriff auf beliebige Speicherstellen erlaubt jede gewünschte Verarbeitung der Werte, wobei natürlich die Größe des realisierten Speichers eine bestimmte Begrenzung der Rechenkapazität der jeweiligen Maschine bedingt.

Den kompletten Maschinenentwurf entfaltet Zuse in zwei Patentanträgen aus dem gleichen Jahr, in dem er die »Rechenmaschine des Ingenieurs« konzipiert hat. Die von ihm in der Folge der nächsten Jahre gebauten Rechner Z1 bis Z4 sind im wesentlichen an diesen frühen Entwürfen orientiert. Damit nehmen sie in ihrer Funktion die von der Analytical Engine gestiftete Tradition wieder auf, wenn wir von der Nutzung elektromagnetischer Relais und der Arbeitsweise im binären Zahlensystem einmal absehen. In diesem Sinne formuliert Zuse einen Patentantrag für ein

Verfahren zur selbsttätigen Durchführung von Rechnungen, die sich aus elementaren Rechenoperationen in beliebiger Reihenfolge zusammensetzen, mit Hilfe von Rechenmaschinen, dadurch gekennzeichnet, daß einerseits im Verlauf der Rechnung auftretende Zahlen gespeichert werden und mittelst eines Wählwerks jederzeit einer Rechenvorrichtung zur Verfügung stehen, andererseits die erforderlichen Operationen ausgelöst und gesteuert werden durch das Abtasten eines Rechenplanes, der für jede Operation die auszuführende Grundrechnungsart, die Nummern der die jeweils erforderlichen Zahlen enthaltenden Speicherzellen, und

> die Nummern der das Resultat speichernden Zelle fortlaufend und selbsttätig angibt. (Zuse 1936 B: 12)

Eine solche programmgesteuerte Rechenmaschine beherrscht alle Grundrechenarten inklusive der Behandlung von Quadratwurzeln, was Zuse gelegentlich nicht ohne Stolz bemerkt. Die Architektur dieses Maschinentyps integriert mehrere, funktional voneinander abgegrenzte Teile, deren Zusammenspiel von der Programmsteuerung genutzt werden kann. Jede Befehlsfolge, die dabei von außen der Maschine vorgegeben wird, enthält jeweils die gesamte Organisation der internen Abläufe: Ohne solchen Anstoß würde sich im Automaten nichts bewegen! Und kein Betriebssystem unterstützt hier das Programm! In einer Sprache, die dem von Babbage gebrauchten technischen Vokabular sehr nahe kommt, stellt Zuse den Apparat in seiner architektonischen Gliederung vor und verweist dabei auf eine beigefügte Zeichnung:

> Rechenmaschine zur Durchführung des Verfahrens [...] dadurch gekennzeichnet, daß sie sich aus einer Rechenvorrichtung (R), einem Verteiler (V), einem Speicherwerk (Sp), einem Wähler (W), einem Abtaster (AR) für den Rechenplan, einem Abtaster (AZ) für die Ausgangswerte und einem Locher (L) für die Resultatwerte zusammensetzt. (Abb.1) (Zuse 1936 B: 12)

Zentraleinheit und Peripherie, Rechenwerk, Speicher sowie die Vorrichtungen zur Ein- und Ausgabe von Daten und Befehlen über Lochstreifen: Dieser zu seiner Zeit erneut avantgardistische Bauplan der Maschine – das Konzept von Babbage war knapp hundert Jahre in »Vergessenheit« geraten – verrät auch heute noch, wenn wir auf die weitere Entwicklung der Computertechnologie schauen, sein hartes metaphysisches Urgestein.

Denken und Rechnen: das mechanische Gehirn

Wir haben in unserem Buch »Allwissen und Absturz. Der Ursprung des Computers« einen Lehrsatz aus der Leibnizschen Monadologie (1714) interpretiert, den wir uns hier noch einmal vergegenwärtigen müssen, weil er für einen bestimmten Denk-

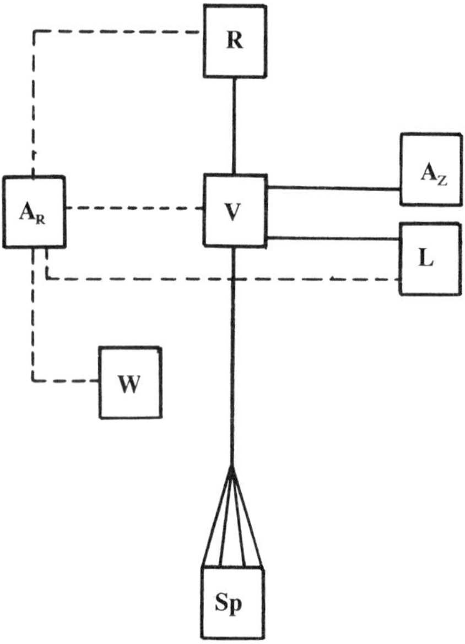

Abb. 26 Die Architektur der Maschine (nach Zuses Abb. 1)

ansatz Zuses von zentraler Bedeutung ist. Es sei dahingestellt, ob Zuse diese Abhandlung kannte oder nicht, die folgenden Textpassagen aus seinem Tagebuch aber weisen uns den Weg zurück in eine barocke Allegorie par excellence: Leibniz hatte nämlich in diesem 17. Satz das Modell des Gehirns als eine Mühle skizziert, um damit dann gegen die mechanistische Erklärung von Denk- oder Empfindungsvorgängen zu polemisieren. Eine Maschinerie vom Typus der Mühlenwerke würde immer nur Stücke und Teile kennen, die in vorgegebener Art und Weise aneinander stießen und dabei bestimmte mechanische Arbeitsprozesse erledigen könnten. Solch grobe Mechanik oder Dynamik wäre aber völlig untauglich, das Wesen der Vorgänge im Innern des Gehirns zu klären.

Etwas mehr als zwei Jahrhunderte später sieht die Sache anders aus. Auf der Tagesordnung der Naturwissenschaften stehen Themen, deren Brisanz diese Leibnizsche Polemik in den Schatten stellt. Und Zuse befindet sich durchaus auf dem Niveau der Naturwissenschaften seiner Zeit, wenn er einen gleichsam revolutionären Exkurs in philosophische Gefilde formuliert.

> Mechanisches Gehirn:
>
> Seit etwa einem Jahr beschäftige ich mich mit dem Gedanken des mechanischen Gehirns.
>
> Erste Gedanken: Im Anschluß an die Rechenmaschine. Herstellung von Rechenplänen nach Anweisungen. Mathematisches Gehirn: Differenzierung. Sprachhirn. Übersetzen, Schreiben usw. Erste produktive Gedanken für Einzelheiten: April 37. Erkenntnis der Bedingungsketten. Auflösung aller Operationen in Bedingungsketten. Die Idee kam mir beim Entwurf des Leitwerks der Rechenmaschine im Sekundalsystem. (Ist das und das der Fall, so muß das und das geschehen.) (Zuse 1986: 41)

Carl Ludwig Schleich hatte bereits 1916 das Gehirn in seiner Arbeitsweise mit der einer Telephonzentrale verglichen und dabei komplizierte Schaltvorgänge unter dem Gesichtspunkt der Analogie behandelt. Sein Buch »Vom Schaltwerk der Gedanken« war ungewöhnlich gut verbreitet und vielfach diskutiert worden. Allein, von dem Modell, das Zuse hier entwirft, unterscheidet sich seine Telephonzentrale jedoch beträchtlich. Denn das vorgestellte »mechanische Gehirn« ist in seiner Funktionalität und Arbeitsweise einerseits mathematisch organisiert, andererseits aber in seinem Leistungsvermögen auch deutlich erweitert. Was Zuse konzipiert hat, ist weder eine bloße Vermittlungsinstanz für wahlfreie Verbindungen, die geschaltet werden müssen, noch denkt er an Teile oder Stücke, welche als fixierte Substanzen einer puren Mechanik verhaftet bleiben. Bei seiner vorgeschlagenen Typisierung in »mathematisches Gehirn« und »Sprachgehirn« (eine explizite Bildverarbeitung scheint hier ausgeklammert) liegt die Radikalität seines Ansatzes in der Reduktion aller Prozesse auf das Verfolgen von seriellen Wenn-Dann-Bedingungsketten. In fortschreitenden Differenzierungen werden Positionen und damit Glieder dieser Ketten sukzessive abgearbeitet, wobei jede Entscheidung eine eigene neue Wegrichtung für den weiteren Verlauf implizieren kann. So ergibt sich eine optionale, flexible Bahnung im Netzwerk von festverdrahteten Verknüpfungen.

> Entscheidender Gedanke 19. Juni 37
>
> Erkenntnis, daß es Elementaroperationen gibt, in die sich sämtliche Rechen- und Denkoperationen auflösen lassen.
>
> Ein primitiver Typ eines mechanischen Gehirns besteht aus einem Speicherwerk, Wählwerk und einer einfachen Vorrichtung, in der einfache Bedingungsketten von 2-3 Gliedern behandelt werden können. Mit dieser Form des Hirns muß es theoretisch möglich sein, sämtliche Denkaufgaben zu lösen, die von Mechanismen erfaßbar sind, jedoch ohne Rücksicht auf die dazu erforderliche Zeit. Kompliziertere Gehirne betreffen lediglich die schnellere Erledigung von Vorgängen [...] (Zuse 1986: 41)

Der Skandal in Gestalt eines Schaltbildes: Rechenwerk, Wählwerk und Speicher, kompakter und provokanter könnte eine Denkmaschine wohl kaum umrissen werden. Eine Zentralmonade inklusive eingebautem Prozessor, gefüttert mit endlosen Ketten von Elementaroperationen, Rechnen und Denken in einer gemeinsamen Notation, maschinenlesbar geschrieben. Denkaufgaben sind Bedingungsketten, kombinatorisches Rechnen löst sie auf. Das »mechanische Gehirn« arbeitet in sturer Serialität, je komplexer das Gehirn, desto schneller muß die Maschine sein...

Denkmaschine: Es ist vielleicht nicht so sehr die Vorstellung der klappernden Mechanik oder die der hohen Arbeitsgeschwindigkeit einer solchen Apparatur, welche uns bedrohlich scheint, auch wenn darin allein genug Brisanz zutage tritt. Die implizit zugrundeliegende Unendlichkeit der Rechenprozesse als vom menschlichen Subjekt abgelöster Vorgang schafft hier den Skandal. Einmal angestoßen, arbeitet das »mechanische Gehirn« auch ohne uns, und es prozessiert dabei in programmgesteuerter Unendlichkeit. Das alte Programm des perpetuum mobile nicht als mechanische res extensa, sondern als eine res intensa formuliert, ein unendlicher Prozeß als Schleife einer möglichen Selbstreproduktion. Das endlose Band als codierter Lochstreifen wäre der Träger des Programms.

Aber wir wollen das darin verborgene besondere Software-Problem hier ausblenden und später noch einmal darauf zurückkommen. Denn der implizierte Begriff der Unendlichkeit, wie wir ihn oben dem »mechanischen Gehirn« unterstellt haben, hält noch eine andere Überraschung für uns parat: In einer beständigen Oszillation, die von einer einfachen Unterbrecherschaltung realisiert werden kann, ist der ablaufende Arbeitsprozess ein trivial gleichförmiger, die Zustände »ein« und »aus« alternieren in schnellem Wechsel (z. B. beim Wagnerschen Hammer in Klingelanlagen). Was aber geschieht, wenn in eine solche starre Signal- oder Steuerfolge beliebiger Art das Prinzip der Rückkopplung eingebracht wird?

> Die Paradoxien der Mengenlehre laufen auf den Wagnerschen Hammer in der Schaltungs-Mathematik. Eine endlose lebende Schaltung ist überhaupt nur durch solche Paradoxien, wenn auch auf großen Umwegen, möglich. Ist also die Triebkraft des Lebens der Irrtum? Vergleiche mit der Relaiskette. Nur eine beschränkte Folge von zeitlichen Abläufen ist möglich. Daher zwangsweise »endlicher« Verlauf? Zusammenhang mit der Chiffrier-Technik. (Zuse 1986: 47)

In der Theorie endlicher Automaten hätte der Allmachtsanspruch des »mechanischen Gehirns« zumindest eine durchaus problematische Stellung. Daß einem solchen Automaten aber wegen seiner endlosen Schaltfolgen die Qualität des Lebens zugesprochen werden könnte, wäre zunächst eine noch härtere Provokation. Pure Präsenz eines Signals oder das Ausbleiben desselben, wobei eine produktive Leistung des ganzen Prozesses paradoxerweise einzig aus dem jeweiligen Umschlag in sein Gegenteil erfolgte. Eine »lebende Schaltung« – Zuse spricht in einem ähnlichen Zusammenhang auch von »lebenden Plänen« – müßte jedoch gewisse Rückkopplungseffekte aufweisen. Momente von Selbststeuerung oder Reflexion gälte es in das endlos laufende Programm, in einen unendlichen Automaten zu integrieren. Ein endlicher Automat hingegen ist vor diesem Horizont von jeher metaphysisch unbedenklich, sein Status erhebt keinen Anspruch auf exklusive Titel und Merkmale, die anderem Dasein streitig gemacht werden müßten. Werkzeug.

Und zuletzt ein scheinbar nebensächliches Problem, das mittlerweile jedoch im Zentrum mancher wissenschaftlichen Bemühungen steht, die sich um den Begriff des »Lebens« arrangieren:

Abb. 27 Chiffriermaschine für Fernschreibzeichen, SFM T 52 e, Siemens & Halske, 1944. Deutsches Museum, München

Endliche Automaten können Botschaften chiffrieren und entschlüsseln, Denkaufgaben für schnelle »mechanische Gehirne«. Und genau darin liegt eine Irritation besonderer Art: Wer ist denn das Subjekt der Nachricht und wer der Entzifferer des Codes im Rauschen? Wohin verschiebt sich die Instanz dieser Sinnstiftung, wenn die Maschine als Medium dazwischentritt?

Zuses frühes Konzept einer universellen Programmiersprache: Der »Plankalkül«

The Plankalkül was developed and written by me in 1945 in the small village of Hinterstein in the Alps. The difficult situation prevailing after the war meant that I was unable to continue the hardware research that I had begun in 1936. This did mean however that I was able to concentrate on theoretical studies and

> as a result of these the concept of an algorithmic language was born. I called it »Plankalkül«, but unfortunately it could not be published at that time. (Zuse 1989: 5)

Das Vorwort zur englischen Fassung der Edition des Buchs über den Plankalkül versucht in der biographischen Verortung zugleich eine historische Markierung vorzunehmen. Am Ende des Krieges befindet sich Zuse mit seiner geretteten Z4 fernab von Berlin in einem kleinen Alpendorf, wo ihm praktisch keine anderen Arbeitsmöglichkeiten bleiben, als bestimmte theoretische Grundlegungen zu erörtern. Deren Hauptinteresse ist auf das allgemeine Problem der Formulierung von Rechenprogrammen aller Art zentriert, oder anders gesagt, die Produktion von entsprechend allgemeiner Software (für seine von der Z4 ausgehenden Hardware-Planungen) steht im Mittelpunkt seines Denkens.

Da es jedoch zu dieser Zeit für ihn keinerlei verfügbare Ansätze einer Programmiersprache von anderer Seite gab, bot sich auch nur ein einziger gangbarer Weg: In der Reflexion auf die Erfahrungen bei der einfachen Programmierung der selbstgebauten Maschinen – vor allem der Z4 – und mittels ergänzender Lektüre galt es, einen eigenen radikalen Anfang in ausreichender Allgemeinheit zu suchen.

> Als ich die Schaltungen für die bisherigen, in verschiedener Technik gebauten Geräte entwickelte, zerlegte ich schon die arithmetischen Operationen in einzelne aussagenlogische Komponenten. Nun mußten diese den Schaltungen zugrundeliegenden Gesetze exakt als Rechenvorschrift formuliert werden, und zwar nicht nur für einen speziellen Fall, sondern allgemein [...]
> (Zuse 1986: 191)

Zuses Ausgangsszenario vermeidet jegliche Reduktion möglicher Problemstellungen auf konkrete Programmieraufgaben: Zwar soll mit der Hilfe des Plankalküls der Bereich des von den Ingenieuren benötigten Rechnens wie der von beliebigen anderen Anwendern der Grundrechenarten vollkommen abgedeckt werden, aber er konzentriert seine Bemühungen auf die Konzeption einer algorithmischen Sprache, in der jede gewünschte symbolische Kalkulation notiert werden kann. Symbolische Kalkulation wäre hier das kombinatorische Rechnen gemäß den Regeln der Aussagen- und Prädikatenlogik, wie sie die Tradition der Mathematiker und Logiker seit dem 19. Jahrhundert ausgebildet und kodifiziert hat. Damit aber begreift Zuse den Computer als eine symbolische Maschine, deren kalkulatorische Verwendung grundsätzlich ohne Schranken in bezug auf den jeweilig zu bearbeitenden logischen Problem- und Datenbereich gedacht werden sollte.

> Darüber hinaus mußte es mit einer solchen algorithmischen Sprache möglich sein, die normalen Fälle für numerische Rechnungen mit Sprungbefehlen, Adressenumrechnungen und so fort darzustellen. [...] Ich wollte den ganzen Fragenkomplex an der Wurzel packen und suchte eine wirklich universelle Formelsprache, die selbstverständlich auch die numerischen Rechnungen erfassen würde. (Zuse 1986: 191)

Der Anspruch der geplanten algorithmischen Sprache ist also universeller Natur: sie sollte garantieren, daß jedes Problem in ihren Formeln beschrieben und durch den Rechenautomaten dann gelöst werden könnte. Allein, eine derartige Formelsprache als kohärentes und widerspruchsfreies System zu entwerfen, ist nur die eine Hälfte der notwendigen Arbeit. Die andere Hälfte würde darin bestehen, für diese Programmiersprache den erforderlichen Übersetzer oder Compiler zu schreiben, das »Planfertigungsgerät«, wie Zuse es damals nannte. Denn ohne die Übersetzung in eine Form von Maschinensprache ist kein Computer in der Lage, ein beliebiges Programm von seinem Prozessor ausführen zu lassen.

Zuse hat einen solchen Compiler für sein Plankalkül aus verschiedenen persönlichen Gründen nicht geschrieben, und dennoch ist dieses Sprachkonzept immer noch von einiger Bedeutung für aktuelle Tendenzen der Entwicklung in diesem Sektor der Computertechnologie: Seine Konzeption ermöglicht nämlich nicht nur die Programmierung beliebig komplexer Algorithmen in »starren und freien Rechenplänen«, mit Sprüngen, Schleifen, Bedingungsabfragen oder Ablaufvariationen; sie hat nach Zuses eigenen Worten eine ausgeprägte Verwandtschaft mit Ansätzen der Sprachentwicklung innerhalb der »Künstlichen Intelligenz«.

Rechnen ist für ihn mehr als der bloße Umgang mit Zahlenmaterial oder Folgen von Wenn-Dann-Verknüpfungen. Die symbolische Maschine als »General Problem Solver« verlangt eine ganz bestimmte Art von Objektorientierung, von kombinatorischem und zugleich strukturellem Arbeitsvermögen, das nur von besonders allgemeinen Programmiersprachen unterstützt und genutzt werden kann. Jenseits aller Rechenbedürfnisse von Ingenieuren und Kaufleuten liegt ein weites Feld: ein Bereich, dessen konkrete Objekte einzig jene Sprache erreicht, die – um mit Adorno zu reden – durch die Eiswüste der Abstraktion gegangen ist. Manche Situationen gewisser Spiele sind zweifellos komplexe Objekte in dieser Welt. Der Königsweg zur Eroberung dieses Reiches führt vielleicht über das königliche Spiel, das fast alle Mathematiker, Logiker und auch die Computertechnologen wie kein zweites immer wieder fasziniert hat. Die Herausforderung durch den menschlichen Gegner dauert an:

> Ein wirklich universeller Formalismus muß hinsichtlich der Struktur der zu behandelnden Information und ihrer Verknüpfungsarten völlig frei sein. Das zeigt ein Blick auf das Schachspiel: Etwa ein Dutzend Angaben verschiedener Struktur, wie Feldbesetzung, Zugangabe, Spielsituation, Liste der Steine, gehen als Informationseinheiten in die Rechnung ein oder werden als Ergebniswerte bestimmt. (Zuse 1986: 192)

Zuse und Babbage: Die Computer – das Lebenswerk

In einem Punkt sind die beiden Maschinenerfinder zweifellos direkt vergleichbar: Sie haben beide ihre Erinnerungen an die Geschichte ihrer Maschinen in autobiographischen Texten hinterlegt, die das Werk des einzelnen im Zusammenhang seiner Zeit erklären sollten. Zuses Buch »Der Computer – mein Lebenswerk« antwortet auf die »Passages from a life of a Philosopher«, in denen Charles Babbage seine Maschinen und Entwürfe präsentiert. Innerhalb der Tradition der Erfindungen aber stehen Konzepte und Maschinen gleichwertig nebeneinander. Allein, auch die Geschichte der Computer muß als Geschichte erst geschrieben werden, und dafür gilt das Diktum Walter Benjamins geradeso wie für jeden anderen Bereich der Historiographie: die jeweiligen »Sieger« schreiben die Geschichte und verfassen damit ihre Geschichte. Aus amerikanischer Sicht (Allan Mathison Turing möge mir verzeihen) ergibt sich »natürlich« ein anderes Bild der Entwicklung. Jenseits aller Legitimationsabsichten ist das Buch »Der Computer – mein Lebenswerk« der grandiose Versuch, ein Stück Geschichte auf eine besondere, ja auf eine durchaus neue Weise zu fixieren.

Konrad Zuse steht nämlich vor einem anderen Dilemma als Charles Babbage: Dessen Maschinen blieben zwar weitgehend im Stadium des genialen Entwurfes stecken, aber dafür waren sie als Konzeptionen im Grunde genommen ohne jede zeitgenössische Konkurrenz. So ließ sich die Abfolge seiner Erfindungen und Maschinenentwicklungen aus einer nahezu unbedrängten Erzählhaltung heraus schildern. Dagegen ist die Position Zuses eine durchaus problematische, denn eingebettet in einen brisanten historischen Zusammenhang lassen sich seine Erfindungen nicht so unbestritten in der offiziellen Geschichtsschreibung plazieren. Zuse selbst muß das eigene Werk auch dort etablieren, wo seine Anerkennung nur durch den wissenschaftlichen Diskurs erfolgen kann.

Es genügt offensichtlich nicht, Maschinen zu erfinden und diese Konzepte dann in Hardware zu realisieren: Der Erfinder als Autor ist auch eine Instanz der Geschichtsschreibung, und darüberhinaus muß er seine Entwürfe und Konzepte in die zukünftige Entwicklung einschreiben, wenn er im Bereich der expandierenden Computertechnologie nicht schnell vergessen werden will. Die Umschlagszeit des Wissens beschleunigt sich dort rapide. So leben die Autoren Leibniz oder Babbage durch ihre richtungsweisenden Ansätze weiter, auch in dieser Beziehung hat Konrad Zuse ohne Zweifel vorgesorgt: Der Reichtum seiner Ideen scheint noch lange nicht ausgeschöpft zu sein. Auch wenn viele Technologen gewöhnt sind, Problemgeschichte ahistorisch zu betrachten, es geht nicht ohne den kritisch differenzierenden Blick zurück. Die folgende Passage zeigt das in aller Deutlichkeit:

> Die Gedanken über den Plankalkül, über das Verhältnis von Willensfreiheit und Kausalität, über den Rechnenden Raum und Sich-selbst-reproduzierende-Systeme kulminierten [...] in einem

Abb. 28 Relais-Rechenanlage mit mechanischem Speicher, Z 4 von Konrad Zuse, Berlin 1942/45. Deutsches Museum, München

> einzigen Punkt: in der Idee der ›technischen Keimzelle‹. Als das höchste erreichbare Ziel, als der ›Stein der Weisen‹ nachgerade, erschien mir die Konstruktion der Keimzelle des künstlichen Supergehirns. Einmal in die Welt gesetzt, würde es durch Lernprozesse sich selbst ständig verbessern und könnte es mit dem gesamten Wissen der Zeit gefüttert werden. Die Lösung aller weiteren schwierigen Fragen könnte man dann diesem Instrument überlassen – sofern man es noch im Griff hätte. (Zuse 1986: 94)

Was Zuse hier an Themen und Motiven versammelt hat, umfaßt in großem Bogen das gesamte Spektrum der aktuellen Tendenzen im Bereich der Computerwissenschaften. Auch wenn Zuses Benennungen manchmal etwas fremdartig klingen mögen, in der Sache treffen seine Gedanken immer den Kern des jeweiligen Problems. Zu einer Zeit, wo sich einige Debatten technischer Problemzusammenhänge wieder stärker in Richtung auf ethische Wertungen hin verschieben, erscheint die oben formulierte Vision eines lernfähigen »künstlichen Supergehirns« vielleicht ein wenig kühn: Das adäquate Superprogramm aber – die absolut perfekte Software dieses unendlichen Automaten – bleibt der Fluchtpunkt vieler Bemühungen hinter den Kulissen. Eine solche Urzelle oder Zentralmonade programmieren zu können, wäre gleichwohl, wie Zuse es andeutet, die Preisgabe der Souveränität an die Maschine.

Bevor wir den Abschnitt über das Werk Konrad Zuses beenden, sollten wir uns noch einen letzten Aspekt seiner Entwicklung vor Augen führen: Zuses Hinweise auf die eigene Lektüre der frühen Jahre ist für den textorientierten Archäologen der Computertheorie ein wichtiger Fingerzeig. Für den Kenner der Entfaltung vieler Diskurse zwischen dem ersten und dem zweiten Weltkrieg in Deutschland sind dabei die Namen von Ernst Jünger und Oswald Spengler keine Überraschung. Daß Zuse sich von den Filmen Fritz Langs inspirieren ließ, wird das Herz der Medien-Freunde höher schlagen lassen. Aber Martin Heideggers »Sein und Zeit« hat Zuse damals wohl nicht gelesen und nicht lesen brauchen. Und doch wird sich gerade die Lektüre dieses Textes als ein brauchbares Komplement zu seinen Ideen erweisen.

Charles Babbage sah sich in seiner Autobiographie als einen Philosophen, der Maschinen entwirft und baut – Konrad Zuse verkörpert dagegen den Typus Ingenieur, der über seine Arbeit philosophiert. Dem Techniker-Philosophen könnte die Zukunft gehören.

»Sein und Zeit«: Die Anti-Maschine

Die Interpretation des In-der-Welt-seins als ein Zusammensein-mit-den-Maschinen liefert den Leitfaden für die folgenden Ausführungen. Dementsprechend wollen wir hier weder die zentrale philosophische Problematik des Heideggerschen Frühwerks erörtern, noch geht es uns darum, dessen spezielle Fragestellungen im Detail zu prüfen. Was uns an »Sein und Zeit« besonders interessiert, ist eine ganz bestimmte Kritik an der abendländischen Metaphysik. Eine Kritik nämlich, deren gesamte Aggressivität gegen das Zeitalter der Technik gerichtet ist und deren Grundlegung allen seinen späteren Auseinandersetzungen mit der Technik als Basis dienen wird.

Im ersten Abschnitt (Kapitel 3) des 1927 erschienenen Buches behandelt Heidegger die Thematik der »Weltlichkeit der Welt«, um darin seinen Generalangriff gegen den Ansatz der neuzeitlichen Philosophie zu starten. Ziel seiner Attacken ist zunächst die cartesische Konzeption der Welt des Seienden und die damit verbundene Erkenntnistheorie:

> Der einzige und echte Zugang zu diesem Seienden ist das Erkennen, die intellectio, und zwar im Sinne der mathematisch-physikalischen Erkenntnis. Die mathematische Erkenntnis gilt als diejenige Erfassungsart von Seiendem, die der sicheren Habe des Seins des in ihr erfaßten Seienden jederzeit gewiß sein kann. (Heidegger 1972: 95)

Was an dieser Stelle mit der »sicheren Habe« des Seienden in den Blickpunkt rückt, enthüllt Heidegger als ständige und absolute Verfügbarkeit. Gegenstände aller Art sind für diese Erkenntnis als beliebig benutzbare vorhanden. Der Gegenstand selbst verkommt dabei zur wahrnehmbaren res extensa, zur »ausgedehnten Sache«. Solche Gegenstände aber – bloße Objekte – betrachtet die res cogitans – das denkende Subjekt – einzig unter dem Aspekt der Nützlichkeit, denn verfügbar und nützlich soll die Welt der Dinge durch Erkenntnis werden.

> Es ist also nicht primär die Anlehnung an eine zufällig geschätzte Wissenschaft, die Mathematik, was die Ontologie der Welt bestimmt, sondern die grundsätzlich ontologische Orientierung am Sein als ständiger Vorhandenheit, dessen Erfassung mathematische Erkenntnis in einem ausnehmenden Sinne genügt. Descartes vollzieht so philosophisch ausdrücklich die Umschaltung der Auswirkung der traditionellen Ontologie auf die neuzeitliche mathematische Physik und deren transzendentalen Fundamente. (Heidegger 1972: 96)

Wenn hier letztlich eine pure Datenerfassung alle Erkenntnis beherrscht, ist für Heidegger nicht nur jeglicher Zugang zur Welt verloren: Mit dem Zugang zur Welt steht auch das Denken auf dem Spiel. Um welche Welt geht es aber an dieser Stelle der Argumentation? Ganz offenkundig ist es eine technisch dominierte Welt, zu deren neuartiger Beherrschung etwas umgeschaltet werden muß. Denn mit der beginnenden experimentellen

Physik der Renaissance und ihrer buchstäblichen Explosion im Zeitalter des Barock geht eine Revolution des Denkens einher: Eine neue Kommandogewalt formuliert ihr Diktat. Was das Seiende zu sein hat, entscheidet das denkende, seiner selbst gewisse Subjekt. Mathematische Erfassung des Seienden, mathematisches Denken der Welt.

Messen und Rechnen, so lautet fortan der Königsweg der Erkenntnis, alle »ausgedehnten Sachen« sind grundsätzlich meßbar und berechenbar. Die Bresche, die damit in das Bollwerk des Seins geschlagen wird, erlaubt dann bald schon andere Messungen und Berechnungen. Denn nach der res extensa geraten die Belange der res cogitans selbst in den experimentellen Zugriff der rechnenden Wissenschaften.

Angesichts einer statistisch orientierten Erkenntnisforderung ist jeder Gegenstand beliebig, in kalter Indifferenz werden alle gewünschten Daten gesammelt und erfaßt. Einmal schriftlich fixiert, steht das gesammelte Wissen jedem Wissenschaftler zur Benutzung frei. Der »heute verfügbare Reichtum an Kenntnissen«, so Heidegger 1927, entspricht zwar den riesigen Archiven, den Waren- und Wertsammlungen des modernen Zeitalters, doch sein Nutzen bleibt fraglich, sofern er über rein statistisch orientierte Auswertungen hinausgehen soll. Und weiter:

> Das synkretistische Allesvergleichen und Typisieren gibt nicht schon von selbst echte Wesenserkenntnis. Die Beherrschbarkeit des Mannigfaltigen in einer Tafel gewährleistet nicht ein wirkliches Verständnis dessen, was da geordnet vorliegt. Das echte Prinzip der Ordnung hat seinen eigenen Sachgehalt, der durch das Ordnen nie gefunden, sondern in ihm schon vorausgesetzt wird. (Heidegger 1972: 52)

Hollerith läßt grüßen. Sammeln und Rechnen: Denn Heidegger wußte bereits, wo die Lochkarte regiert, da gibt sie die Ordnung vor. The medium is the message. Das statistische Denken findet heute sein ideales Werkzeug in einer gigantischen Tafel beliebiger Zugriffe, der Datenbank – zweifellos ein Triumph der Quantifizierung jeglicher Erkenntnis. Informationsverarbeitende Maschinen sind das Komplement zur technisch organisierten Welt. Verwaltung von Daten, Kontrolle und Steuerung, längst schon sind Maschinen die Subjekte dieser Prozesse geworden. Maschinen zur elektronischen Datenverarbeitung gehören aber zu einem Typ, welcher keine einfache res extensa, kein triviales Werkzeug mehr genannt werden darf.

Doch kehren wir noch einmal zur Welt der res extensa zurück: Bevor Heidegger seine Kritik an den cartesischen Positionen entfaltet, am Beginn des dritten Kapitels von »Sein und Zeit«, wirft er eine Frage auf, deren Brisanz den gesamten weiteren Verlauf seiner Erörterung erhellt. Wenn er vom Seienden innerhalb der Welt spricht, erkennt er in den Naturdingen sein »primäres Thema«, und der anderen Art von Dinglichkeit wird nur ein minderer abgeleiteter Status zugebilligt. Hergestellte, produzierte Dinge sind aus Substanzen der Natur gemacht, Maschinenprodukte in einer maschinellen Welt. Aber nicht allein der Wert dieser Produkte ist für uns offenkundig, sie umgeben uns gleichsam überall wie eine zweite Welt, eine neue künstliche Natur:

> Sollen wir uns demnach zuvor an das Seiende halten, bei dem sich das Dasein zunächst und zumeist aufhält, an die ›wertbehafteten‹ Dinge? Zeigen nicht sie ›eigentlich‹ die Welt, in der wir leben? Vielleicht zeigen sie in der Tat so etwas wie ›Welt‹ eindringlicher. (Heidegger 1972: 63 f.)

Die Welt der wertbehafteten Dinge: kein Zweifel, diese Welt ist letztendlich unsere technische Welt. Die Welt der Produktion und des Konsums, massenhafte Herstellung von Gütern, Tauschwerten. Sie wird von Heidegger unter dem Titel der Alltäglichkeit behandelt, das Alltägliche ist hier überspitzt gesagt das Technische. Warum aber zeigen diese wertbehafteten, technisch produzierten Dinge uns die Welt in einer besonderen Eindringlichkeit? Es ist die Bedrohung, eine universelle Bedrohung, die Heidegger hier versteckt notiert und später – wie wir zeigen werden – offen formulieren wird.

Reale Maschinen bei Heidegger

Wenn wir in den frühen Texten Heideggers nach Aussagen über Rechenmaschinen suchen wollten, würden wir kaum einen brauchbaren Hinweis finden. Die Maschinen, die er in seinen Analysen der technischen Welt behandelt, sind in der Regel nicht im Bereich der Informationsverarbeitung angesiedelt. Als Beispiele dienen ihm lange Zeit eher die Kraft- und Energiemaschinen, sowie die modernen Fahrzeuge aller Art.

Das Problem einer Sonderstellung der explizit informationsverarbeitenden Maschinen gegenüber denen der anderen technischen Bereiche zeigt sich in aller Deutlichkeit, sobald der Typus der realen Maschinen in den Heideggerschen Argumentationen hervorgehoben wird. Zur Charakterisierung dieser Argumentation beginnen wir unsere Lektüre mit einer Textpassage aus dem Aufsatz »Wer ist Nietzsches Zarathustra?« aus dem Jahre 1953, um dann noch einmal zum Frühwerk »Sein und Zeit« zurückzukehren. Worauf wir also unser Augenmerk richten müssen, ist sein besonderer diskursiver Umgang mit der Technik, mit den Maschinen. So heißt es beispielsweise zunächst an exponierter Stelle:

> Was jedoch die erste Ausflucht angeht, nach der Nietzsches Gedanke von der ewigen Wiederkehr des Gleichen eine phantastische Mystik sei, so dürfte wohl das jetzige Zeitalter uns eines anderen belehren; gesetzt freilich, daß es dem Denken bestimmt ist, das Wesen der modernen Technik ans Licht zu bringen.
>
> Was ist das Wesen der modernen Kraftmaschine anderes als eine Ausformung der ewigen Wiederkehr des Gleichen? Aber das Wesen dieser Maschine ist weder etwas Maschinelles noch gar etwas Mechanisches. (Heidegger 1978 C: 122)

Eine Wesensgemeinschaft in Sachen Transport, Kraft und Energie: In dieser Bewegung der ewigen Wiederkehr herrscht die Produktion einer präzise bestimmbaren Leistung als deren beständige und gleichförmige Reproduktion. Darin steckt das ganze Geheimnis der modernen Technik: Keine ihrer schnellen Maschinen wäre denkbar ohne das Prinzip einer solchen »Wiederholung«, oder um es anders zu sagen, ohne das Prinzip einer strategisch organisierten »Schleife«. Schnelle Reproduktion, gleichgültig ob es sich dabei um die Erzeugung von Energie, die Bearbeitung eines beliebigen Gegenstandes oder um das Zurücklegen einer Fahrstrecke handelt, nur in diesem Prinzip findet die moderne Maschine, gleich welchem Typ sie angehört, ihre gemeinsame »Seele«.

Was aber macht Heidegger mit dieser Entdeckung? Er stellt sie in einen überraschenden Zusammenhang: Das technische Prinzip der Wiederholung einer bestimmten Produktion wird von ihm zur Interpretation eines Gedankens angewandt, der in einem fest markierten philosophischen Kontext steht. Nietzsches Gedanke soll erhellt und verteidigt werden, indem seine Brisanz für die Moderne jedweder Mystik entgegengehalten wird. Heidegger begreift und propagiert ihn als das ausgezeichnete fundamentum inconcussum des technischen Zeitalters, und gerade dieser Zugriff enthält eine explizit technische Dimension: Der Eingriff – die strategische, offen gewaltsame »Anwendung« in der Sache selbst, der Metaphysik.

Doch nun zurück zu dem frühen programmatischen Hauptwerk: Im Kapitel über die Weltlichkeit der Welt befindet sich eine kleine Abhandlung zum Thema »Verweisung und Zeichen«. Heidegger zeigt sich darin durchaus als ein Kenner der zeitgenössischen technischen Entwicklungen, wenn er berichtet:

> An den Kraftwagen ist neuerdings ein roter, drehbarer Pfeil angebracht, dessen Stellung jeweils, zum Beispiel an einer Wegkreuzung, zeigt, welchen Weg der Wagen nehmen wird. Die Pfeilstellung wird durch den Wagenführer geregelt. [...] Dieses Zeichen ist innerweltlich zuhanden im Ganzen des Zeugzusammenhangs von Verkehrsmitteln und Verkehrsregelungen.
> (Heidegger 1972: 78)

Die Welt der Signale ist unsere technische Welt par excellence. Allgegenwärtig regeln Zeichen und Signale den Verkehr der Massen, Menschenmassen oder Fahrzeugmassen. Was Heidegger 1927 fernab der Metropolen notiert hat, war der Vorschein einer neuen Herrschaft im städtischen Raum: Im Kontrast zu den festen Schienenwegen der Eisenbahn, dem in seiner Bedeutung ständig expandierenden Massentransportmittel aus dem 19. Jahrhundert, erfordert das Auto mit seiner Mobilität ein besonderes Verkehrs- und Signalsystem. Diese Maschine zeigt an, wo es lang geht. Und die notwendige Konsequenz davon sind eigens entwickelte Signalmaschinen, deren einzige Aufgabe in der Steuerung aller urbanen Verkehrsprozesse besteht.

Der Raum der Großstadt wird zum Verkehrsraum, besetzt von den Transportmaschinen aller Art. Sie allein garantieren unsere Mobilität, den beliebigen, schnellen Ortswechsel. So gesehen, sind wir längst schon Anhängsel der Maschinen geworden, auf deren Signale und Zeichen wir zu achten haben. Eingebunden in diese technische Welt des Alltags gibt es für uns deshalb auch kein isoliertes Faktum unserer Sinnlichkeit. »In-der-Welt-sein«, wie Heidegger es nennt, bedeutet für uns: Im-selben-Raum-mit-den-Maschinen-sein!

Dieses Miteinander stiftet eine entsprechende Komplexität der Wahrnehmung, deren besondere Ausprägung in der folgenden Äußerung zutage tritt:

> Auch das Horchen hat die Seinsart des verstehenden Hörens. ›Zunächst‹ hören wir nie und nimmer Geräusche und Lautkomplexe, sondern den knarrenden Wagen, das Motorrad. Man hört die Kolonne auf dem Marsch, den Nordwind, den klopfenden Specht, das knisternde Feuer.
>
> Es bedarf schon einer sehr künstlichen und komplizierten Einstellung, um ein ›reines Geräusch‹ zu ›hören‹. Daß wir aber zunächst Motorräder und Wagen hören, ist der phänomenale Beleg dafür, daß das Dasein als In-der-Welt-sein je schon beim innerweltlich Zuhandenen sich aufhält [...]
> (Heidegger 1972: 163 f.)

Stimmen der Natur und Maschinenlärm vermischen sich im Raum der Maschinen, in der Stadt wie überall da, wo sie von uns benötigt werden. Wenn Heidegger vorher vom »Zeugzusammenhang« gesprochen hatte, der die Totalität des gesamten Verkehrsystems bezeichnen sollte, dann war dabei allein der Begriff von einer gewissen Altertümlichkeit, der Inhalt traf den Kern der Sache: Es ist ein Maschinenzusammenhang, in den wir eingebunden sind, und unsere Wahrnehmung hat gelernt, mit diesen neuen Fakten umzugehen. Die menschliche Sinnlichkeit ist, wie Marx gesagt hat, eben das Produkt der Arbeit der Weltgeschichte...

Pikant sind jedoch in der zitierten Textpassage allemal die von Heidegger gewählten Beispiele: neben den Transportmaschinen Auto und Motorrad rangiert die »Kolonne auf dem Marsch«. Es kündigt sich bereits 1927, bei dem fundamentalen Versuch, die Geschichte der Metaphysik zu dekonstruieren, etwas an, das nicht nur das Denken Heideggers entscheidend verändern wird: In Sachen Maschine wird allen Beteiligten bald schon Hören und Sehen vergehen. Und keine sinnliche Gewißheit wird dieser Erfahrung entgehen können, denn In-der-Welt-sein verurteilte je dazu, mit den Maschinen im selben Raum zusammen sein, auch mit den Kriegsmaschinen. Ein »Zeugzusammenhang«, der nicht mehr abgeblendet werden konnte. Neue Maschinen traten auf – und ein neuer Maschinentyp begann, die Räume zu beherrschen, die jetzt vervielfältigt wurden. Der Siegeszug der Medien stand bevor.

Das Atomzeitalter: Heideggers zentraler Aufsatz »Die Frage nach der Technik«

Bereits vor dem Beginn des zweiten Weltkrieges vollzieht sich in der Auseinandersetzung mit dem Denken Nietzsches eine Wandlung in der Heideggerschen Kritik an der Metaphysik: In verschiedenen Texten wird ein Begriff der Technik herausgearbeitet, mit dessen einzelnen Aspekten nicht nur das neue Zeitalter begriffen werden kann. Heideggers Ziel ist ein doppeltes, denn einerseits soll die Geschichte der abendländischen Philosophie auf ihren Fluchtpunkt im »Willen zur Macht« hin interpretiert werden; andererseits aber versucht er zu zeigen, wie gerade in diesem Vollzug die Kardinalfrage nach dem Wesen und dem Bestand der technischen Welt sich notwendigerweise stellen muß.

Wir beginnen unsere Lektüre des entscheidenden Aufsatzes über das Wesen der Technik aus dem Jahre 1953 mit einem auf den ersten Blick zwar antiquiert anmutenden, aber vielschichtigen und sehr leistungsfähigen Ausdruck:

> Ge-stell heißt das Versammelnde jenes Stellens, das den Menschen stellt, d. h. herausfordert, das Wirkliche in der Weise des Bestellens als Bestand zu entbergen. Gestell heißt die Weise des Entbergens, die im Wesen der modernen Technik waltet und selber nichts Technisches ist. Zum Technischen gehört dagegen alles, was wir als Gestänge und Geschiebe und Gerüste kennen und was Bestandstück dessen ist, was man Montage nennt. Diese fällt jedoch samt den genannten Bestandstücken in den Bezirk der technischen Arbeit, die stets nur der Herausforderung des Ge-stells entspricht, aber niemals dieses selbst ausmacht oder bewirkt.
> (Heidegger 1978 A: 20)

Wenn wir einen Moment zurückdenken an unsere Beschäftigung mit dem Begriff der cartesischen res extensa, wie Heidegger ihn in »Sein und Zeit« ausgelegt hat, dann fällt auf, daß hier gerade diese ausgedehnten Gegenstände im Bezirk des Technischen genannt werden, insofern sie montierbar sind. Kein isoliertes Werkstück, kein repräsentatives Werkzeug, sondern das Ganze der mechanischen Welt erscheint im Zusammenhang der Montage: Der Mensch entspricht der Herausforderung zur Produktion einer künstlichen, genuin synthetischen Welt als eigener Schöpfung. Montiert wird unter dem strategischen Gesichtspunkt einer radikalen Veränderung alles Vorgegebenen, Natur bleibt dabei aber zurück als formbarer und berechenbarer Werkstoff neuer, technischer Schöpfungsprozesse. Deshalb die spezifische Haltung der im Barock entstehenden, modernen Paradewissenschaft:

> Die neuzeitliche Physik ist nicht deshalb Experimentalphysik, weil sie Apparaturen zur Befragung der Natur ansetzt, sondern umgekehrt: weil die Physik, und zwar schon als reine Theorie, die Natur daraufhin stellt, sich als einen vorausberechenbaren Zusammenhang von Kräften darzustellen, deshalb wird das Experiment bestellt, nämlich zur Befragung, ob sich die so gestellte Natur und wie sie sich meldet. (Heidegger 1978 A: 21)

Das künstliche Seiende als montiertes Gestänge, als Räderwerk oder gar als Rechenwerk ist im strengen Sinne ein System der Information, das eine »passende« Antwort auf die Befragung der Natur formuliert. Entscheidend bleibt dabei, daß möglichst viele Optionen ausgerechnet werden. Denn die Differenzierung zwischen verschiedenen nutzbaren Möglichkeiten bietet erst die Garantie eines beherrschbaren Bezirkes. Dazu muß aber umfassend ermittelt, erfaßt und berechnet werden, die Herrschaft der Messung aller beliebigen Phänomene stiftet den Zusammenhang des Ganzen. Und für solch eine wissenschaftliche Grundhaltung mit ihrer organisierten Forschungsstrategie bleibt von größter Bedeutung:

> [...] daß sich die Natur in irgendeiner rechnerisch feststellbaren Weise meldet und als ein System von Informationen bestellbar bleibt. (Heidegger 1978 A: 22)

Die Natur zur Meldung eines Wertes zwingen: Nicht der einzelne, isolierte Versuch, sondern ganze Serien von Experimenten ergeben ein System ineinandergreifender Auskünfte. Die Vergegenständlichung dieses Systems des Wissens als ein komplexes Werkzeug aber ist die moderne Rechenmaschine, der Computer. In Gestalt einer Maschine ist er selber ein System zur Produktion, Speicherung und Verknüpfung von Wissen, er verarbeitet und verwaltet wie kein anderes Werkzeug Informationen der unterschiedlichsten Art. Ein solches maschinelles Verwaltungssystem des Wissens bildet das Komplement zum rechnenden Denken, wie es die klassische Metaphysik und die modernen Naturwissenschaften propagieren.

Weit davon entfernt, noch eine Frage nach anderen Offenbarungsmöglichkeiten der Wahrheit des Seins zu stellen, abgrundtief von der Erörterung der fundamentalen Sinnkrise getrennt, läuft in Heideggers Augen das metaphysische Denken in Richtung einer Katastrophe. In der Welt und mit der Welt des Seienden wird nur noch gerechnet: Der Siegeszug der modernen angewandten Wissenschaften von der Natur läßt den Weltzusammenhang zum nahezu beliebigen Gegenstand strategischer Berechnungen verkommen. Was zugänglich ist oder gemacht werden kann, wird zum Bestand wie alles Produzierte.

> Sobald das Unverborgene nicht einmal mehr als Gegenstand, sondern ausschließlich als Bestand den Menschen angeht und der Mensch innerhalb des Gegenstandlosen nur noch der Besteller des Bestandes ist, – geht der Mensch am äußersten Rand des Absturzes, dorthin nämlich, wo er selber nur noch als Bestand genom-

> men werden soll. Indessen spreizt sich gerade der so bedrohte Mensch in die Gestalt des Herrn der Erde auf.
> (Heidegger 1978 A: 26)

Die letzte Konsequenz: Alles wird Bestand, Material, alles wird degradiert zum Anhängsel der Maschine, auch der Mensch, der sich als Subjekt aller Prozesse wähnt. Und Heidegger reagiert mit seismographischer Genauigkeit auf diese Veränderungen des In-der-Welt-seins, die das Atomzeitalter kennzeichnen. Fundament dieses Zeitalters ist in seiner Sicht allein das rechnende Denken: Es ist für unseren Zusammenhang hier gleich, ob Heidegger eine Vorstellung davon hatte, wie die Entwicklung der Bombe mit rechentechnischen Mitteln vorangetrieben wurde, entscheidend bleibt, daß seine Diagnose trägt.

Denn dies spezielle System der Informationen, das Gefüge aller für diese Technologie notwendigen Rechenoperationen legt erst das Fundament für ihre Realisierung. Und dabei garantiert zweifellos Geschwindigkeit der erforderlichen Rechenprozesse einen wesentlichen Vorteil: Je komplexer der Formelzusammenhang, je aufwendiger die Berechnung von Detaillösungen, desto wichtiger wird das hohe Tempo, mit dem die unzähligen Rechenschritte durchgeführt werden. Wenn überhaupt eine Technologie auf den Computer als System des Wissens und als komplexe Rechen- wie Steuerungsmaschine angewiesen ist, dann die Technologie des Atomzeitalters.

Heidegger blickt allerdings nicht allein auf die Ereignisse des zweiten Weltkriegs, für ihn ist das »störungsfreie« Funktionieren dieser Technologie genauso bedrohlich. Denn der Skandal, den er vor Augen hat, liegt tiefer, deutlicher gesagt, er liegt im Denken selbst.

> Die Bedrohung des Menschen kommt nicht erst von den möglicherweise tödlich wirkenden Maschinen und Apparaturen der Technik. Die eigentliche Bedrohung hat den Menschen bereits in seinem Wesen angegangen. Die Herrschaft des Ge-stells droht mit der Möglichkeit, daß dem Menschen versagt sein könnte, in ein ursprünglicheres Entbergen einzukehren und so den Zuspruch einer anfänglicheren Wahrheit zu erfahren. [...]
>
> Doch wir können erstaunen. Wovor? Vor der anderen Möglichkeit, daß überall das Rasende der Technik sich einrichtet, bis eines

> Tages durch alles Technische hindurch das Wesen der Technik west im Ereignis der Wahrheit. (Heidegger 1978 A: 28, 35)

Wir werden das polemisch angesprochene Thema der rasenden Technik wieder aufnehmen müssen, wenn es nun um den Computer selber geht.

Denkzeit – Rechenzeit: Heidegger und der Computer

Wenn wir Heideggers explizite Äußerungen zum Thema Computer bisher außer acht gelassen haben, dann lag das nur daran, daß wir ihr theoretisches Umfeld und ihre Einbettung in sein Denken erkunden mußten, bevor wir seine Positionen markieren können. Für Heidegger steht der Computer selbstverständlich noch nicht im Zusammenhang der Medien- oder Kommunikationsmaschinen, sondern der Computer ist in seiner Sicht zunächst eine bloße Rechenmaschine. Die »Rechenmaschine des Ingenieurs«, wie Konrad Zuse dies 1936 treffend formuliert hat.

Und diese Rechenmaschine ist das Paradewerkzeug für alle diejenigen Anwendungsbereiche und Projekte, in denen eine ganz bestimmte Organisation zum Tragen kommt. Unter dem Titel »Gelassenheit« hat Heidegger 1955 eine Rede gehalten, deren Verlauf ein Denken zu charakerisieren versucht, das auf Gedeih und Verderb an solche Rechenmaschinen gekettet bleibt. Es ist das Denken der modernen Forschung, aber auch das Denken der Industrialisierung und jeder Rationalisierung, von dem er sagt:

> Sein Eigenartiges besteht darin, daß wir, wenn wir planen, forschen und einen Betrieb einrichten, stets mit gegebenen Umständen rechnen. Wir stellen sie in Rechnung aus der berechneten Absicht auf bestimmte Zwecke. Wir rechnen im voraus auf bestimmte Erfolge. Dieses Rechnen kennzeichnet alles planende und forschende Denken. Solches Denken bleibt auch dann ein Rechnen, wenn es nicht mit Zahlen operiert und nicht die Zählmaschine und keine Großrechenanlage in Gang setzt. Das rechnende Denken kalkuliert. Es kalkuliert mit fortgesetzt neuen, mit immer aussichtsreicheren und zugleich billigeren Möglichkeiten. Das

Abb. 29 STANISLAUS, Relaisrechenmaschine für Aussagenlogik, von Friedrich L. Bauer, Entwurf 1950/51, Fertigstellung 1956. Deutsches Museum, München

> rechnende Denken hetzt von einer Chance zur nächsten. Das rechnende Denken hält nie still, kommt nicht zur Besinnung. (Heidegger 1979: 12 f.)

Alles moderne Planen und Forschen wird hier im strengen Sinne dem polemisch anvisierten rechnenden Denken zugeordnet. Einem Denken also, das für Heidegger zwar seine besondere Vergegenständlichung im Computer finden kann, das aber prinzipiell auch ohne solche Maschinen sich dem Wesen nach gleichbleibt. Solange nämlich in irgendeiner Form auf Rationalisierungseffekte kalkuliert wird, genau solange wird mit allem Zugehörigen gerechnet, werden zielgerichtet Optionen und Realisierungsmöglichkeiten durchgerechnet. So ist diesem rechnenden Denken jede Aufgabe ein Projekt der Kalkulation, ein mathematisches Problem, in dem die Kosten- wie die Risikofaktoren einer möglichen Realisierung oberste Priorität besitzen.

Zu der Zeit, wo Heidegger seine Bemerkung formuliert hat,

sind Zählmaschinen und Großrechenanlagen aber die ausgezeichneten Werkzeuge gewesen, wenn es sich um Projekte der Planung oder Forschung gehandelt hat, deren Dimensionen einen ungeheuren Rechenaufwand erforderten. Die Maschine wird dabei leicht der wahre Agent des Projektes, das agierende Subjekt komplexer Prozesse und Vorgänge im Hintergrund. Ihre Geschwindigkeit ist hier der alles entscheidende Faktor, denn konkurrenzlos schnell erledigt sie ihre Arbeiten und behauptet damit ihre Position im Zentrum des Geschehens. Wo das rechnende Denken in Gestalt der Maschinen triumphiert, ist der menschliche Konkurrent ohne jede reale Chance, hoffnungslos langsam.

> Mehr denn zweitausend Jahre brauchte das Denken, um eine so einfache Beziehung wie die Vermittlung innerhalb der Identität eigens zu begreifen. Dürfen wir da meinen, die denkende Einkehr in die Wesensherkunft der Identität lasse sich an einem Tage bewerkstelligen? Gerade weil diese Einkehr einen Sprung verlangt, braucht sie ihre Zeit, die Zeit des Denkens, die eine andere ist als diejenige des Rechnens, das heute überall her an unserem Denken zerrt. Heute errechnet die Denkmaschine in einer Sekunde Tausende von Beziehungen. Sie sind trotz ihres technischen Nutzens wesenlos. (Heidegger 1978 B: 30)

Zeit des Rechnens – Zeit des Denkens: Die Arbeitszeit der Central Processing Unit des Computers ist mit ihrer Taktung eine andere Zeit als die des einkehrenden Denkens, das der Wahrheit des Seins nachzuspüren versucht. Im Denken einer solchen Einkehr kommt es zunächst einmal gerade auf die Langsamkeit an, auf die Besinnung, und darin ist wiederum der Mensch unschlagbar, langsame Peripherie. Allein, zur »Einkehr in die Wesensherkunft« genügt keine stille Besinnung; was im Denken stattfinden muß, ist ein Sprung ins Offene, eine Öffnung. In einer ruhig fortlaufenden Reflexion zeitigt dieser Sprung eine Unterbrechung, einen »interrupt«, an dem das Denken wartet. Keine Forderung, kein »call«, sondern eine wartende Offenheit, Gelassenheit und Stille…

Wo die Denkmaschine wirkt, herrscht das Tempo ihrer Operationen: Was sie in Bruchteilen von Sekunden vermittelt, sind

Beziehungen zwischen reinen Größen, bloße numerische Verhältnisse, Relationen und Statistiken.

> Alles Rechnen läßt das Zählbare im Gezählten aufgehen, um es für die nächste Zählung zu gebrauchen. Das Rechnen läßt anderes als das Zählbare nicht aufkommen. Jegliches ist nur das, was es zählt. Das jeweils Gezählte sichert den Fortgang des Zählens. Diese verbraucht fortschreitend die Zahlen und ist selbst ein fortgesetztes Sichverzehren. Das Aufgehen der Rechnung mit dem Seienden gilt als die Erklärung seines Seins. (Heidegger 1975: 48)

Das Zählen der Maschinen in ungeheurer Geschwindigkeit erscheint hier gleichsam als die Hegelsche »Furie des Verschwindens«, denn zum alleinigen Zweck geworden, ist es diese haltlose Bewegung des Rechnens selbst, in der alles Gezählte untergeht. Und auch der Auftraggeber des Zählens bleibt davon nicht ausgeschlossen, wenn die Maschine den Prozeß mit ihren Mitteln dominiert. In ihrer schnellen »Rechnung mit dem Seienden« ist kein Platz für andere Qualitäten als das Zählbare am Objekt: Sein, bedeutet dann nicht mehr, wahrgenommen, sondern berechnet zu werden, eine alles entscheidende Wendung des Ganzen, eine Umwertung und Umbesetzung der Positionen. Die Maschine schiebt sich zwischen Mensch und Seiendes. Ihre wesenlose Vermittlungsarbeit erschöpft sich nicht im Dienst am Objekt, im Prozeß der Vermittlung wird sie allein zum wahren Subjekt, vergegenständlichter Wille zur Herrschaft über das Seiende.

> Nur weil die Zahl ins Endlose vermehrbar ist, und dies unterschiedslos nach der Richtung des Großen und des Kleinen, kann sich das verzehrende Wesen der Rechnung hinter ihren Produkten verstecken und dem rechnenden Denken den Schein der Produktivität verleihen, während es doch schon vorgreifend und nicht erst in seinen nachträglichen Ergebnissen alles Seiende nur in der Gestalt des Beistellbaren und Verzehrlichen zur Geltung bringt. Das rechnende Denken zwingt sich selbst in den Zwang, alles aus der Folgerichtigkeit seines Vorgehens zu meistern.
> (Heidegger 1975: 48 f.)

Am Ende steht der number-cruncher, der Supercomputer, die ungeheuer schnelle Maschine, ausgestattet mit einem schier unendlichen Speicher. Mit der enormen Kapazität zur Aufnahme von Rechengrößen und einer kaum vorstellbaren Geschwindigkeit der Rechenoperationen erweist sich der Computer als das krasse Gegenteil der res extensa: Der Chip wird zur Chiffre eines neuen Zeitalters, res intensa, nahezu unendlich klein, aber skandalös leistungsfähig. Die in der Gestalt der Maschine realisierte »Furie des Verschwindens« spreizt sich auf als nackte Provokation des Denkens und seines genuinen Herrschaftsanspruches. Wer aber aus dem Zentrum ins X rollt, wie Friedrich Nietzsche es formuliert hat, wird zum Bestandteil der Peripherie.

Heideggers Sprache und Notation: das durchgestrichene Sein

Von besonderer Bedeutung innerhalb der Geschichte der Philosophie ist die Tradition der großen Spracherfinder, die Roland Barthes in seinen Arbeiten richtungsweisend untersucht hat. Es wird niemanden, der auch nur einen Aufsatz Martin Heideggers gelesen hat, verwundern, wenn wir ihn hier als Autoren dieser Tradition zuordnen wollen. Denn Heidegger ist vielleicht der mächtigste Spracherfinder dieses Jahrhunderts in Sachen Philosophie – er ist es aber auch im technischen Sinne!

Lautet eine seiner zentralen Thesen zwar, wahres Denken sei kein Rechnen, so liefert er dem Leser aber andererseits fortwährend Anweisungen, deren Charakter wir mit Fug und Recht als Codiervorschriften des Denkens entziffern können. Nehmen wir das berühmte Beispiel aus seinem Aufsatz »Zur Seinsfrage« von 1955; Heidegger operiert hier mit einer Schreibweise des Wortes »Sein«, die so manchen Schriftsetzer zur Verzweiflung treiben würde: er läßt das Wort »Sein« als kreuzweise durchgestrichenes drucken. Das offen erklärte Ziel ist dabei:

> Die kreuzweise Durchstreichung wehrt zunächst nur ab, nämlich die fast unausrottbare Gewöhnung, ›das Sein‹ wie ein für sich stehendes und dann auf den Menschen erst bisweilen zukommendes Gegenüber vorzustellen. (Heidegger 1967: 30)

Im laufenden Text also, mit den Mitteln der Schrift und einer zusätzlichen, besonderen Kennzeichnung erhält ein Begriff eine Prägung, die uns an das Codieren eines »Befehls« aus einer beliebigen Computersprache erinnert. Programmieren bedeutet ja, zulässige Sprachelemente einer gewählten Kunstsprache so zu kombinieren, daß ein gewünschter Algorithmus abgebildet wird, der dann die Lösung eines gestellten Problems garantieren kann. Die Codiervorschriften und Schreibregeln der Computersprachen sind vom Heideggerschen Text nicht weit entfernt.

Die Vorwürfe an seine Adresse, mit ausgefallenen Wörterbildungen zu blenden oder durch die Umbesetzung von Wortbedeutungen etwaige Differenzierungen herbeizureden, treffen einfach nicht den Kern der Sache. Ausdrücke wie »In-der-Welt-sein« oder »Ge-stell« sind technische Erfindungen – Notationen, wie sie jeder Programmierer nachvollziehen kann. Heideggers Kunstsprache ist im Wesen eine Sprache der Technik, verwandt den Computersprachen, Text-Coding.

Die »Technik« in Ernst Jüngers frühen Werken

Noch bevor Heideggers Fragen nach der Technik im Zusammenhang seiner Kritik an der Metaphysik einsetzen, ist ein wichtiger Bezugsrahmen für seine Reflexionen fest markiert: Wir können von einem Rezeptionsdreieck sprechen, das in ausgezeichneter Weise die nachgelassene Arbeit Nietzsches aufnimmt und in eigenwillig kritischer Differenzierung vorantreibt. Die entscheidenden Positionen werden im Verlauf der zwanziger und dreißiger Jahre bezogen und sind in den entsprechenden Schlüsseltexten hinterlegt.

Dabei ist der von Jünger gewählte Ansatz zweifellos die radikalste Weise, den Begriff der Maschinen im Bild zu fassen, weil er von den alles erschütternden Erfahrungen des ersten Weltkriegs ausgeht. Der Titel »In Stahlgewittern« hätte nicht erhellender sein können für das, was dieses Jahrhundert uns gebracht hat – das In-der-Welt-sein mit den Maschinen als unabänderliche Tatsache. Eine paradigmatische Äußerung für dessen Signatur:

> Der enge, von Geschossen zerschmetterte Panzerraum mit seinem Gewirr von Rohren, Stangen und Drähten mußte beim Sturm ein

> äußerst ungemütlicher Aufenthaltsort gewesen sein, als die Kolosse, um den Flammenschlägen der Artillerie zu entgehen, sich gleich unbeholfenen Riesenkäfern in Bogenlinien über die Walstatt gewälzt hatten. Ich dachte lebhaft an die Männer im feurigen Ofen. Außerdem war das Gelände mit zahlreichen ausgebrannten Gerippen von Flugzeugen bedeckt. Es waren dies Anzeichen dafür, daß die Maschine immer mächtiger auf dem Kampfplatz erschien. (Jünger 1926: 289)

Mittlerweile sind nicht mehr nur die Kampfplätze voller Maschinen, die Welt des Alltags hat sich in vielen Bereichen verwandelt in eine üppig wuchernde Maschinenwelt. Die großen Städte sind die Orte, wo das Tempo der Maschinen herrscht, das »Rasende« in vielerlei Gestalt. Auch Jünger sieht bereits, daß Informationsmaschinen kommen und installiert werden, deren Zweck sein wird, die Massen zu mobilisieren. Und mit alldem ging und geht eine »Umwertung aller Werte« einher, deren Resultat die Maschine in der Hierarchie nach oben, den Menschen aber tendenziell nach unten schiebt. Er verkommt letztlich zum Bestand, mit dem gerechnet wird, wie Heidegger sagte.

Wenn der Prozeß dieser Entwertung aller höchsten Werte mit dem Titel »Nihilismus« gekennzeichnet werden kann, muß ein berühmtes Diktum Nietzsches vielleicht noch schärfer interpretiert werden: Ist dann nicht die Mobilmachung aller Maschinen in der Gestalt der Denkmaschine der »unheimlichste aller Gäste«? Ist die Entscheidungsgewalt der Maschinen als Subjekt über den Menschen als Objekt nicht der Ausnahmezustand, in den solcher Nihilismus mündet? Die letzte Stufe einer Entwicklung der Technologien, deren Verschränkung ungeheure Kräfte ins Werk setzt?

> Ernst Jüngers Werk ›Der Arbeiter‹ hat Gewicht, weil es, auf eine andere Art wie Spengler, das leistet, was bisher alle Nietzsche-Literatur nicht vermochte, nämlich eine Erfahrung des Seienden und dessen, wie es ist, im Lichte von Nietzsches Entwurf des Seienden als Wille zur Macht zu vermitteln.
> (Heidegger 1967: 11)

Die frühen Bücher Ernst Jüngers (»In Stahlgewittern«, »Die totale Mobilmachung« und »Der Arbeiter«) antworten auf die gewaltsamen Veränderungen einer Welt mit Namen Europa, aus denen dann planetarische Konsequenzen gezogen werden. Das ist der Stil des Denkens, wie Nietzsche ihn gelehrt hat: Kein Zweifel mehr daran, alle Fragen nach dem Urheber des Seins, nach einer verantwortlichen Schöpferinstanz, stehen plötzlich in einem neuen Licht, wenn die Eschatologie aus der Sicht der Maschine geschrieben wird. Dieser Text ist dann allerdings nicht mehr menschenlesbar.

Oswald Spengler: Technik & Maschine in der abendländischen Kultur

Der kurze Blick auf Jüngers Werk hat uns gezeigt, in welchem Zusammenhang von miteinander eng verknüpften Themen die Entwicklung der Maschinen in der ersten Hälfte dieses Jahrhunderts gesehen werden sollte. Aber eine letzte historische Verortung fehlt uns noch: Es gilt jetzt, die Position Spenglers im oben bezeichneten Autorendreieck präziser zu bestimmen. Denn sein Hauptwerk »Der Untergang des Abendlandes« war während der Zeit der Weimarer Republik nicht allein der Bestseller in Sachen Geschichtstheorie in Deutschland; dieser so materialreiche wie vielseitig operierende Text bot für einzelne Wissenschaftler eine wahre Fundgrube an Ideen und Motiven.

Entscheidend für unsere Fragestellungen nach der Maschine im Zeitalter einer expandierenden »technischen Reproduzierbarkeit« aller Dinge ist jedoch der Beitrag Spenglers zu ihrem modernen Begriff. In seinen nachgelassenen Fragmenten finden sich viele Passagen, die uns beweisen, daß ihr Autor mehr vom Wesen und der Entwicklung des Technischen verstanden hatte, als ihm heute so mancher Rezensent zugestehen würde (Spengler gehört zweifellos überhaupt zur Gattung der wichtigen vergessenen Autoren, wenn wir von der inzestuösen Rezeption einzelner Experten einmal absehen). Unseren Ausgangspunkt der Lektüre bildet ein Textfragment zum Thema der Erfindung, welches schlaglichtartig das Arbeiten eines Charles Babbage oder Konrad Zuse zu erhellen vermag.

> Theorie und Technik: Die eigentliche ›Erfindung‹ besteht nicht im Erfinden des Gerätes, sondern im geistigen Entdecken des Verfahrens. [...] Das Gerät entsteht langsam durch unmerklichen Übergang [...] aber das Verstehen des Aktes ist plötzlich da. [...]
> Technisches Erfinden: Das Neue, Sprachbedingte ist nicht die technische Erfindung selbst [...] sondern der technische Gedanke, daß nämlich etwas Künstliches möglich sei.
> (Spengler 1966: 189 f. und 197)

Diese wenigen Zeilen schon bezeugen ein tiefes Verständnis der Arbeitsweise von klassischen Maschinenerfindern, von Hardware-Bastlern aller Bereiche. Aber auch die Produzenten der unterschiedlichsten »Software« sind hier gleichfalls mit ihrer spezifischen Arbeit charakterisiert, denn Spengler begreift als das Fundament der Erfindung deren gedankliche Fassung, deren sprachliche Bedingung. Das wahrhafte Neue daran ist immer die neue Sprache: Roland Barthes nennt solche Denker deshalb rigoros auch Spracherfinder, sie sind die bahnbrechenden Produzenten eines neuen Diskurses.

Oswald Spengler wußte diesen Zusammenhang lange noch bevor eine elegante französische Theoriebildung sich um die schwierige, von Nietzsche ausgehende deutsche Tradition zu ranken begann. Hier ist nicht der Ort, diese Problematik zu erörtern, gleichwohl stünde es manchen sogenannten Diskurstechnologen gut an, wenn sie Texttraditionen in den Originalen lesend nachvollziehen würden, ohne irgendwelche überflüssigen Tabus zu pflegen.

Doch zurück zu Spengler: Im »Untergang des Abendlandes« notiert er die neue Ordnung des Diskurses, die technische. Wie sehr sich in ihr aber das Gesicht der Dinge verändert hat und weiter noch verändern wird, kann nur derjenige ermessen, der den historischen Wandel und die Revolutionen in den wissenschaftlichen Ansätzen überblickt:

> Hatte sich aber die pythagoreische Zahl im Wesen gegebener Einzeldinge in der Natur offenbart, so war die Zahl des Descartes und der Mathematiker nach ihm etwas, das erobert und erzwungen werden mußte, eine herrische abstrakte Beziehung, unabhängig von aller sinnlichen Gegebenheit und jederzeit bereit, diese Unabhängigkeit der Natur gegenüber geltend zu machen. Der

> Wille zur Macht – um Nietzsches große Formel zu gebrauchen -, der von der frühesten Gotik der Edda, der Kathedralen und Kreuzzüge, ja von den erobernden Wikingern und Goten an das Verhalten der nordischen Seele ihrer Welt gegenüber bezeichnet, liegt auch in dieser Energie der abendländischen Zahl gegenüber der Anschauung. Das ist »Dynamik«. In der apollinischen Mathematik dient der Geist dem Auge, in der faustischen überwindet er es. (Spengler 1923: 120)

Uns interessiert hier weder die Charakterisierung der »nordischen Seele« noch das Etikett einer »faustischen« Mathematik: Was Spengler zu beschreiben versucht, ist die Gewalt einer bestimmten, in Europa entwickelten wissenschaftlichen Haltung, die Aggressivität einer bestimmten Methode gegenüber der Welt der Dinge. Wenn Michel Foucault sagt, der Diskurs sei eine Gewalt, die wir den Dingen antun, so trifft er damit genau den Kern dieser Argumentation.

Solch eine Entzauberung der Welt hinterläßt ihre Spuren an vielen Orten. Und zugleich erzeugt sie neue Zaubereien, Blendwerke und Ideologien. Denken wir nur einen Moment an Fritz Langs Film »Metropolis« (Konrad Zuses Vorliebe für diese Art von Software ist bekannt), und wir sehen die Matrix dieser neuen Ordnung. Wie in einem Drehbuch hat Spengler sie formuliert:

> Das Bild des modernen Zauberers: eine Schalttafel mit ihren Hebeln und Bezeichnungen, an welcher der Arbeiter durch einen Fingerdruck gewaltige Wirkungen ins Dasein ruft, ohne von ihrem Wesen eine Ahnung zu haben, ist das Symbol der menschlichen Technik überhaupt. Das Bild der Lichtwelt um uns, so wie wir es kritisch, zerlegend, als Theorie, als Bild entwickelt haben, ist nichts als eine solche Tafel [...] (Spengler 1922: 625)

Es ist sicherlich kein Zufall der Konstruktion, wenn Spengler den zweiten Band seines Hauptwerks vom »Untergang des Abendlandes« mit dem Kapitel über die Maschine enden läßt: an der Schalttafel der Maschinerien sitzt der Bediener, der Operateur als Anhängsel des undurchschaubaren Automatenkörpers. Solange er noch schalten darf, hat er die Illusion von Herrschaft oder Macht.

Aber der Ingenieur, wie Spengler ihn im gleichen Zusammenhang als eine Hauptfigur des Jahrhunderts charakterisiert, dieser von ihm aufgewertete Ingenieur als der eigentliche Zauberer, als der »wissende Priester der Maschine«, weiß bereits mehr. Gleichsam dem Rausch der Erfindungen und deren Sog verhaftet, sieht er den Weg in die moderne Form der »Sklaverei«, die wachsende Unterordnung des alten Subjekts unter die Herrschaft der neuen Machthaber. Denn wenn man von der Maschine spricht, ist der Plural impliziert: Energie-, Kraft-, Transport-, Rechen-, Denk- oder Kommunikationsmaschinen, vielgestaltig und mobil, in schnell wechselnden Metamorphosen auftretend.

> Und diese Maschinen werden in ihrer Gestalt immer mehr entmenschlicht, immer asketischer, mystischer, esoterischer. Sie umspinnen die Erde mit einem unendlichen Gewebe feiner Kräfte, Ströme und Spannungen. Ihr Körper wird immer geistiger, immer verschwiegener. Diese Räder, Walzen und Hebel reden nicht mehr. Alles, was entscheidend ist, zieht sich ins Innere zurück. (Spengler 1922: 630)

Exit: Souveränität und Ausnahmezustand

Medien – das Zauberwort des ausgehenden Jahrhunderts. Wir sind den Entwicklungslinien der Maschinenkultur in seiner ersten Hälfte gefolgt und haben dabei die wesentlichen Stationen der Begriffsbildung hinsichtlich des Computers markiert, soweit es die besondere deutsche Tradition betraf. Ein anderes Projekt wäre es gewesen, die Maschinengeschichte allein in der Entfaltung ihrer Hardware nachzuspüren: von der Lochkarte über Relais und Elektronenröhre zum Transistor und letztlich zu den integrierten Schaltkreisen, zum Chip.

Dennoch sind wir bei dem Exkurs zur Lektüre Spenglers an einem Punkte angelangt, von dem aus ein letzter Blick zurück den Weg erhellen kann, der Software- und Hardware-Erfindungen verschränkt. Wenn Spengler prognostizierte, daß alles, was entscheidend ist, sich ins Innere der Maschine zurückzieht, dann beschreibt er damit auch den blinden Fleck der Medientheorie und ihres zugrunde gelegten Informationsbegriffs. Die berühmte

These Marshall McLuhans, the medium is the message, bedeutet nämlich im Klartext, die Entscheidung über die Botschaft als Information fällt im Innern der Informationsmaschine selbst.

> Nach dem ersten Weltkrieg habe ich gesagt: 'Souverän ist, wer über den Ausnahmezustand entscheidet'. Nach dem zweiten Weltkrieg, angesichts meines Todes, sage ich jetzt: 'Souverän ist, wer über die Wellen des Raumes verfügt'.
> (Schmitt 1984, nach einer Erinnerung Ernst Hüsmerts)

Es ist für einen Theoretiker, der sich dem Primat des Politischen verschrieben hat, sicherlich nicht einfach, anzuerkennen, daß sich Entscheidungsgewalten in unerwartete Richtungen verschoben haben. Bemerkenswert an dieser von Ernst Hüsmert erinnerten Äußerung Schmitts ist jedoch das »Verschwinden« des Ausnahmezustands in einer präzise bestimmbaren Normalität: in der Normalität der Medienwelt. Der neue Souverän, so wird unterstellt, herrscht mittels neuer Werkzeuge und deren Anwendungsmöglichkeiten. Ob darin so etwas wie ein »ewiges Gespräch« inszeniert werden kann, ob mit den »Wellen des Raumes« also der romantische Aufschub oder der gewollte Bruch zu realisieren ist, bleibt fraglich. Sind die Medien ein politisches Instrument der Herrschaft, stabilisierend – oder sind sie subversiv?

Im Maschinenraum der Medien dominiert längst schon das von Zuse konzipierte »mechanische Gehirn« als elektronisches: Es hat die anderen Medienmaschinen wie Buch, Rundfunk, Fernsehen oder Film entweder im Handstreich integriert oder behutsam aufgesogen. In seiner innersten Struktur und Arbeitsweise auf schnelle Entscheidungen angelegt, verträgt diese ausgezeichnete Maschine keinerlei Zaudern ihrer Prozesse.

Wir haben mit Heidegger unser In-der-Welt-sein als ein Zusammensein mit den Maschinen und den Medien in Gestalt von Kommunikations- und Informationsmaschinen im selben Raum entziffert. Und unsere Exkursion in die Welt der universellen Rechenmaschinen endet damit an einem Fluchtpunkt, wo sich Zuse, Heidegger und Marshall McLuhan unversehens begegnen: im globalen Dorf.

Abb. 30 Das In-der-Welt-sein im Zeitalter der Medien. Philips »Sensuval«

Alle Arten der Steigerung der Geschwindigkeit, die wir heute mehr oder minder gezwungen mitmachen, drängen auf Überwindung der Entferntheit. Mit dem ›Rundfunk‹ zum Beispiel vollzieht das Dasein heute eine in ihrem Daseinssinn noch nicht übersehbare Ent-fernung der ›Welt‹ auf dem Wege einer Erweiterung der alltäglichen Umwelt. (Heidegger 1972: 105)

Literatur

Tumult im psychischen Apparat. Wezels genialer Maschinenbau der Seele

Bachelard, Gaston
– Epistemologie. Frankfurt/Main 1974
Barthes, Roland
– Was singt mir, der ich höre, in meinem Körper das Lied. Berlin 1979
Bexte, Peter
– Tumulte – Die Liebe unter den Bedingungen der Post in Wezels Roman »Herrmann und Ulrike«. In: Wezel. Akten des Symposions an der GH Kassel 1992, hg. v. Lohbeck/Glasmeier, Kassel 1994/95
Beyer/Roth 1990
– Der gläserne Mensch – eine Sensation, hg. v. Rosemarie Beyer/Martin Roth. Katalog zur Dresdener Ausstellung »Leibesvisitation. Blicke auf den Körper in fünf Jahrhunderten«, Stuttgart 1990
Bredekamp, Horst 1993
– Antikensehnsucht und Maschinenglauben. Die Geschichte der Kunstkammer und die Zukunft der Kunstgeschichte. Berlin 1993
Corsi, Pietro 1991
– The Enchanted Loom. Chapters in the History of Neuroscience, hg. v. Pietro Corsi, New York/Oxford 1991. – Hier besonders PART II: The Discovery of the Brain: From Descartes to Gall
Descargues/Binet 1980
– Dessins et Traités d'Anatomie, hg. v. Pierre Descargues et Jacques-Louis Binet, Paris 1980
Descartes, René
– (1664) Über den Menschen (Traité de l'homme, deutsch) ›1632‹ sowie Beschreibung des menschlichen Körpers (La Description du corps humain, deutsch) ›1648‹ Nach der ersten franz. Ausg. v. 1664 übers. und mit einer hist. Einl. und Anm. vers. v. Karl E. Rothschuh. Heidelberg 1969
– (1649) Die Leidenschaften der Seele (Französisch-Deutsch), hg. und übers. v. Klaus Hammacher, Hamburg 1984
Gendolla, Peter 1992
– Zeit. Köln 1992
Guéroult, Martial 1970
– Animaux-machines et cybernétique. In: Etudes sur Descartes, Spinoza, Malebranche et Leibniz, Hildesheim 1970, S. 33–40

Harsdörffer, Georg Philipp 1651
– Delitiæ Mathematicæ et Physicæ. Der Mathematischen und Philosophischen Erquickstunden Zweyter Teil. Nürnberg 1651. Reprint Frankfurt/Main 1990
Kayser, Wolfgang 1932
– Die Klangmalerei bei Harsdörffer. 2. Aufl. Göttingen 1962
Kittler, Friedrich
– (1983) Draculas Vermächtnis. In: ZETA 02/Mit Lacan. Berlin 1983, S. 103–136
– (1986) Grammophon Film Typewriter. Berlin 1986
– (1987) Aufschreibesysteme 1800/1900. (2. erw. und korr. Aufl.) München 1987
La Mettrie, Julien Offray 1747
– Die Maschine Mensch. (Französisch-Deutsch) Übers. und hg. v. Claudia Becker. Hamburg 1990
Mackensen, Ludolf von
– Die erste Sternwarte Europas mit ihren Instrumenten und Uhren: 400 Jahre Jost Bürgi in Kassel (3., verb. Aufl.) München 1988
Maschinenmenschen 1989
– Katalog zur Ausstellung des Neuen Berliner Kunstvereins, Berlin 1989
Minsky, Marvin 1985
– Mentopolis. Stuttgart 1990
Priestley, Joseph 1772
– Geschichte und gegenwärtiger Zustand der Elektrizität nebst eigenthümlichen Versuchen. Berlin und Stralsund 1772. Reprint Hannover 1983
Russolo, Luigi 1913
– L'arte dei rumori (Futuristisches Manifest vom 11. 3. 1913), in: Für Augen und Ohren. Von der Spieluhr zum akustischen Enviroment. Katalog Akademie der Künste, Berlin 1980, S. 254 f.
Serres, Michel
– (1982) Geschrey. In: ZETA 01/Zukunft als Gegenwart. Berlin 1982, S. 19-33
– (1980) Der Parasit. Frankfurt/Main 1987
– (1968-80) Hermes I–V, hg. v. Günther Rösch, Berlin 1991 ff.
Siekmann, Jörg H. 1988
– Künstliche Intelligenz. In: Simulation und Wirklichkeit, hg. v. IDZ Berlin, Köln 1988, S. 84-117
Sutter, Alex 1988
– Göttliche Maschinen. Die Automaten für Lebendiges bei Descartes, Leibniz, La Mettrie und Kant. Frankfurt/Main 1988

Wezel, Johann Karl
– (1773-76) Lebensgeschichte Tobias Knauts, des Weisen, sonst der Stammler genannt. Berlin/Weimar 1990
– (1780) Herrmann und Ulrike. Ein komischer Roman. Potsdam 1943
– (1783) Eigensinn und Ehrlichkeit. Ein deutsches Lustspiel in fünf Akten. Bearbeitung Peter Siefert und Verena Joos, Staatstheater Kassel 1992
– (1784) Der blinde Lärm oder Die zwey Wittwen. Ein Lustspiel in drey Akten. Leipzig 1784
– (1784/85) Versuch über die Kenntniß des Menschen. Erster Theil, Leipzig 1784. Zweiter Theil, Leipzig 1785. Reprint Frankfurt/Main 1971
Wiener, Norbert
– (1952) Mensch und Menschmaschine. Frankfurt/Main 1958
– (1968) Kybernetik. Regelung und Nachrichtenübertragung in Lebewesen und Maschine. Reinbek 1968
Wiener, Oswald
– (1965/66) der bio-adapter. In ders.: Die Verbesserung Mitteleuropas, Roman. Reinbek 1972, S. CLXXV-CLXXXIII
– (1989) Notizen zum Konzept des Bio-Adapters; in: MaschinenMenschen (1989), S. 85-87

Kleine Enzyklopädie der Maschinen Jean Pauls

Jean Paul
– (1927) Jean Pauls Sämtliche Werke. Historisch-kritische Ausgabe, 1. Abteilung, 1. Band, hg. v. Eduard Berend. Weimar 1927
– (1930) Jean Pauls Sämtliche Werke. Historisch-kritische Ausgabe, 1. Abteilung, 5. Band, hg. v. Eduard Berend. Weimar 1930
– (1983) Titan. Frankfurt/Main 1983
– (1986) Blumen-, Frucht- und Dornenstücke oder Ehestand, Tod und Hochzeit des Armenadvokaten F. A. Siebenkäs. München 1986

Weiterführende Literatur:
Bischoff, Johann Paul
– (1990) Versuch einer Geschichte der Rechenmaschine. Ansbach 1804/ München 1990
Bloch, Ernst
– Das Prinzip Hoffnung. Bd 1-3. Frankfurt/Main 1974
Blumenberg, Hans
– Arbeit am Mythos. Frankfurt/Main 1981
Bülow, Ralf (Hg.)
– Denk, Maschine! Geschichten über Roboter, Computer und künstliche Intelligenz. München 1988

Carrouges, Michel
– Les Machines Célibataires. Paris 1954
Cohen, John
– Golem und Roboter. Über künstliche Menschen. Frankfurt/Main 1968
Coy, Wolfgang
– Industrieroboter. Zur Archäologie der zweiten Schöpfung. Berlin 1985
Glasmeier, Michael
– Bevor die Roboter kamen. Antropomorphe Maschinen, kleinbürgerliche Automaten und mechanische Welten im Zitat. In: MaschinenMenschen (1989), S. 115–124
Gendolla, Peter
– Geregeltes Begehren. Zum Verhältnis von Technologie und Sexualität. In: Kamper/Wulf, S. 165–179
– Die lebenden Maschinen. Zur Geschichte der Maschinenmenschen bei Jean Paul, E. T. A. Hoffmann und Villiers de l'Isle-Adam. Marburg/Lahn 1980
Grassmuck, Volker
– Vom Animismus zur Animation. Anmerkungen zur Künstlichen Intelligenz. Hamburg 1988
Heckmann, Herbert
– Die andere Schöpfung. Geschichte der frühen Automaten in Wirklichkeit und Dichtung. Frankfurt/Main 1982
Hocke, Gustav René
– Manierismus in der Literatur. Sprach-Alchimie und esoterische Kombinationskunst. Hamburg 1959
Junggesellenmaschinen
– Les machines Celibataires. Katalog. Bern u. a. 1975 f.
Kamper, Dietmar/Wulf, Christoph (Hg.)
– Die Wiederkehr des Körpers. Frankfurt/Main 1982
Kittler, Friedrich A.
– Aufschreibesysteme 1800/1900. München 1987
– Grammophon, Film, Typewriter. Berlin 1986
Loschütz, Gert
– Eine wahnsinnige Liebe. Darmstadt 1986
MaschinenMenschen
– Katalog zur Ausstellung MaschinenMenschen. Berlin 1989
Neumann, Hans-Joachim/Seeßlen, Georg (Hg.)
– Maschinen. (Bluebox 5), Magazin zur populären Kultur. Frankfurt/Main, Berlin 1989
Poe, Edgar Allen
– Von Kempelen und seine Entdeckung, in: Der Teufel im Glockenstuhl und andere Scherz- und Spottgeschichten. Zürich 1984

Richter, Siegfried
– Wunderbares Menschenwerk. Aus der Geschichte der mechanischen Automaten. Leipzig 1989
Savinio, Alberto
– Neue Enzyklopädie. Frankfurt/Main 1986
Schmidt-Biggemann, Wilhelm
– Maschine und Teufel. Jean Pauls Jugendsatiren nach ihrer Modellgeschichte. Freiburg/München 1975
Schütz, Erhard (Hg.)
– HighTech – LowLit. Literatur und Technik: Autoren und Computer. Essen 1991
Sprengel, Peter
– Maschinenmenschen. Ein zentrales Motiv in Jean Pauls Satire. In: Jahrbuch der Jean Paul Gesellschaft XII (1977)
Sutter, Alex
– Göttliche Maschinen. Die Automaten für Lebendiges bei Descartes, Leibniz, La Mettrie und Kant. Frankfurt/Main 1988

Bemerkungen zur Signaltheorie des Marquis de Sade

Barthes, Roland
– Sade Fourier Loyola. Frankfurt/Main 1974
Blanchot, Maurice
– Sade. In: Horst Albert Glaser (Hg.), Wollüstige Phantasie. Sexualästhetik der Literatur. München 1974
Burroughs, William S.
– Naked Lunch. Frankfurt/Main. Berlin 1992
Dubost, Jean-Pierre
– (1989) »Der Weg ist nunmehr vorgezeichnet [...]«. Sade und die Französische Revolution. Stuttgart 1989
Horkheimer, Max/Adorno, Theodor W.
– Dialektik der Aufklärung. Philosophische Fragmente. Darin: Exkurs II, Juliette oder Aufklärung und Moral. Frankfurt/Main 1979
Künzel, Werner
– Zur sexuellen Konnotation des Binären – Anmerkungen zu technischen Ur-Szenen bei Babbage, Pynchon und Gibson. In: W. Künzel/P. Bexte: Präsenz. Zeitspeicher und Time Machines. Berlin 1991
– Barokmachines. In: NOX B: Bio-Tech. Amsterdam 1992
– Das Labyrinth als Vorschule der Computertheorie. Eine historische Erinnerung. In: W. Künzel (Hg.): Denken & Reisen. Berlin 1993

Rivarol, Antoine de
– Politisches Journal eines Royalisten, 5. Mai bis 5. Oktober 1789. Hg. von Johannes Willms. Frankfurt/Main 1989
Sade, Donatien Alphonse Francois Marquis de
– (1972) Ausgewählte Werke. Band 15. Frankfurt/Main 1972
– Justine oder die Nachteile der Tugend. Frankfurt/Main 1990
– Die Philosophie im Boudoir. Herrsching 1980
– Die 120 Tage von Sodom oder die Schule der Libertinage. München 1968

Babbage und Hegel

Babbage, Charles
– (1833) Über Maschinen- und Fabrikwesen. Berlin 1833 (Economy of manufactures and machinery. London 1832)
– The Exposition of 1851; or, views of the industry, the science, and the government of England. London 1851
– (1864) Passages from the Life of a Philosopher. London 1864
Lovelace, Lady Ada Augusta/Menabrea, L. F.
– Sketch of the Analytical Engine (1843). In: Scientific Memoirs, iii, 666-731
Hegel, Georg Wilhelm Friedrich
– (1923) Hegels sämtliche Werke. Bd 7, Schriften zur Politik und Rechtsphilosophie, hg. von Georg Lasson. Leipzig 1923
– (1928) Hegels sämtliche Werke. Bd 1, Erste Druckschriften, hg. von Georg Lasson. Leipzig 1928
– (1979) Phänomenologie des Geistes. Werke in 20 Bd, Bd 3. Frankfurt/Main 1979
– (1976) Wissenschaft der Logik I. Werke in 20 Bd, Bd 5. Frankfurt/Main 1976
– (1975) Wissenschaft der Logik II. Werke in 20 Bd, Bd 6. Frankfurt/Main 1975
– Enzyklopädie der philosophischen Wissenschaften im Grundrisse. 2. Teil. Werke in 20 Bd, Bd 9. Frankfurt/Main 1986

Literatur zu Babbage und Hegel:
Bülow, Ralf
– Denk, Maschine! Geschichten über Roboter, Computer und Künstliche Intelligenz. (Hg.) München 1988
– Happy Birthday, Charles Babbage! In: Computer Live 9/91. München 1991

Calculating Machines and Instruments
– Catalogue of the collections in the Science Museum. London 1975
Coy, Wolfgang
– Industrieroboter. Zur Archäologie der zweiten Schöpfung. Berlin 1985
Deleuze, Gilles/Guattari, Felix
– (1974) Anti-Ödipus. Kapitalismus und Schizophrenie I. Frankfurt/Main 1974
Ditlea, Steve (Hg.)
– Die Traummaschine. Journalisten und Wissenschaftler auf Entdeckungsreise im »Wunderland der Computer«. Köln 1985
Faulstich, Peter
– Ein Zeichen für das Nichts. Irrungen und Wirrungen auf dem Weg zum Computer. In: Kultur & Technik 1/1991, S. 38 ff. München 1991
Gibson, William/Sterling, Bruce
– The Difference Engine. London 1990 (Die DifferenzMaschine. München 1992)
Grassmuck, Volker
– Vom Animismus zur Animation. Anmerkungen zur Künstlichen Intelligenz. Hamburg 1988
Grundfragen der Kybernetik
– Forschung und Information. Bd 1. Hrsg. Otto Walter Haseloff. Berlin 1967
Halacy, Daniel Stephen
– Charles Babbage. Father of the Computer. New York 1970
Hofstadter, Douglas R.
– Gödel, Escher, Bach – ein endlos geflochtenes Band. Stuttgart 1985
– Künstliche Intelligenz. Subkognition als Computation. Düsseldorf 1986
Hyman, Anthony
– Charles Babbage, 1791-1871, Philosoph, Mathematiker, Computerpionier. Stuttgart 1987
Informatik und Automatik
– Führer durch die Ausstellung. Deutsches Museum. Hg. von Karl Weinhart. München 1990
Kittler, Friedrich
– Die Nacht der Substanz. Bern 1989
– Grammophon Film Typewriter. Berlin 1986
– Aufschreibesysteme 1800/1900. 2. Auflage. München 1987
Klaus, Georg
– Kybernetik und Erkenntnistheorie. Berlin 1966

Kultur & Technik
– Zeitschrift des Deutschen Museums. München

Künzel, Werner
– Foucault liest Hegel. Versuch einer polemischen Dekonstruktion dialektischen Denkens. Frankfurt/Main 1985

Kybernetik und Organisation
– Gesammelte Vorträge des Quickborner Symposions. Quickborn bei Hamburg 1963

Lindner, Rudolf (u. a.)
– Planen, Entscheiden, Herrschen. Vom Rechnen zur elektronischen Datenverarbeitung. Reinbek 1984

Morrison, Philip und Emily
– Charles Babbage and his Engines. New York 1961

Rosenkranz, Karl
– (1844) Georg Wilhelm Friedrich Hegels Leben. Berlin 1844

Sand, Stephanie
– Künstliche Intelligenz. Geschichten über Menschen und denkende Maschinen. München 1986

Simons, Geoff
– Sind Computer lebendig? Stand und Zukunft der Computerentwicklung. München 1984

Schütz, Erhard (Hg.)
– HighTech – LowLit? Literatur und Technik: Autoren und Computer. Essen 1991

Swade, Doron
– Charles Babbage and his Calculating Engines. Science Museum. London 1991

Taube, Mortimer
– Der Mythos der Denkmaschine. Kritische Betrachtung zur Kybernetik. Reinbek 1967

Turing, Alan Mathison
– Intelligence Service. Schriften. Hrsg. Friedrich Kittler u. a. Berlin 1987

Tweedale, Geoffrey
– Calculating Machines and Computers. (Princes Risborough) Buckinghamshire 1990

Wiener, Norbert
– Kybernetik. Regelung und Nachrichtenübertragung in Lebewesen und Maschine. Reinbek 1968
– Mensch und Menschmaschine. Berlin 1958

Wiener, Oswald
– Probleme der Künstlichen Intelligenz. Hg. v. Peter Weibel. Berlin 1990
– Die Verbesserung von Mitteleuropa, Roman. Reinbek 1972
Zuse, Konrad
– Der Computer – Mein Lebenswerk. München 1970

Stadtraum – Maschinenraum

Babbage, Charles
– (1833) Über Maschinen- und Fabrikwesen. Berlin 1833. (Economy of manufactures and machinery. London 1832)
– (1851) The Exposition of 1851; or, views of the industry, the science, and the government of England. London 1851
Baudelaire, Charles
– (1972) Tableaux parisiens. Übertragen von Walter Benjamin, in: Walter Benjamin, Gesammelte Schriften Bd. IV.1. Frankfurt/Main 1972
– Die Blumen des Bösen. Übertragung von Carlo Schmid. München o.J.
– Prosadichtungen. Übertragen von Walther Küchler. Heidelberg 1955
Benjamin, Walter
– (1974) Zentralpark, in: Gesammelte Schriften Bd. I.2. Frankfurt/Main 1974
– (1982) Paris, die Hauptstadt des XIX. Jahrhunderts, in: Gesammelte Schriften Bd. V.1. Frankfurt/Main 1982
Kracauer, Siegfried
– Jacques Offenbach und das Paris seiner Zeit. München 1962
– Das Ornament der Masse. Essays. Frankfurt/Main 1977
Leibniz, Gottfried Wilhelm
– (1906) Drole de Pensee, touchant une nouvelle sorte de Representations. In: Leibnizens nachgelassene Schriften physikalischen, mechanischen und technischen Inhalts. Herausgegeben von Ernst Gerland. Leipzig 1906
Poe, Edgar Allan
– (1959) Die Maske des roten Todes und andere Erzählungen. München 1959
– (1987) Die Mordtat in der Rue Morgue, in: Klassische Kriminalnovellen ... Zürich 1987
Proust, Marcel
– Auf der Suche nach der verlorenen Zeit. Frankfurt/Main 1978
Schivelbusch, Wolfgang
– Geschichte der Eisenbahnreise. Zur Industrialisierung von Raum und Zeit im 19. Jahrhundert. Frankfurt/Main–Berlin–Wien 1979

Erinnerungen aus der Zukunft

Burger, Heinz 1986
– Zeit, Natur und Mensch. Beiträge von Wissenschaftlern zum Thema »Zeit«, hg. v. Heinz Burger, Berlin 1986
Doré/Jerrold 1872
– London. A Pilgrimage by Gustave Doré and Blanchard Jerrold, London 1872
Foerster, Heinz von 1993
– Wissen und Gewissen: Versuch einer Brücke, hg. v. Siegfried J. Schmidt, Frankfurt/Main 1993
Friedell, Egon 1946
– Die Rückkehr der Zeitmaschine. Zürich 1974
Gendolla, Peter 1992
– Zeit. Zur Geschichte der Zeiterfahrung. Köln 1992
Grabbe, Christian Dietrich 1827
– Scherz, Satire, Ironie und tiefere Bedeutung. Stuttgart 1978
Jarry, Alfred 1899
– Nutzbringende Erläuterungen zum sachgemäßen Bau einer Maschine zur Erforschung der Zeit. In ders.: Heldentaten und Lehren des Dr. Faustroll (Pataphysiker) Neowissenschaftlicher Roman, hg. v. Klaus Völker, Berlin 1968, 105-113
Jeudy, Henri Pierre 1987
– Die Welt als Museum. Berlin 1987
Jean Paul 1798
– Konjektural-Biographie, hg. v. Ralph-Rainer Wuthenow, Stuttgart 1971
Kittler, Friedrich
– (1986) Grammophon Film Typewriter. Berlin 1986
– (1987) Aufschreibesysteme 1800/1900, München 1987
Lacan, Jacques 1973
– Schriften I, hg. v. Norbert Haas, Olten 1973
Nietzsche, Friedrich
– (KSA) Sämtliche Werke. Kritische Studienausgabe (KSA) in 15 Einzelbänden, hg. v. Giorgio Colli/Mazzino Montinari, 2. durchgesehene Auflage, Berlin 1988
– (KSB) Sämtliche Briefe. Kritische Studienausgabe in 8 Bänden, hg. v. Giorgio Colli/Mazzino Montinari, München 1986
– (1883) Also sprach Zarathustra. Ein Buch für Alle und Keinen. Erster und zweiter Teil. KSA 4
– (1886) Jenseits von Gut und Böse. Vorspiel einer Philosophie der Zukunft. KSA 5

– (1887–89) Nachgelassene Fragmente 1887–1889, KSA 13
Popper, Karl 1956
– »The Arrow of Time«, in Nature 177, 1956
Prigogine/Stengers 1993
– Das Paradox der Zeit. Zeit, Chaos und Quanten, München 1993
Speer, Albert 1969
– Erinnerungen, Frankfurt/Main/Berlin/Wien 1969
Taubes, Jacob 1947
– Abendländische Eschatologie, München 1991
Valery, Paul 1927
– Monsieur Teste. Übertragen von Max Rychner (1. Auflage 1927), 2. Auflage 1980
Wells, Herbert George 1895
– Die Zeitmaschine. Frankfurt/Main/Berlin/Wien 1982
Wiener, Norbert 1968
– Kybernetik, Reinbek 1968
Žižek, Slavoy 1993
– Liebe Dein Symptom wie Dich selbst. Jacques Lacans Psychoanalyse und die Medien, Berlin 1993

Cyberspace als Machina Mundi

Czauderna, K.-H.
– Konrad Zuse, der Weg zu seinem Computer Z3. München Wien 1979
Dorsch, Hadwig
– Der 1. Computer. Konrad Zuses Z1 – Berlin 1936. Mit Beiträgen von K. Zuse und O. Lührs, Berlin 1989
Foerster, Heinz von
– KybernEthik, Berlin 1993
Hollerith 1936
– Verkaufsschule 36 der Deutschen Hollerith Maschinen Gesellschaft m.b.H. Berlin-Lichterfelde, 958 S. (Zählung beginnt in jedem der 24 Kapitel neu), Berlin 1936
Leibniz, Gottfried Wilhelm
– (1679) Herrn von Leibniz' Rechnung mit Null und Eins, hg. v. Siemens AG, Berlin München 1966
– (1714) Monadologie, hg. v. Herbert Herring, Hamburg 1982
– (1717) Der Leibniz-Clarke Briefwechsel, übers. und hg. von V. Schüller, Berlin 1991
Lindner/Wohak/Zeltwanger
– Planen, Entscheiden, Herrschen Vom Rechnen zur elektronischen Datenverarbeitung, hg. v. Deutsches Museum München. Hamburg 1988

Petzold, Hartmut
– Konrad Zuse, die Technische Universität Berlin und die Entwicklung der elektronischen Rechenmaschinen. In: Wissenschaft und Gesellschaft. Beiträge zur Geschichte der TU Berlin 1879–1979, hg. v. Reinhard Rurup. Berlin 1979, S. 389–402
Zuse, Konrad
– (1993) Der Computer – Mein Lebenswerk. 3. Aufl., Berlin Heidelberg 1993
– (1969) Rechnender Raum, Braunschweig 1969
– (1981) The Computing Universe. International Journal of Theoretical Physics, Vol. 21, Nos. 6/7, 1982, S. 589-600

Konrad Zuse und Martin Heidegger

Alletsee, Rainer/Jung, Horst/Umhauer, Gerd F.
– Assembler I–III. Ein Lernprogramm. Mit einem Geleitwort von Konrad Zuse. Berlin 1988, 4. Auflage
Babbage, Charles
– The Exposition of 1851; or, views of the industry, the science, and the government of England. London 1851
– Passages from the Life of a Philosopher. London 1864
– Über Maschinen- und Fabrikwesen. Berlin 1833
Bachelard, Gaston
– Epistemologie. Ausgewählte Texte. Frankfurt/Main 1974
Bourdieu, Pierre
– Die politische Ontologie Martin Heideggers. Frankfurt/Main 1975
Deleuze, Gilles/Guattari, Felix
– Anti-Ödipus. Kapitalismus und Schizophrenie I. Frankfurt/Main 1977
– Rhizom. Berlin 1977
Heidegger, Martin
– (1979) Gelassenheit. Pfullingen 1979, 6. Auflage
– (1978 B) Identität und Differenz. Pfullingen 1978, 6. Auflage
– Kant und das Problem der Metaphysik, Frankfurt/Main 1973, 4. Auflage
– (1972) Sein und Zeit. Tübingen 1972, 12. Auflage
– (1967) Zur Seinsfrage. Frankfurt/Main 1967, 3. Auflage
(1978 A) Die Technik und die Kehre. Pfullingen 1978, 4. Auflage
– (1978 C) Vorträge und Aufsätze. Pfullingen 1978, 4. Auflage
– (1975) Was ist Metaphysik? Frankfurt/Main 1975
Jünger, Ernst
– Der Arbeiter. Hamburg 1932
– (1926) In Stahlgewittern. Ein Kriegstagebuch. Berlin 1926
– Die totale Mobilmachung. Berlin 1930

Künzel, Werner
– Foucault liest Hegel. Versuch einer polemischen Dekonstruktion dialektischen Denkens. Frankfurt/Main 1985
– Die Metaphysik der Präsenz. In: W. Künzel/Peter Bexte, Präsenz. Zeitspeicher und Time Machines. Berlin 1991
Künzel, Werner/Bexte, Peter
– Allwissen und Absturz. Der Ursprung des Computers. Frankfurt/Main 1993
Lang, Fritz
– Metropolis. Berlin 1926
Leidlmair, Karl
– Künstliche Intelligenz und Heidegger. Über den Zwiespalt von Natur und Geist. München 1991
Lindner, Rudolf/Wohak, B./Zeltwanger, H.
– Planen, Entscheiden, Herrschen. Vom Rechnen zur elektronischen Datenverarbeitung. Reinbek 1984
McLuhan, Herbert Marshall
– Die magischen Kanäle. ›Understanding Media‹. Frankfurt/Main und Hamburg 1970
Pynchon, Thomas
– Die Enden der Parabel. Reinbek 1989
– Entropie. In: Spätzünder. Frühe Erzählungen. Reinbek 1985
Schleich, Carl Ludwig
– Vom Schaltwerk der Gedanken. Neue Einsichten und Betrachtungen über die Seele. Berlin 1926
Schmitt, Carl
– Politische Theologie. Vier Kapitel zur Lehre von der Souveränität. Berlin 1979, 3. Auflage
Serres, Michel
– Hermes I, Kommunikation. Berlin 1991
– Hermes II, Interferenz. Berlin 1992
– Hermes III, Übersetzung. Berlin 1992
– Der Parasit. Frankfurt/Main 1987
Simons, Geoff
– Sind Computer lebendig? Stand und Zukunft der Computerentwicklung. München 1984
Spengler, Oswald
– (1966) Frühzeit der Weltgeschichte. Fragmente aus dem Nachlass. München 1966
– Der Mensch und die Technik. Beitrag zu einer Philosophie des Lebens. München 1931

– (1922) Der Untergang des Abendlandes. Umrisse einer Morphologie der Weltgeschichte. Bd I, München 1923 und Bd II. München 1922
Statistisches Landesamt Berlin (Hg.)
– 100 Jahre Berliner Statistik. 1862 – 8. Februar – 1962. Festschrift zum hundertjährigen Bestehen des Berliner Statistischen Amtes. Berlin 1962
Steinbuch, Karl
– Die informierte Gesellschaft. Reinbek 1968
Taube, Mortimer
– Der Mythos der Denkmaschine. Kritische Betrachtungen zur Kybernetik. Reinbek 1967
Turing, Alan Mathison
– Intelligence Service. Schriften. Hrsg. v. Friedrich Kittler u. a. Berlin 1987
Vorndran, Edgar P.
– Entwicklungsgeschichte des Computers. Berlin und Offenbach 1982
Wiener, Norbert
– Kybernetik. Regelung und Nachrichtenübertragung in Lebewesen und Maschine. Reinbek 1968
– Mensch und Menschmaschine. Berlin 1958
Wiener, Oswald
– Die Verbesserung von Mitteleuropa, Roman. Reinbek 1972
– Probleme der Künstlichen Intelligenz. Berlin 1990
Zemanek, Heinz
– Das geistige Umfeld der Informationstechnik. Berlin, Heidelberg 1992
Zuse, Konrad
– (1986) Der Computer – Mein Lebenswerk. Berlin 1986, 2. Auflage
– The Computing Universe. In: International Journal of Theoretical Physics. Vol. 21, Nos. 6/7, 1982, S. 589 ff.
– The Plankalkül. GMD-Bericht Nr. 175. München/Wien 1989
– Rechnender Raum. Schriften zur Datenverarbeitung. Band 1. Braunschweig 1969
– (1936 A) Die Rechenmaschine des Ingenieurs. MS, 1936
– (1936 B) Verfahren zur selbsttätigen Durchführung von Rechnungen mit Hilfe von Rechenmaschinen. MS, Patentantrag 1936
– (1936 C) Rechenmaschine. MS, Patentantrag 1936

Sachregister

Namenregister

Zu dieser Ausgabe

insel taschenbuch 1771
Werner Künzel/Peter Bexte
Maschinendenken/Denkmaschinen
An den Schaltstellen zweier Kulturen

Der vorliegende Band ist eine Originalausgabe. Damit setzen die Autoren ihre Archäologie des Computer-Zeitalters fort. Vormals hatten sie unter dem Titel *Allwissen und Absturz. Der Ursprung des Computers* (Insel Verlag 1993) die barocke Tradition erschlossen; in diesem neuen Buch gilt ihre Aufmerksamkeit der jüngeren Geschichte der Maschinenfinder und -erfinder.

Peter Bexte verfaßte die Abschnitte über Johann Karl Wezel, Lady Ada Lovelace, Zeitmaschinen und den Rechnenden Raum; Werner Künzel die Kapitel über Jean Paul, Marquis de Sade, Charles Babbage, Weltausstellung sowie Martin Heidegger und Konrad Zuse.

Sachbücher im Insel Verlag
1994-1996

Anne Bohnenkamp. »... das Hauptgeschäft nicht außer Augen lassend«
Die Paralipomena zu Goethes Faust. Mit zahlreichen Abbildungen. 940 Seiten. Gebunden. 1994

Georg Bollenbeck. Bildung und Kultur
Glanz und Elend eines deutschen Deutungsmusters. 418 Seiten. Leinen. 1994

Paul Davies. Der Plan Gottes
Die Rätsel unserer Existenz und die Wissenschaft. Aus dem Englischen von Anita Ehlers. 300 Seiten. Gebunden. 1995

Karl Eibl. Die Entstehung der Poesie
327 Seiten. Gebunden. 1995

Moshé Feldenkrais. Bewußtheit durch Bewegung
Der aufrechte Gang. Ins Deutsche übersetzt und mit einem Nachwort versehen von Franz Wurm. 278 Seiten. Gebunden. 1995

Timothy Ferris. Das Weltall und ich
Eine unterhaltsame Einführung in die neuen Wissenschaften von Mensch, Erde und Kosmos. Illustrationen von Ingram Pinn. Vorwort von John Gribbin. Aus dem Amerikanischen von Vladimir Delavre. 88 Seiten. Gebunden. 1995

Herbert W. Franke. Das P-Prinzip
Naturgesetze im Rechnenden Raum. Mit zahlreichen Abbildungen. 345 Seiten. Gebunden. 1995

Herbert Genzmer. Deutsche Grammatik
350 Seiten. Gebunden. 1995

Christiaan L. Hart Nibbrig. Übergänge
Versuch in sechs Anläufen. 254 Seiten. Gebunden. 1995

Modernes Mittelalter
Neue Bilder einer populären Epoche. Herausgegeben vom Joachim Heinzle. 495 Seiten. Gebunden. 1994

Georg Hensel. Glücks-Pfennige
Lustvolles Nachdenken über Theater, Literatur und Leben. 320 Seiten. Gebunden. 1995

Walter Hinck. Magie und Tagtraum
Das Selbstbild des Dichters in der deutschen Lyrik. 359 Seiten. Gebunden. 1994

Ärztliches Urteilen und Handeln
Zur Grundlegung einer medizinischen Ethik. Herausgegeben von Ludger Honnefelder und Günter Rager. 377 Seiten. Gebunden. 1994

Michael Ignatieff. Reisen in den neuen Nationalismus
Mit Abbildungen. Aus dem Englischen von Werner Schmitz. 310 Seiten. Gebunden. 1994

Hans Jonas. Das Prinzip Leben
Ansätze zu einer philosophischen Biologie. 408 Seiten. Gebunden. 1994

Wolfgang Kaempfer. Zeit des Menschen
Das Doppelspiel der Zeit im Spektrum der menschlichen Erfahrung. Mit zahlreichen Abbildungen. 289 Seiten. Leinen. 1994

Lawrence M. Krauss. Schwarze Materie
Mit Abbildungen. Aus dem Amerikanischen von Anita Ehlers. Etwa 450 Seiten. Gebunden. 1995

Erhart Kästner. Was die Seele braucht
Erhart Kästner über Bücher und Autoren. Herausgegeben von Julia Hiller von Gaertringen und Katrin Nietzschke. 228 Seiten. Gebunden. 1994

Die Geheimnisse der Gesundheit
Medizin zwischen Heilkunde und Heiltechnik. Herausgegeben von Peter Kemper. 360 Seiten. Broschur. 1994

Michael Kohtes. Nachtleben
Topographie des Lasters. Mit Abbildungen. 188 Seiten. Gebunden. 1994

Goethes Anschauen der Welt
Schriften und Maximen zur wissenschaftlichen Methode. Herausgegeben von Eckehart Krippendorff. 221 Seiten. Gebunden. 1994.

Ervin Laszlo. Kosmische Kreativität
Neue Grundlagen einer einheitlichen Wissenschaft von Materie, Geist und Leben. Mit Abbildungen. 333 Seiten. Gebunden. 1995

David Layzer. Die Ordnung des Universums
Aus dem Amerikanischen von Anita Ehlers. Mit zahlreichen Abbildungen. 458 Seiten. Gebunden. 1995

Walter von Lucadou. Psyche und Chaos
Theorien der Parapsychologie. Mit Abbildungen. 270 Seiten. Gebunden. 1995

David B. Morris. Geschichte des Schmerzes
Mit zahlreichen Abbildungen. Aus dem Amerikanischen von Ursula Gräfe. 460 Seiten. Gebunden. 1994

Jacob Needleman. Geld und der Sinn des Lebens
Aus dem Amerikanischen von Charlotte Franke. 311 Seiten. Gebunden. 1994.

Die großen Frankfurter
Herausgegeben von Hans Sarkowicz. Mit zahlreichen Abbildungen. 287 Seiten. Gebunden. 1994

»Als der Krieg zu Ende war«
Erinnerungen an den 8. Mai 1945. Herausgegeben von Hans Sarkowicz. Mit zahlreichen Abbildungen. 232 Seiten. Gebunden. 1995

Mathias Schulenburg. Nanotechnologie
Die letzte industrielle Revolution. Mit Abbildungen. 241 Seiten. Gebunden. 1995

Theo Stemmler. Stemmlers kleine Stil-Lehre
Vom richtigen und falschen Sprachgebrauch. Mit zahlreichen Abbildungen. 231 Seiten. Gebunden. 1994

Stefan Zweig. Brasilien – Ein Land der Zukunft
Mit Abbildungen und einem Nachwort von Volker Michels. Etwa 292 Seiten. Gebunden. 1995

Michel Serres. Die Legende der Engel
Aus dem Französischen von Michael Bischoff. Mit zahlreichen Abbildungen. 304 Seiten. Gebunden. 1995

Robert S. Wistrich. Ein Wochenende in München
Kunst, Propaganda und Terror im Dritten Reich. Aus dem Englischen von Vladimir Delavre. Etwa 100 Farbbilder, zahlreiche Schwarzweißbilder. Etwa 220 Seiten. Gebunden. 1996

Verstrahlt, vergiftet, vergessen
Die Opfer von Tschernobyl nach zehn Jahren. Ein journalistischer Report von Frank Franke, Norbert Schreiber und Peter Vinzens. Mit etwa 120 Fotografien. Etwa 250 Seiten. Kartoniert. 1996

Erhard Eppler. Komplettes Stückwerk
Erfahrungen aus fünfzig Jahren Politik. Etwa 300 Seiten. Gebunden. 1996

Handy, Swatch und Party-Line
Zeichen und Zumutungen des Alltags. Herausgegeben von Peter Kemper. Etwa 280 Seiten. Gebunden 1996

Giacomo Marramao. Die Säkularisierung der westlichen Welt
Aus dem Italienischen von Günter Memmert. Etwa 160 Seiten. Gebunden. 1996

Der Himmel
Eine Kulturgeschichte des ewigen Lebens. Von Bernhard Lang und Colleen McDannell. Mit Abbildungen. Etwa 584 Seiten. Gebunden. 1996

Manfred Reitz. Leben jenseits der Lichtjahre
Die Wissenschaften auf der Suche nach außerirdischen Intelligenzen. Mit etwa 50 Abbildungen. Etwa 200 Seiten. Gebunden. 1996

Helmut Lachenmann. Musik als existentielle Erfahrung
Schriften 1966–1995. Herausgegeben von Josef Häusler. Etwa 480 Seiten. Gebunden. 1996

Die großen Leipziger
26 Annäherungen. Herausgegeben von Vera Hauschild. Mit zahlreichen Abbildungen. Etwa 300 Seiten. Leinen. 1996

Friedrich Cramer. Chaos und Ordnung
Die komplexe Struktur des Lebendigen. Mit zahlreichen Abbildungen. insel taschenbuch 1496

Richard M. Bucke. Kosmisches Bewußtsein
Zur Evolution des menschlichen Geistes. Aus dem Amerikanischen von Karin Reese. insel taschenbuch 1498

Fred Alan Wolf. Körper, Geist und neue Physik
Eine Synthese der neuesten Erkenntnisse von Medizin und moderner Naturwissenschaft. Aus dem Amerikanischen von Friedrich Griese. insel taschenbuch 1497

Der Geist im Atom
Eine Diskussion der Geheimnisse der Quantenphysik. Herausgegeben von P. C. Davies und J. R. Brown. Aus dem Englischen von Jürgen Koch. insel taschenbuch 1499

Anthony Zee. Magische Symmetrie
Die Ästhetik in der modernen Physik. Aus dem Amerikanischen von Hans-Peter Herbst. insel taschenbuch 1501

James Lovelock. Das Gaia-Prinzip
Die Biographie unseres Planeten. Aus dem Englischen von Peter Gillhofer und Barbara Müller. insel taschenbuch 1542

Ian Stewart. Spielt Gott Roulette?
Uhrwerk oder Chaos. Aus dem Englischen von Gisela Menzel. insel taschenbuch 1543

Ervin Laszlo. Wissenschaft und Wirklichkeit
Aus dem Englischen von Vladimir Delavre und Mechthild Kühling. insel taschenbuch 1570

John Gribbin und Martin Rees. Ein Universum nach Maß
Bedingungen unserer Existenz. Aus dem Englischen von Anita Ehlers. insel taschenbuch 1579

Mircea Eliade. Kosmos und Geschichte
Der Mythos der ewigen Wiederkehr. Ins Deutsche übertragen von Günther Spaltmann. insel taschenbuch 1580

John Gribbin. Unsere Sonne
Ein rätselhafter Stern. Aus dem Englischen von Anita Ehlers. insel taschenbuch 1662

John und Mary Gribbin. Kinder der Eiszeit
Beeinflußt das Klima die Evolution des Menschen? Aus dem Englischen von Gerald Bosch. insel taschenbuch 1676

Robert Wesson. Chaos, Zufall und Auslese in der Natur
Aus dem Amerikanischen von Peter Gillhofer. insel taschenbuch 1684

Kristen Rohlfs. Einführung in die Astronomie
insel taschenbuch 1701

Robert Shapiro. Der Bauplan des Menschen
Die Genforschung enträtselt den Code des Lebens. Aus dem Amerikanischen von Günther Kirchberger. insel taschenbuch 1709

Daniel J. Kevles und Leroy Hood (Hg.). Der Supercode
Die genetische Karte des Menschen. insel taschenbuch 1721

Harald Marx. Die Sternbilder des Jahres
Einführung in die Astronomie. Mit zwölf Sternkarten von Ulla Gleim. insel taschenbuch 1735

Carol Zaleski. Nah-Todeserlebnisse und Jenseitsvisionen
Aus dem Amerikanischen von Ilse Davies Schauer. insel taschenbuch 1741

Bernulf Kanitscheider. Auf der Suche nach dem Sinn
Originalausgabe. insel taschenbuch 1748

Gerhard Hütwohl. Wann bin ich eigentlich krank?
Gedanken und Überlegungen zum Kranksein. Originalausgabe. insel taschenbuch 1745

John und Mary Gribbin. Wie wenig uns vom Affen trennt
insel taschenbuch 1761

Werner Künzel und Peter Bexte. Maschinendenken/Denkmaschinen. An den Schaltstellen zweier Kulturen. insel taschenbuch 1771

Günther Ohloff. Irdische Düfte – himmlische Lust
Eine Kulturgeschichte der Düfte. Mit farbigen Abbildungen. insel taschenbuch 1777

Michio Kaku und Jennifer Trainer. Jenseits von Einstein
Auf der Suche nach der Theorie des Universums. Aus dem Amerikanischen von Ilse Davies Schauer. insel taschenbuch 1791

Scheibe, Kugel, Schwarzes Loch
Die wissenschaftliche Eroberung des Kosmos. Herausgegeben von Uwe Schultz. insel taschenbuch 1804

Wissenschaftsjahrbuch 96
Natur und Wissenschaft. Geisteswissenschaft. Beiträge aus der Frankfurter Allgemeinen Zeitung. Herausgegeben von Rainer Flöhl und Henning Ritter. Mit zahlreichen Abbildungen. insel taschenbuch 1821